國際貿易

王靜 ● 編著

崧燁文化

前 言

  國際貿易是在國際分工和商品交換的基礎上形成的，隨著現代信息技術的發展，國與國之間的溝通渠道越來越多，合作方式也日益多樣化，國際貿易在世界經濟發展中發揮著越來越重要的作用。世界銀行的數據顯示，20世紀60年代，貨物和服務出口總額在世界GDP中的比重最高僅為13.1%；20世紀70年代，該數值增加至17.3%；20世紀80年代和90年代分別進一步提升至19.3%和23.9%；進入21世紀，該比重最高達到30.7%，也即國際貿易貢獻了將近三分之一的世界總產值。

  具體到單個國家或地區，對外貿易呈現出明顯的差異化特徵。以對外貿易依存度為例，世界銀行2016年統計數據顯示，有些國家或地區的對外貿易依存度超過60%，如德國、瑞典、葡萄牙、墨西哥、韓國、芬蘭、挪威、西班牙等，而有些國家或地區的對外貿易依存度卻遠低於20%，如古巴、幾內亞、約旦、利比亞、尼日利亞、朝鮮等。對比進口額與出口額，我們發現有些國家或地區整體表現為貿易逆差，如美國、英國、法國、加拿大、印度、菲律賓、澳大利亞、墨西哥等，而有些國家或地區則整體表現為貿易順差，如德國、中國、韓國、荷蘭、新加坡、瑞士、愛爾蘭等。

  更進一步分析，不同的國家或地區會選擇與不同的貿易夥伴進行不同的商品或服務貿易。以中國對外貿易情況為例，2017年，中國商務部發布了一系列《國別貿易報告》，介紹了中國與主要貿易夥伴國在2016年的貿易情況。關於中美貿易，報告指出中國貿易順差3.5千億美元。中國從美國進口的主要商品為運輸設備、機電產品、植物產品和化工產品，向美國出口的主要商品為機電產品、家具玩具、紡織品及原料和賤金屬，是美國機電產品、紡織品及原料、賤金屬及製品和塑料橡膠的首位來源國，具有較強的競爭優勢。中國的家具玩具、鞋靴傘等輕工產品和皮革製品箱包占美國進口市場的59.3%、60.2%和55.0%，具有絕對競爭優勢。在中俄貿易中，雖然中方同樣為順差（100.7億美元），但中俄貿易商品結構與中美貿易有所不同。礦產品、木及製品和機電產品是俄羅斯對中國出口的主要產品。俄羅斯對華出口商品增長最快的是運輸設備，增幅為267.3%，其次為貴金屬及製品，增幅為125.4%。俄羅斯自中國進口的主要商品為機電產品、紡織品及原料和賤金屬及製品。另外，活動物、動物產品的進口額增幅明顯。關於中澳貿易，中國繼續保持為澳大利亞第一大出口目的地和第一大進口來源地。與中美貿易和中俄貿易不同，中澳貿易中，中國貿易逆差157.6億美元。礦產品一直是澳大利亞對中國出口的主力產品，占澳對中國出口總額的69.9%。紡織品及原料是澳對中國出口的第二大類商品，貴金屬及製品是澳對中國出口的第三大類商品。澳大利亞自中國進口的主要商品為機電產品、紡織品和家具玩具雜項製品，

占澳大利亞自中國進口總額的61.5%。賤金屬及製品、塑料橡膠和化工產品等也為澳大利亞自中國進口的主要大類商品。

　　如果將時間因素考慮在內，國際貿易的狀況將變得更加複雜。人們關注國際貿易及其發展，不僅僅是因為其直接影響一國或地區的經濟發展，還因為國際貿易與就業、環境、國際關係等眾多影響到國計民生的重要議題息息相關。以就業市場為例，一方面，國際貿易為一國或地區的產品提供更為廣泛的消費市場，在一定程度上促進該國或地區外貿產品的生產，從而為本國勞動者創造更多的就業機會。由歐盟委員會聯合研究中心和歐委會貿易司於2015年共同發布的一項研究報告顯示，2011年，歐盟27個成員國與出口相關的就業崗位總數超過3,100萬，僅歐盟對中國出口貿易就為歐盟國家創造了約300萬個就業崗位。另一方面，由於進口商品與本國進口替代品之間的競爭、貿易引發的資源重新配置和產業結構調整等原因，國際貿易可能造成失業問題。美國總統特朗普在2016年總統競選時曾多次批評北美自由貿易協定。在特朗普看來，北美自貿區不僅造成美國承受巨額貿易逆差，還嚴重地損害了美國的就業。大量墨西哥移民湧入美國，另外，受自貿區規則調控下的資源優化配置影響，一些工廠從美國搬到了加拿大和墨西哥，搶走了原本屬於美國人的飯碗。同樣的，從環境的角度來看，國際貿易也是一把雙刃劍。國際貿易有利於一國或地區引進國際先進技術、工藝和設備，促進國內污染防治和生態環境保護技術的研發，用高新技術改造對環境有負面影響的產業，提升整體環保水準。但是，對於環境標準相對較低、處在國際價值鏈中低端、大量出口資源型產品的國家或地區來說，國際貿易可能會帶來污染轉移、資源過度開採等問題，加劇污染、破壞國內生態環境。譬如，一些發達國家的企業為了逃避國內較嚴的環保法規，通過國際貿易等渠道，將嚴重污染環境而遭禁止的生產轉移到發展中和欠發達國家或地區。再譬如，山羊絨是中國內蒙古的優勢資源，其相關產業鏈條對內蒙古經濟發展起到了重要作用。山羊絨的大量出口，刺激了當地農牧民飼養山羊的積極性。但是山羊不僅吃草，還吃草根、樹皮，對地表植被和草原植物生態破壞極大，草原的生態環境進一步惡化。20世紀80年代以來，80%的草地被破壞或沙化。

　　對待國際貿易，既不能只看眼前的經濟利益而盲目追求進出口額的增長，也不能因噎廢食，因為其可能帶來的負面影響而排斥參與國際分工、與別的國家或地區進行商貿往來。那麼如何平衡各貿易相關方的利益和需求呢？有什麼措施可以揚長避短，盡量擴大國際貿易的積極面、抑制其消極面麼？這需要對國際貿易的產生原因、貿易模式、貿易所得及其分配等各相關因素有比較深入的瞭解。本書第一章首先介紹世界經濟貿易發展的現狀和特點。接著從國際貿易理論和國際貿易政策兩個方面對國際貿易相關議題展開闡釋。國際貿易理論部分主要按照國際貿易發展的時間順序，介紹一

系列經典的國際貿易理論模型。共包括七章,第二章主要講解重商主義、絕對優勢理論和比較優勢理論等三個早期國際貿易模型,這些模型主要從生產的角度分析國際貿易產生的原因及可能的結果;第三章的主要內容是標準貿易模型,將消費納入到國際貿易分析中,從生產和消費的雙角度分析國際貿易現象;第四章介紹出口供給曲線、進口需求曲線、提供曲線和貿易條件,其中出口供給曲線和進口需求曲線主要用於某一商品的局部貿易均衡分析,而提供曲線為兩種商品的一般貿易均衡分析提供了便利,貿易條件概念的提出有助於分析貿易對一國或地區福利的影響;第五章的要素稟賦理論放鬆了對生產要素投入的限定,進一步揭示了國際貿易產生的根源;第六章將規模經濟和不完全競爭等現實因素考慮進來,分析了之前的貿易理論無法解釋的貿易現象;不同於之前各章主要在宏觀層面進行分析,第七章新新貿易理論從微觀視角分析國際貿易新現象和新特點;第八章經濟增長與國際貿易將分析從靜態轉變為動態,從發展的角度研究經濟各要素變化對國際貿易的影響。國際貿易政策部分主要介紹影響國際貿易的措施、政策,分析其影響機制和結果。共包括四章,第九章以進口關稅為例分析關稅對貿易雙方的影響;第十章以出口補貼為例分析非關稅措施對貿易雙方的影響;第十一章介紹了其他主要非關稅措施的相關情況;第十二章以全球區域經濟一體化為切入點,闡釋了人們應對關稅及非關稅貿易壁壘、促進世界經貿發展的舉措,同時分析了其影響和各國或地區的應對。

　　本書章節安排注重邏輯的連貫性和層層遞進,建議按章節順序閱讀。各章節的闡釋重點不僅僅在結論上,更注重對結論的推導過程及方法的講解,其中涉及到的與主要知識點相關的其他知識點和信息以補充閱讀的形式呈現,既方便大家理解,同時又保持主線清晰,以免知識點過散而給人以邏輯混亂的錯覺。為了幫助學習者更好地理解,本書採用實例分析法,且書中分析用實例盡量保持連貫一致,便於大家發掘前後章節之間的邏輯聯繫。本書思考題穿插在正文中,旨在引導讀者及時思考,自然而然地將各知識點關聯起來,形成清晰的邏輯鏈,最大化學習效果。另外,本書整理提供的閱讀材料與正文密切相關,是對正文內容的極佳補充,且盡量選取與中國經濟貿易相關的素材,增強讀者的親切感和參與感,對理解正文內容有很大幫助。最後,由於西方國家在國際貿易理論研究領域起步較早,本書所選經典國際貿易理論模型最初均為英文版本,譯文即便再力求精準,也難以完全避免因譯者的主觀理解和自身認知囿限而導致的偏誤,本著「認識一個事物最好是去認識其原本的樣子,而非別人認為的樣子」的理念,建議大家結合本書的英文版進行閱讀。

　　謹以此書獻給我最愛的家人!

王靜

目 錄

第一章　世界經濟貿易概述 ……………………………………………（3）
　　第一節　世界經濟貿易的現狀 ………………………………………（3）
　　第二節　世界經濟貿易的特點 ………………………………………（16）

第二章　重商主義、絕對優勢理論和比較優勢理論 …………………（22）
　　第一節　重商主義 ……………………………………………………（22）
　　第二節　絕對優勢理論 ………………………………………………（24）
　　第三節　比較優勢理論 ………………………………………………（27）
　　第四節　自由貿易相對價格的確定 …………………………………（31）

第三章　標準貿易模型 …………………………………………………（35）
　　第一節　生產可能性邊界 ……………………………………………（35）
　　第二節　社會無差異曲線 ……………………………………………（44）
　　第三節　孤立的均衡 …………………………………………………（47）
　　第四節　生產、消費與相對價格 ……………………………………（49）
　　第五節　開放條件下貿易模式和貿易所得 …………………………（51）
　　第六節　開放條件下的貿易均衡 ……………………………………（54）
　　第七節　不完全分工 …………………………………………………（55）
　　第八節　消費偏好與國際貿易 ………………………………………（55）

第四章　出口供給曲線、進口需求曲線、提供曲線和貿易條件 ……（58）
　　第一節　出口供給曲線 ………………………………………………（58）
　　第二節　進口需求曲線 ………………………………………………（59）
　　第三節　開放條件下的局部均衡 ……………………………………（60）
　　第四節　提供曲線與一般均衡 ………………………………………（61）
　　第五節　局部均衡與一般均衡 ………………………………………（66）
　　第六節　貿易條件 ……………………………………………………（67）

第五章　要素稟賦和 H-O 理論 ……………………………………（70）
　　第一節　要素稟賦模型的基本假設 ……………………………（70）
　　第二節　等產量線 ………………………………………………（70）
　　第三節　要素密集度 ……………………………………………（76）
　　第四節　要素豐裕度 ……………………………………………（77）
　　第五節　要素密集度、要素豐裕度和生產可能性邊界 ………（78）
　　第六節　H-O 模型及 H-O 定理 …………………………………（80）
　　第七節　H-O-S 定理 ……………………………………………（83）
　　第八節　貿易對收入分配的影響 ………………………………（86）
　　第九節　里昂惕夫悖論及其解釋 ………………………………（87）

第六章　規模經濟、不完全競爭與國際貿易 ……………………（90）
　　第一節　規模經濟與貿易 ………………………………………（90）
　　第二節　不完全競爭與國際貿易 ………………………………（94）
　　第三節　動態技術差異與國際貿易 ……………………………（97）
　　第四節　新經濟地理理論與國際貿易 …………………………（100）
　　第五節　環境標準與國際貿易 …………………………………（101）

第七章　新新貿易理論 ……………………………………………（104）
　　第一節　新新貿易理論及其發展 ………………………………（104）
　　第二節　新新貿易理論「新」在哪兒？
　　　　　　——傳統貿易理論、新貿易理論及新新貿易理論之對比 ………（106）
　　第三節　新新貿易理論的價值 …………………………………（108）
　　第四節　新新貿易理論的局限性 ………………………………（108）
　　第五節　新新貿易理論的政策啟示 ……………………………（109）

第八章　經濟增長與國際貿易 ……………………………………（111）
　　第一節　生產要素增加與經濟增長 ……………………………（111）
　　第二節　技術進步與經濟增長 …………………………………（120）
　　第三節　經濟增長與國際貿易 …………………………………（123）

第九章　關稅 ……（133）
  第一節　關稅的定義和分類 ……（133）
  第二節　進口關稅的效應（小國） ……（135）
  第三節　進口關稅的效應（大國） ……（140）
  第四節　進口關稅的出口國效應 ……（142）
  第五節　名義和有效關稅保護率 ……（143）

第十章　出口補貼 ……（147）
  第一節　出口補貼的含義 ……（147）
  第二節　出口補貼的效應（小國） ……（147）
  第三節　出口補貼的效應（大國） ……（149）
  第四節　出口補貼的效應（進口國） ……（150）

第十一章　非關稅貿易壁壘 ……（153）
  第一節　綠色壁壘、技術壁壘和反傾銷壁壘 ……（153）
  第二節　非關稅貿易壁壘的其他形式 ……（157）
  第三節　非關稅壁壘的特點 ……（161）
  第四節　非關稅壁壘對發展中國家的影響及發展中國家的應對措施 ……（162）

第十二章　全球區域經濟一體化 ……（164）
  第一節　全球區域經濟一體化組織 ……（164）
  第二節　全球區域經濟一體化的趨勢 ……（170）
  第三節　區域經濟一體化的影響 ……（173）
  第四節　發展中國家如何應對全球區域經濟一體化 ……（174）

參考文獻 ……（176）

第一部分
國際貿易理論

第一章 世界經濟貿易概述

世界經濟貿易在近二十年都發生了什麼？世界經濟貿易有什麼特點？哪些國家在參與貿易？誰和誰在進行貿易？主要貿易商品是什麼？……唯有先充分瞭解、掌握這些事實，才有可能去分析並理解它們，進而找出經濟和貿易運行的規律。本章簡要介紹世界經濟貿易在近二十年的發展現狀以及發展特點。

第一節 世界經濟貿易的現狀

一、世界貿易額及貿易結構

(一) 世界貿易額

世界貿易額是用貨幣表示的反應一定時期內世界貿易規模的指標，是一定時期內世界各國（地區）出口貿易額的總和。首先，必須把世界各國（地區）的出口額折算成同一貨幣後相加（本章採用國際通用貨幣美元）；其次，要特別注意不能簡單地把世界各國（地區）的對外貿易額（即進出口總額）相加，只能是把世界各國（地區）的出口額相加。因為一個國家的出口就是另外一個國家的進口，所以如果把世界各國（地區）的進出口額相加，就會造成重複計算。那為什麼不能把世界各國（地區）的進口額相加得到世界貿易額呢？這是因為大多數國家（地區）統計出口額以 FOB (Free On Board)[①] 價格計算，統計進口額以 CIF (Cost, Insurance and Freight)[②] 價格計算，CIF 價格比 FOB 價格多了運費和保險費。所以，以世界各國（地區）的出口額相加，能更確切地反應國際貿易的實際規模。

如圖 1.1 所示，在過去的 20 年中，世界 GDP 整體上呈現顯著上升的趨勢，2015 年世界 GDP 達到 745.1 千億美元，是 1995 年 308.41 千億美元的約 2.42 倍。與此同時，世界貿易也得到了快速發展，以貨物和服務出口額計算，2015 年世界貿易額

[①] FOB，也稱「船上交貨價」，是國際貿易中常用的貿易術語之一。以此術語進行的國際貿易按離岸價進行交易，買方負責派船接運貨物，賣方應在合同規定的裝運港和規定的期限內將貨物裝上買方指定的船只，並及時通知買方。貨物在裝運港被裝上指定船時，風險即由賣方轉移至買方，賣方負責在此之前產生的費用，買方負責在此之後產生的費用。

[②] CIF，成本加保險費加運費，是國際貿易中常用的貿易術語之一。按此術語成交，貨價的構成因素中包括從裝運港至約定目的地港的通常運費和約定的保險費，故賣方除具有與 FOB 術語相同的義務外，還要為買方辦理運輸和貨運保險，支付運費和保險費。

（213.1千億美元）是1995年（64.24千億美元）的約3.32倍，出口額最高達到239.14千億美元（2014年）。從圖中不難看出世界貿易對世界GDP的增長起到越來越重要的促進作用。1995年世界貿易額占世界GDP的比重為22.01%，這一數值在2015年增長至29.37%。特別是2008年，該比重高達30.73%，這意味著將近三分之一的世界GDP來自國際貿易。受2008年世界金融危機的影響，世界貿易在2009年出現了大幅度下滑，之後隨著經濟復甦，世界貿易也得以逐漸恢復。

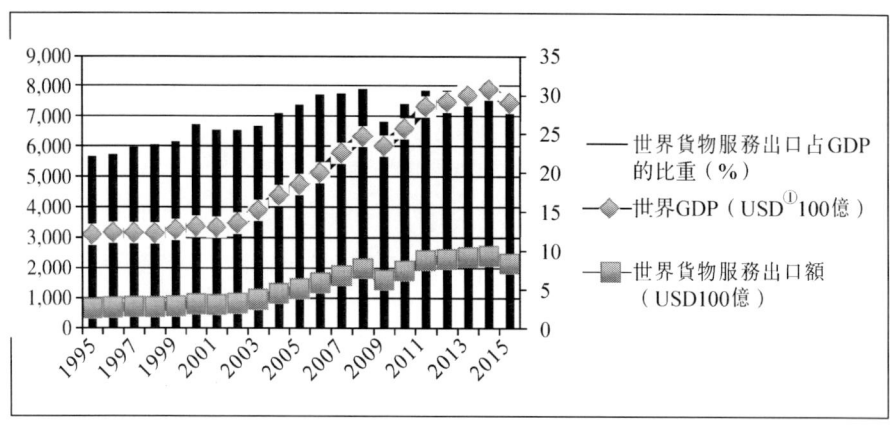

圖1.1　1995—2015年世界GDP、世界貨物服務出口額及其在世界GDP中的比重
數據來源：世界銀行官網，https://data.worldbank.org

(二) 世界貿易結構

第一，如圖1.2所示，世界貨物貿易和服務貿易在過去的20年間都得到了快速發展。世界貨物貿易出口額從1995年的50.63千億美元增長到2015年的163.34千億美元，漲幅達到222.63%；2014年，世界貨物貿易出口額甚至高達187.58千億美元。世界服務貿易出口額從1995年的12.96千億美元增長至2015年的49.11千億美元，漲幅高達279.01%；2014年，世界服務貿易出口額更是高達51.87千億美元。第二，世界貿易還是以貨物貿易為主導。如圖1.3所示，貨物貿易出口額在世界出口總額中的比重一直保持在75%以上，在2008年還達到了80.5%。第三，高科技產品貿易表現出較好的增長勢頭。1999年，世界高科技產品出口額為9.87千億美元，到了2014年，這一數值增長到21.51千億美元，增長了117.92%（如圖1.2所示）。但是，高科技產品出口在世界出口總額中的比重卻有所下滑，從1999年的13.84%下降到2014年的8.99%（如圖1.3所示）。[2] 第四，世界貿易受世界經濟情況的影響很大，比如，2008年的世界經濟金融危機，對貨物貿易、服務貿易、高科技產品貿易都有明顯的抑制，2009年三者的出口貿易額都明顯下降了。

---

① USD即美元。

② 世界銀行未提供1995—1998年以及2015年的高科技產品出口數據，為了保持數據可比性，本章未從其他渠道收集該缺省數據。

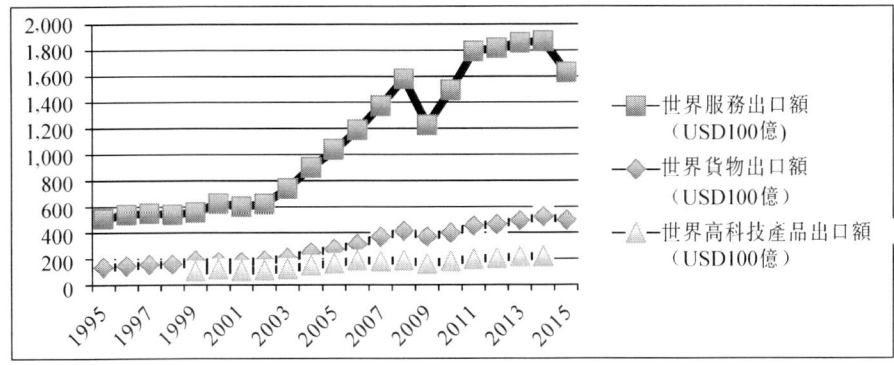

圖 1.2　1995—2015 年世界貨物貿易、服務貿易及高科技產品貿易出口額
數據來源：世界銀行官網，https：//data.worldbank.org

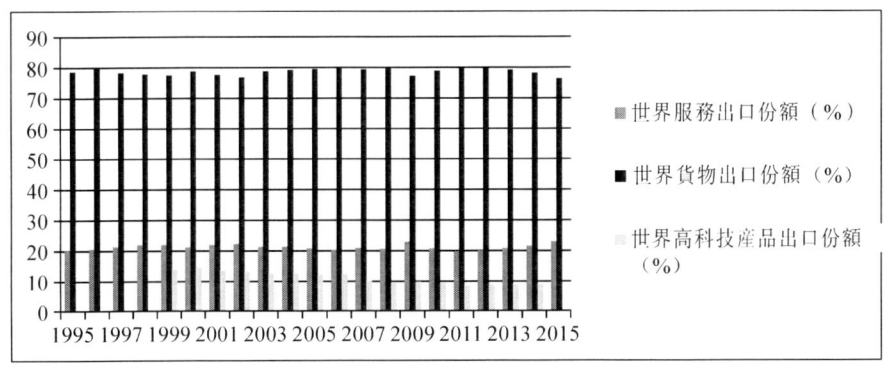

圖 1.3　1995—2015 年世界貨物貿易、服務貿易及高科技產品貿易出口占世界 GDP 比重
數據來源：世界銀行官網，https：//data.worldbank.org

二、主要貿易國家

為了更詳細地展示各國（地區）在世界貿易中的參與情況，本章分別分析了貨物和服務進出口貿易的主要參與國家（如表 1.1 所示）、貨物和服務進口貿易主要參與國家（如表 1.2 所示）及貨物和服務出口貿易主要參與國家（如表 1.3 所示）。

(一) 貨物和服務進出口貿易主要參與國

表 1.1 比較了貨物和服務進出口貿易中排名前 20 的參與國在 1995 年、2005 年和 2015 年三年的變化情況。首先，排名靠前的基本上都是經濟比較發達的國家，如美國、德國、英國、日本、法國、義大利、加拿大、韓國等。在前 20 名的國家中，僅中國、新加坡、印度、墨西哥、俄羅斯、馬來西亞、泰國 7 國屬於發展中國家，且排名相對靠後。[①] 其次，歐美國家普遍排名靠前，亞洲國家排名相對靠後（中國、日本除外），

---

① 1996 年 1 月，OECD（經合組織）將新加坡劃為「較發達的發展中國家」。

拉丁美洲僅墨西哥榜上有名,而非洲國家一個都未出現在排名前 20 的榜單上。最後,對比 1995 年、2005 年和 2015 年三年,列入排名前 20 的國家整體變化不大,但也有一些特例。比如,中國的表現非常亮眼,排名從 1995 年的第 14 名上升到 2005 年的第 3 名再到 2015 年的第 2 名;韓國排名也有所上升,從 1995 年的第 11 名上升到 2005 年的第 10 名再到 2015 年的第 7 名;印度在 1995 年並不在前 20 名之列,2005 年排名第 17 名,到了 2015 年排名上升到第 12 名;澳大利亞在 1995 年和 2005 年均榜上無名,2015 年排名第 20 名。相反的,馬來西亞和泰國在 1995 年時分別排名第 17 名和第 20 名,但是在 2005 年和 2015 年均未被列入前 20 名;奧地利在 1995 年排名第 18 名,2005 年排名第 20 名,2015 年未能入列前 20 名。

表 1.1　　　　　貨物和服務進出口貿易參與國 Top20　　　（單位:USD100 億）

排名	1995 年		2005 年		2015 年	
	國家	貿易額	國家	貿易額	國家	貿易額
1	美國	171.54	美國	333.90	美國	505.06
2	德國	112.85	德國	201.50	中國	447.70
3	日本	90.89	中國	143.77	德國	289.25
4	法國	69.66	英國	130.76	英國	162.66
5	英國	66.78	日本	126.09	日本	156.01
6	義大利	53.65	法國	117.13	法國	148.60
7	荷蘭	48.39	義大利	91.55	韓國	115.75
8	加拿大	41.74	荷蘭	84.51	荷蘭	115.66
9	比利時	33.45	加拿大	81.52	義大利	104.25
10	新加坡	30.39	韓國	63.93	加拿大	101.78
11	韓國	29.36	西班牙	62.88	新加坡	97.94
12	西班牙	27.48	比利時	55.54	印度	89.11
13	瑞士	26.42	新加坡	53.85	墨西哥	83.14
14	中國	25.53	墨西哥	47.28	瑞士	76.53
15	俄羅斯	21.83	俄羅斯	43.33	西班牙	76.24
16	瑞典	18.39	瑞士	41.00	比利時	74.72
17	馬來西亞	17.04	印度	34.37	阿聯酋	70.31
18	奧地利	16.45	瑞典	32.90	俄羅斯	67.30
19	墨西哥	15.85	愛爾蘭	31.38	愛爾蘭	61.35
20	泰國	15.19	奧地利	29.63	澳大利亞	54.91
	世界	1,271.39	世界	2,564.65	世界	4,214.46

數據來源:世界銀行官網,https://data.worldbank.org
註:為了與各國貿易額匹配,此表中世界貿易額為世界進口額與世界出口額之和。

(二) 貨物和服務進口貿易、出口貿易主要參與國

表1.2和表1.3分別展示了貨物和服務進口貿易和出口貿易在1995年、2005年和2015年三年排名前20的參與國。對比表1.1、表1.2和表1.3，我們發現排名基本上是一致的，無論是在出口貿易還是在進口貿易中，美國、德國、英國、日本、法國等國家排名都比較靠前。也有一些值得注意的特殊情況，有些國家雖然在出口市場上排名不高，但是在進口市場上卻比較活躍，如澳大利亞1995年、2005年和2015年三年都沒有被列入出口貿易前20名，但是其進口貿易中在1995年和2005年均排名第20名，2015年更是提升至第18名。也有些國家在出口貿易中比進口貿易中表現更加活躍，比如，中國1995年、2005年和2015年在進口貿易中的排名分別為第14、第4和第2，在出口貿易中的排名分別為第13、第2和第1。

表1.2　　　　　　　　貨物和服務進口貿易參與國Top20　　　　（單位：USD100億）

排名	1995年 國家	進口額	2005年 國家	進口額	2015年 國家	進口額
1	美國	90.26	美國	203.01	美國	278.63
2	德國	55.82	德國	93.51	中國	204.58
3	日本	42.00	英國	68.70	德國	131.90
4	法國	33.59	中國	64.87	英國	83.61
5	英國	33.20	日本	59.46	日本	78.72
6	義大利	24.67	法國	59.02	法國	75.97
7	荷蘭	22.67	義大利	45.88	荷蘭	53.79
8	加拿大	19.93	荷蘭	39.31	韓國	53.06
9	比利時	16.22	加拿大	38.49	加拿大	52.75
10	韓國	14.93	西班牙	34.33	義大利	49.47
11	新加坡	14.46	韓國	30.87	印度	47.00
12	西班牙	14.04	比利時	27.06	新加坡	45.12
13	瑞士	12.48	新加坡	25.03	墨西哥	42.70
14	中國	11.99	墨西哥	24.27	比利時	36.98
15	俄羅斯	10.24	瑞士	19.02	西班牙	36.66
16	馬來西亞	8.70	印度	18.33	阿聯酋	34.37
17	奧地利	8.36	俄羅斯	16.43	瑞士	34.34
18	瑞典	8.35	瑞典	15.06	澳大利亞	28.43
19	泰國	8.16	愛爾蘭	14.54	俄羅斯	28.14
20	澳大利亞	7.30	澳大利亞	14.41	愛爾蘭	26.17
	世界	628.94	世界	1,273.25	世界	2,083.48

數據來源：世界銀行官網，https://data.worldbank.org

表 1.3　　　　　　　貨物和服務出口貿易參與國 Top20　　　（單位：USD100 億）

排名	1995 年		2005 年		2015 年	
	國家	出口額	國家	出口額	國家	出口額
1	美國	81.28	美國	130.89	中國	243.13
2	德國	57.03	中國	78.89	美國	226.43
3	日本	48.89	日本	66.63	德國	157.35
4	法國	36.07	英國	62.06	英國	79.05
5	英國	33.58	法國	58.11	日本	77.30
6	義大利	28.98	義大利	45.67	法國	72.64
7	荷蘭	25.72	荷蘭	45.20	韓國	62.69
8	加拿大	21.81	加拿大	43.03	荷蘭	61.87
9	比利時	17.23	韓國	33.06	義大利	54.78
10	新加坡	15.93	新加坡	28.83	新加坡	52.82
11	韓國	14.42	西班牙	28.55	加拿大	49.04
12	瑞士	13.94	比利時	28.48	瑞士	42.19
13	中國	13.54	俄羅斯	26.90	印度	42.12
14	西班牙	13.44	墨西哥	23.02	墨西哥	40.44
15	俄羅斯	11.58	瑞士	21.98	西班牙	39.58
16	瑞典	10.03	瑞典	17.85	俄羅斯	39.16
17	墨西哥	8.65	愛爾蘭	16.84	比利時	37.74
18	馬來西亞	8.35	馬來西亞	16.20	阿聯酋	35.94
19	奧地利	8.08	印度	16.04	愛爾蘭	35.18
20	泰國	7.03	奧地利	15.30	泰國	27.58
	世界	642.44	世界	1,291.40	世界	2,130.98

數據來源：世界銀行官網，https://data.worldbank.org

三、中、美對外貿易情況

美國一直是貿易大國、貿易強國，而中國在世界貿易中也扮演著越來越重要的角色。2015 年，中國的進出口總額排名世界第二（如表 1.1 所示）、進口總額排名世界第二（如表 1.2 所示），出口總額排名世界第一（如表 1.3 所示）。本部分內容將詳細分析中、美兩國的貿易情況。

（一）中國對外貿易情況

1. 中國貨物和服務貿易進出口總額

從圖 1.4 中可以看出，1995—2015 年的 20 年間，中國貨物和服務進出口額增長很

快，2015年進出口總額為44.77千億美元，是1995年2.55千億美元的17.53倍，漲幅高達1,653.48%。2014年中國的進出口總額更是高達47.85千億美元。

對外貿易在中國經濟增長中扮演的角色非常重要。1995年，進出口貿易在中國GDP中的比重就已經達到了34.76%，高於當年世界平均水準的22.01%；2006年，進出口貿易貢獻了中國65.62%的GDP；2007年和2008年兩年，雖然進出口總額還在增長，但其在GDP中的比重卻下降了；受世界經濟金融危機的影響，2009年中國進出口額及其在GDP中的比重均有所下降，即便如此，當年進出口在GDP中份額仍然達到了44.51%；2010年和2011年兩年，中國進出口額及其在GDP中的比重均有所提升；2012—2014年，雖然進出口總額在提升，但其在GDP中的份額卻在下降；2015年，隨著進出口總額降低，其在GDP中的份額也從2014年的45.65%降至40.46%。

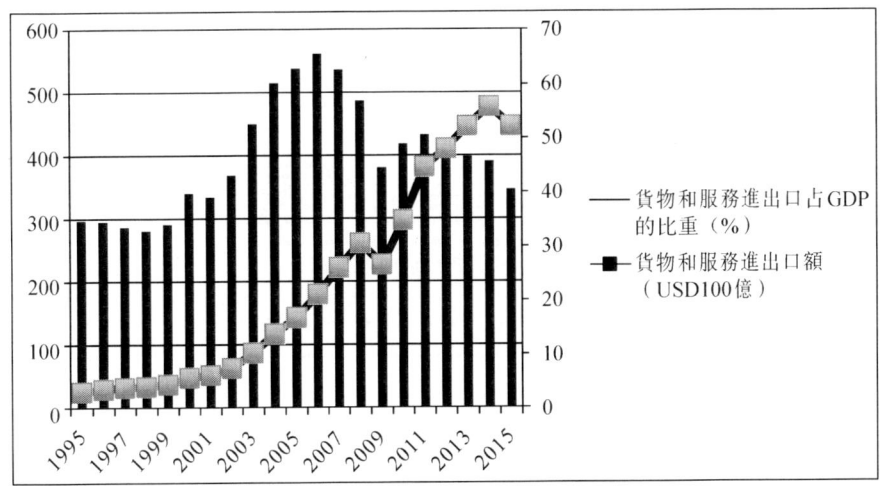

圖1.4　1995—2015年中國貨物服務進出口額及其占中國GDP的比重

數據來源：世界銀行官網，https://data.worldbank.org

2. 中國主要進、出口商品構成

以2015年為例，據中國國家統計局統計數據顯示，中國初級產品和工業製成品進口在中國進口總額中的比重分別為28.11%和71.89%。具體來講，中國主要進口商品有：機械及運輸設備、非食用原料、礦物燃料、潤滑油及有關原料、化學品及有關產品、雜項製品等，其在中國2015年進口總額中的份額分別為40.63%、12.49%、11.82%、10.2%和8.02%（如圖1.5所示）。

中國國家統計局統計數據表明，中國初級產品和工業製成品出口在中國出口總額中的比重分別為4.57%和95.43%。具體來講，中國主要出口商品有：機械及運輸設備、雜項製品、輕紡產品、橡膠製品、礦冶產品及其製品、化學品及有關產品以及食品及主要供食用的活動物等，其在中國出口總額中的比重分別為46.59%、25.84%、17.2%、5.7%和2.56%（如圖1.6所示）。

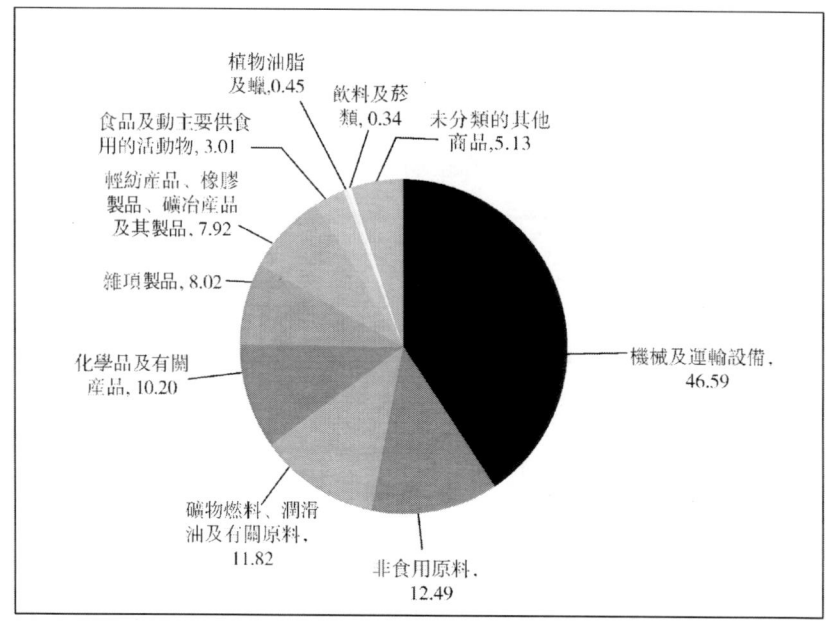

圖 1.5　2015 年中國主要進口商品構成（%）

數據來源：中國統計年鑑（2016 年）

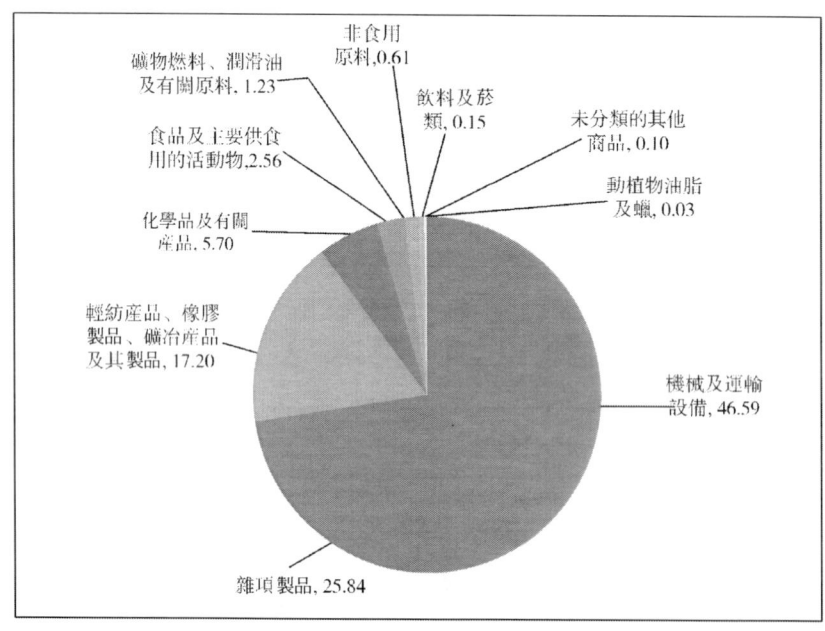

圖 1.6　2015 年中國主要出口商品構成（%）

數據來源：中國統計年鑑（2016 年）

3. 中國主要進、出口貿易夥伴國

以 2015 年為例，中國國家統計局統計數據表明，中國 56.82% 的進口商品來自亞洲國家，其次是歐洲（17.45%）、北美洲（10.37%）、拉丁美洲（6.18%）、大洋洲及太平洋群島（4.93%）和非洲（4.18%）。圖 1.7 展示了 2015 年中國進口來源地前 15 名的國家，其共占中國進口總額的 58.29%。具體來講中國的主要進口來源地有：韓國、美國、日本、德國、澳大利亞及馬來西亞，從這些國家進口的進口額占中國進口總額的比重分別為 10.39%、8.8%、8.51%、5.22%、4.38% 和 3.17%（如圖 1.7 所示）。

中國國家統計局統計數據表明，2015 年中國對亞洲國家的出口額占其出口總額的 50.15%，接著依次是北美洲（19.31%）、歐洲（17.74%）、拉丁美洲（5.81%）、非洲（4.77%）和大洋洲及太平洋群島（2.22%）。圖 1.8 展示了 2015 年中國出口目的地排名前 15 的國家，其共占中國出口總額的 54.5%。具體來講，中國的主要出口目的地有：美國、日本、韓國、德國、越南及英國，其占中國出口總額的比重分別為 18%、5.97%、4.46%、3.04%、2.9% 和 2.62%（如圖 1.8 所示）。

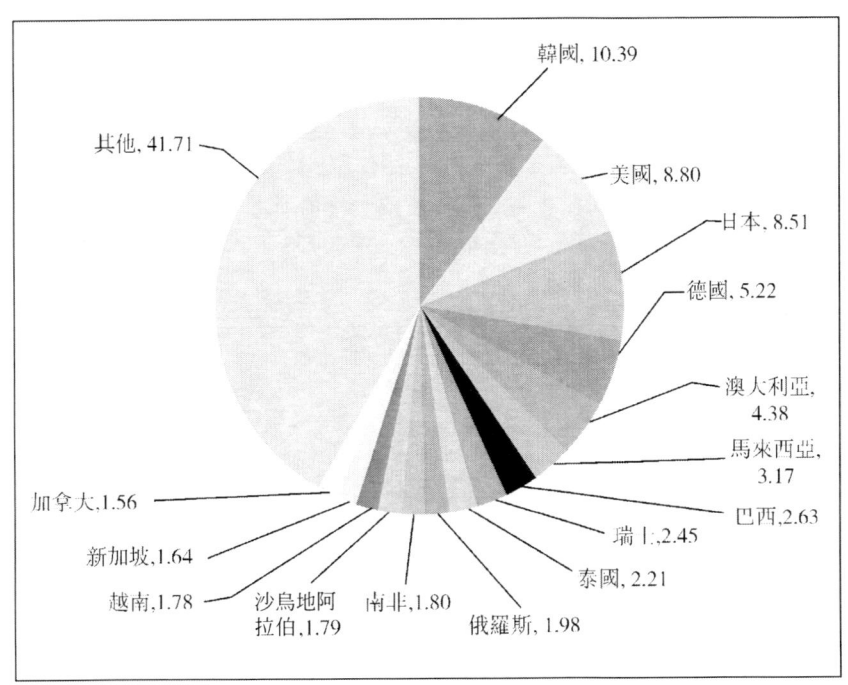

圖 1.7　2015 年中國自主要貿易夥伴進口份額構成（%）

數據來源：中國統計年鑒（2016 年）

(二) 美國對外貿易情況

1. 美國貨物和服務貿易進出口總額

如圖 1.9 所示，美國的進出口總額在 1995—2015 年的 20 年間有顯著增長，由

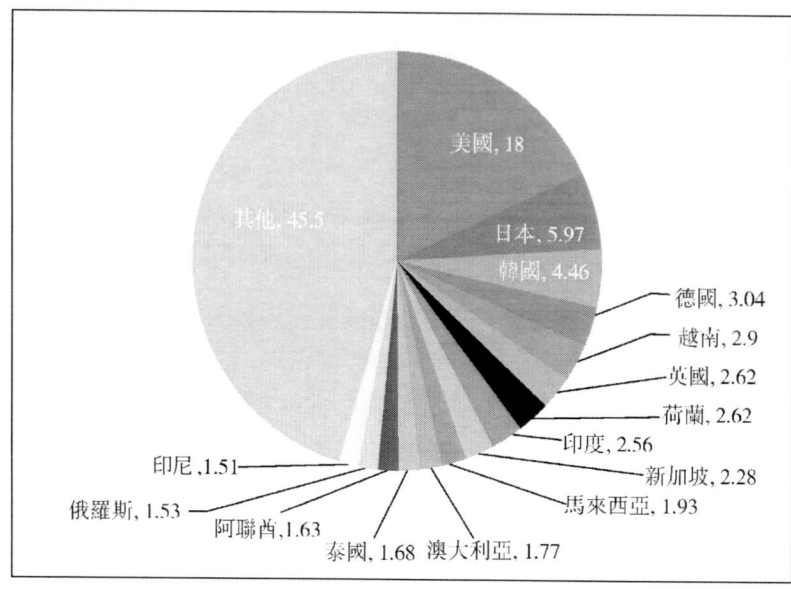

圖 1.8　2015 年中國對主要貿易夥伴出口份額構成（%）
數據來源：中國統計年鑒（2016 年）

1995 年的 17.15 千億美元增長到 2015 年的 50.51 千億美元，在美國 GDP 中的比重也從 1995 年的 22.38% 增長到 2015 年的 28%，漲幅分別為 194.43% 和 25.11%。2011 年，美國進出口在其 GDP 中的比重達到了 30.89%，意味著差不多三分之一的美國 GDP 是由其貿易帶動的。

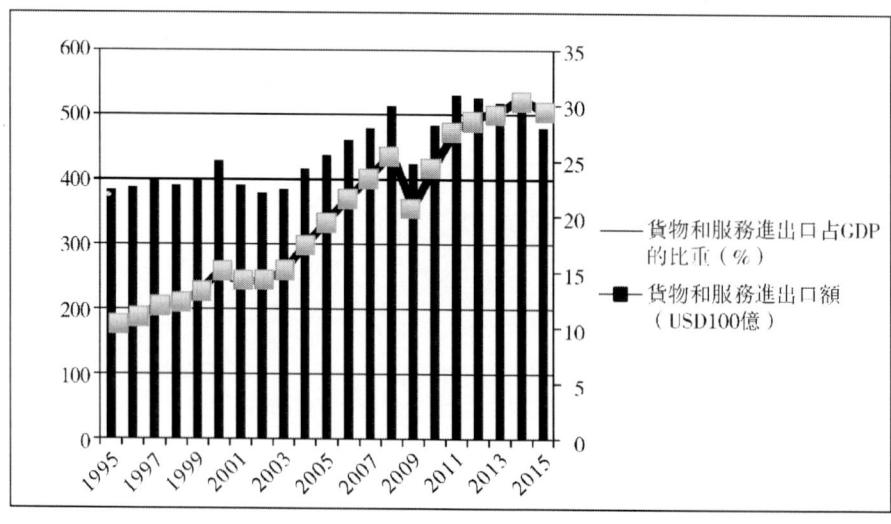

圖 1.9　1995—2015 年美國貨物服務進出口額及其占美國 GDP 的比重
數據來源：世界銀行官網，https://data.worldbank.org

2. 美國主要進、出口商品構成

以 2015 年為例，美國主要進口商品為機電產品、運輸設備、礦產品、化工產品和賤金屬及製品，其在美國總進口額中所占的份額分別為 29%、14.3%、8.8%、8.6% 和 5.2%，合計占美國進口總額的 65.9%（如圖 1.10 所示）。美國主要出口商品為機電產品、運輸設備、化工產品、礦產品和光學、鐘表、醫療設備，在美國總出口額中所占的份額分別為 25%、17.6%、10.8%、7.7% 和 5.7%，合計占美國出口總額的 66.8%（如圖 1.11 所示）。

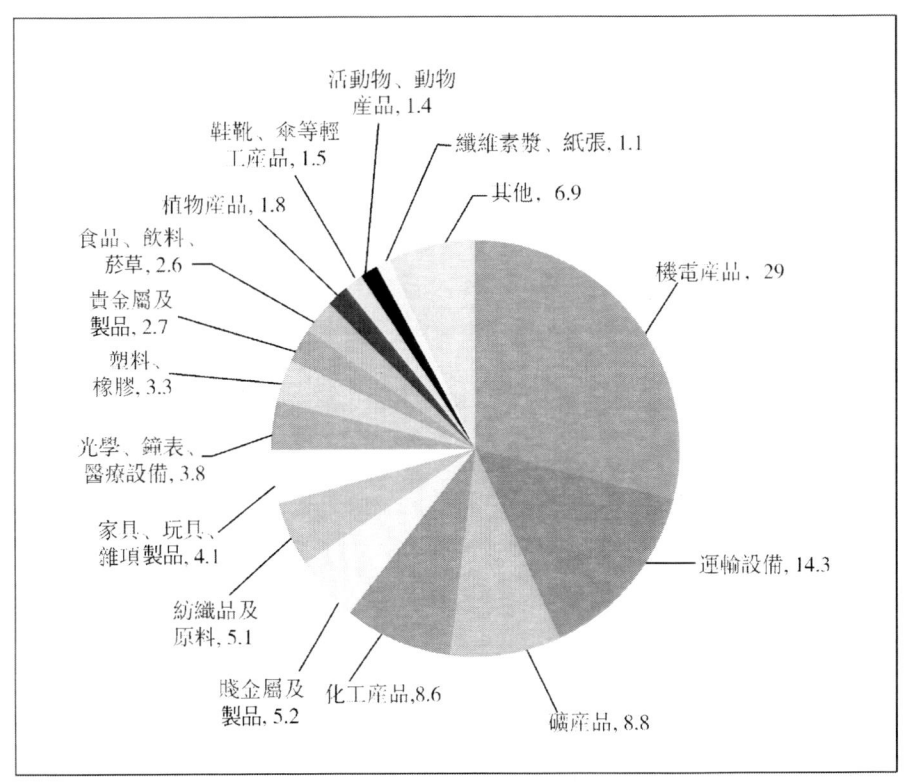

圖 1.10　2015 年美國主要進口商品構成（%）

數據來源：中商情報網，http://www.askci.com/news/finance/20160421/1115407067.shtml

國際貿易

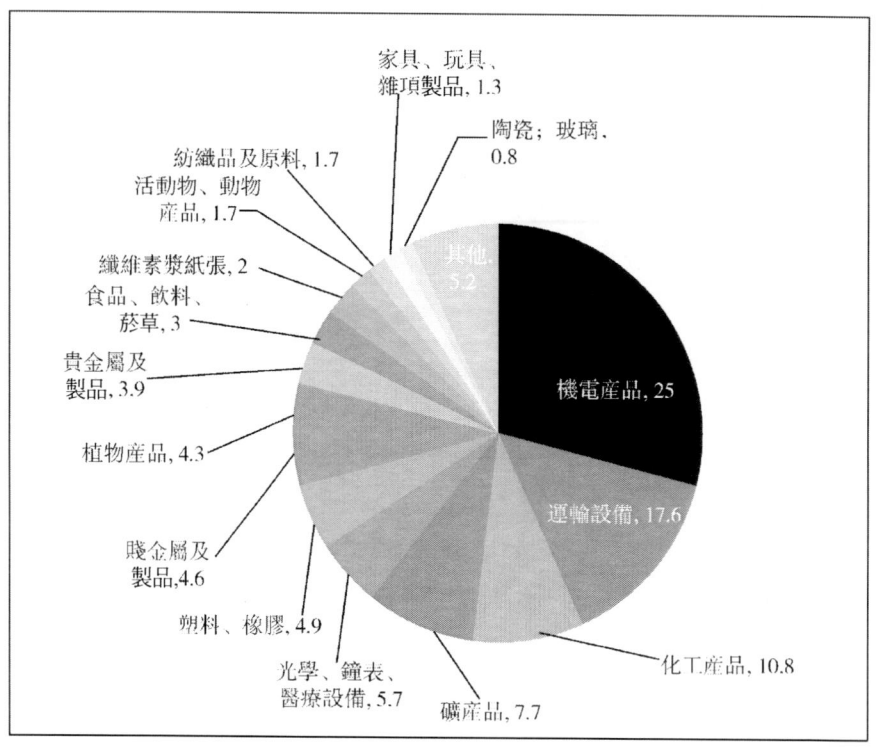

圖 1.11　2015 年美國主要出口商品構成（%）

數據來源：中商情報網，http://www.askci.com/news/finance/20160421/116275436.shtml

3. 美國主要進、出口貿易夥伴

以 2015 年為例，美國的主要進口來源地有中國內地、加拿大、墨西哥、日本和德國，從這些國家進口的進口額在美國進口總額中的份額分別為 21.5%、13.2%、13.2%、5.9% 和 5.5%，合計是美國進口總額的 59.3%。從排名前 15 的美國進口來源地進口的總額在美國進口總額中的比重高達 79.4%（如圖 1.12 所示）。美國的主要出口目的地有加拿大、墨西哥、中國內地、日本和英國，對其出口額在美國出口總額中的份額分別為 18.6%、15.7%、7.7%、4.2% 和 3.8%，合計是美國出口總額的 50%。向排名前 15 的美國出口目的地的出口總額在美國出口總額中的比重高達 73.1%（如圖 1.13 所示）。

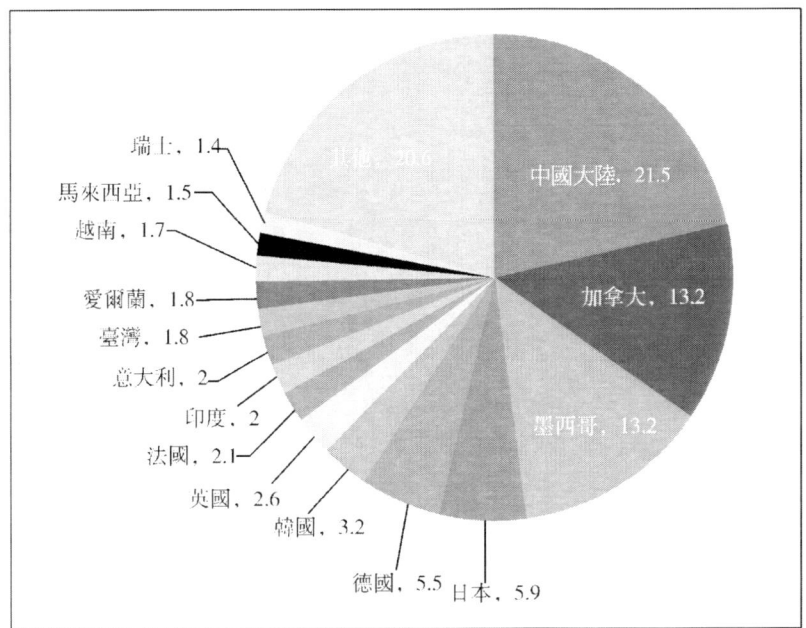

图 1.12　2015 年美国自主要贸易伙伴进口份额构成（%）
数据来源：中商情报网，http://www.askci.com/news/finance/20160421/1058481077.shtml

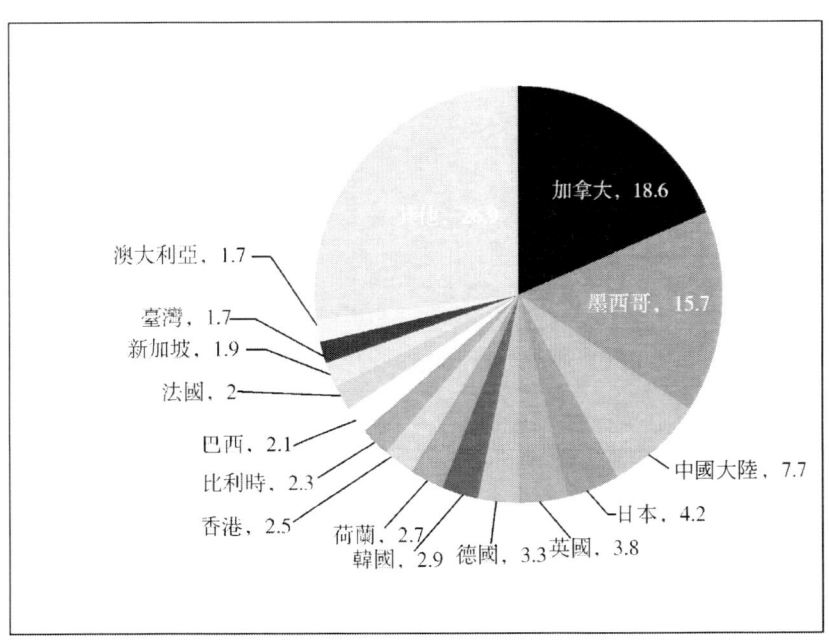

图 1.13　2015 年美国对主要贸易伙伴出口份额构成（%）
数据来源：中商情报网，http://www.askci.com/news/finance/20160421/1049439010.shtml

思考：

[1.1] 對比中國與美國的對外貿易，有什麼異同？

第二節　世界經濟貿易的特點

一、世界經濟貿易增速放緩

2008年爆發了世界性經濟金融危機，全球大多數國家都受到了影響，經濟增速放緩。尤其是2009年，世界GDP增速從2008年的9.68%急遽下跌，以致負增長，增長率為-5.21%。2010年和2011年經濟增長勢頭雖有所回升，但2011年之後的世界經濟增長乏力，最高增速僅為2.84%（2013年），2015年再次出現負增長，與危機爆發之前不可同日而語，2007年世界GDP的增長率高達12.64%（如圖1.14所示）。

貿易與經濟之間聯繫緊密，自2000年以來，世界貨物服務出口額占世界GDP的比重從未低於25%，最高時是2008年，比重達30.73%（如圖1.1所示）。自2002年起，世界貿易進入高速增長階段，2004年世界貨物和服務出口增長率高達21.36%。2008年世界經濟金融危機爆發之後，世界貿易增速放緩，2009年增速從2008年的13.84%驟減至-19.43%。與世界GDP增長率呈現的趨勢類似，2010年和2011年兩年，世界出口貿易增速恢復到了18%以上。但是，自2012年開始，世界貿易增速明顯放緩，最高增速是2013年的2.99%，2015年和2016年均為負增長（如圖1.14所示）。

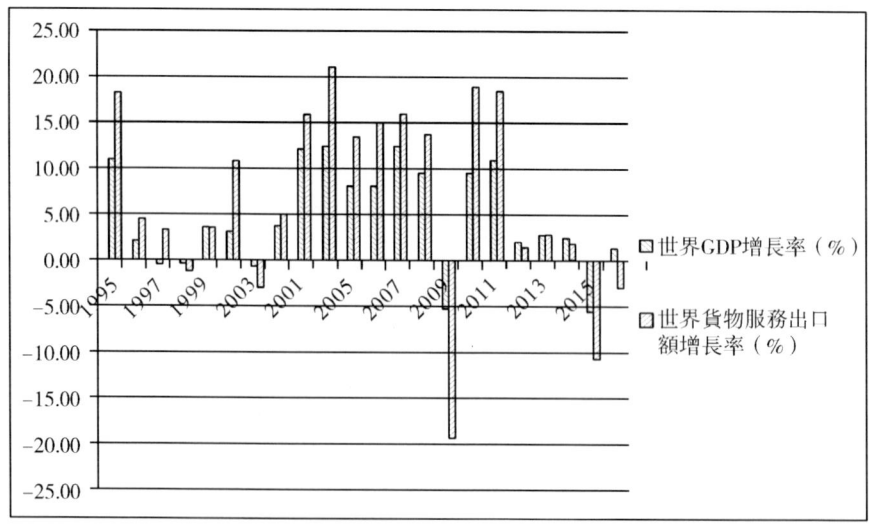

圖 1.14　1995—2016 年世界 GDP 及貨物服務出口額增長率（%）

數據來源：世界銀行官網，https://data.worldbank.org

二、貿易參與國家分化明顯

圖1.15展示了2015年貨物和服務進出口額排名前10國家的GDP增長率以及進出口額增長率。分析得知，首先，這些國家中GDP增長率最高的是中國（6.9%），最低的是義大利（0.78%），前者約是後者的8.81倍；其次，這些國家中進出口額增長率均為負值，負增長率最低的國家是荷蘭（-14.78%），最高的國家是美國（-3.93%），前者是後者的3.72倍。

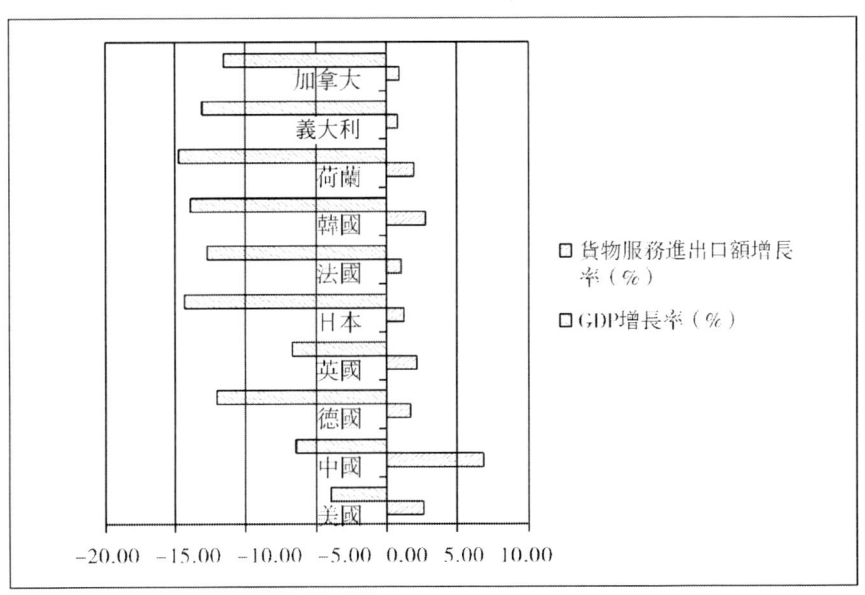

圖1.15　2015年Top10國家GDP增長率及其進出口貿易額增長率（%）
數據來源：世界銀行官網，https://data.worldbank.org

圖1.16展示了2015年貨物和服務進出口額排名前10國家的進出口額在世界中的比重。分析得知，排名前10的國家占世界200多個國家（地區）進出口總額的50.94%。而且，這10個國家之間的差異也很明顯，僅美國和中國兩個國家就占了世界進出口總額的22.61%，而排名靠後的韓國、荷蘭、義大利、加拿大的占比均不超過3%，更不用說其他排名不在前10位的大多數國家了。

中國國家商務部發表的《2016年中國對外貿易發展環境分析》指出，世界經濟增長低迷且分化加劇。2016年，全球經濟低速增長局面未出現明顯改善，不同國家之間經濟復甦進程的差異性進一步顯現。發達國家經濟出現回暖跡象，特別是美國經濟復甦總體穩定，房地產市場穩步回升，製造業恢復擴張，勞動力市場不斷改善，居民消費能力與預期提高，技術進步和商業模式創新熱點紛呈，但經濟增長水準仍低於危機前水準，企業投資波動性較大。歐元區經濟在石油價格低迷、歐元貶值以及量化寬鬆政策的刺激下，經濟增長有所加快，但需求不足問題依然突出，且「難民潮」加劇成員內部的政治紛爭和成員國之間的離心傾向，增加了經濟政策的不確定性。日本經

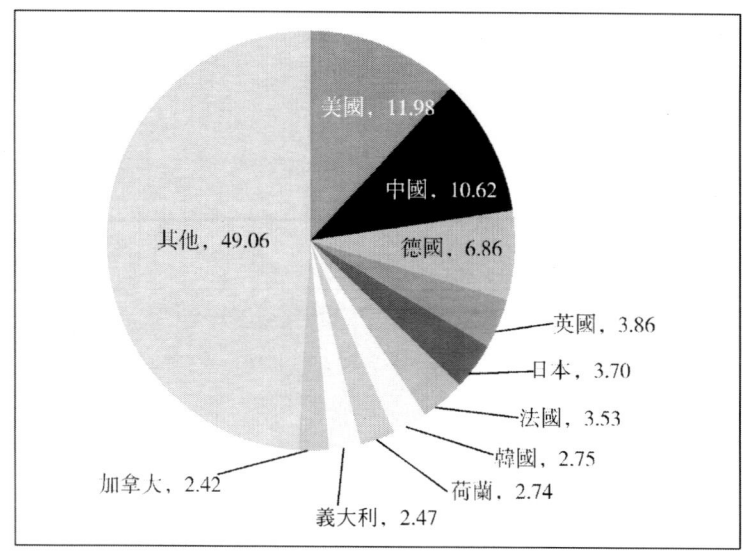

图 1.16　2015 年 Top10 国家进出口贸易额在世界贸易中的比重（％）
数据来源：世界银行官网，https：//data.worldbank.org

济持续下滑，通缩风险并未解除，货币政策效力递减问题突出，短期内难以走出经济困境。受结构性改革滞后、大宗商品价格走低及政策空间收窄等因素影响，多数新兴经济体经济增长呈现较为明显的放缓趋势，但印度等国家在工业化进程加快、能源价格下降等因素的推动下，经济持续快速增长。

三、贸易商品趋向高新技术化、信息化

货物贸易仍是世界贸易的主体（如图 1.3 所示），且货物贸易的商品结构逐渐高级化。全球商品贸易中最具活力的是工业制成品贸易，WTO 统计数据表明，2014 年制成品占商品出口的 66.2％，增速为 4％，而农产品占比仅为 9.5％，且增速为 2％，较制成品低。另外，技术因素在国际货物贸易中的作用日益突出。电子产业、海洋及微生物技术、太空航天技术、环境保护技术、新材料技术等高技术产业及高技术含量的产品在国际货物贸易中的比重直线上升。2014 年办公和电信设备、自动化产品及化学物质占全球商品出口总额的 28.3％。

近年来，世界服务贸易增速逐渐超越了货物贸易。如图 1.17 所示，在 2012 年之前，货物贸易的增长率普遍高于服务贸易的增长率，尤其是 2010 年，货物贸易和服务贸易的增长率分别为 21.87％和 7.77％，相差 14.1 个百分点。然而，这一局面在 2012 年得到了反转。2012—2014 年，世界服务贸易增长率分别为 2.51％、6.5％和 6.25％，而世界货物贸易的增长率分别为 1.34％、2.25％和 0.65％；2015 年服务贸易和货物贸易均为负增长，但服务贸易的减速（-5.33％）低于货物贸易（-12.92％）；2016 年服务贸易恢复正增长（0.46％），货物贸易仍为负增长但减速放缓（-3.03％）。另外，计算机服务出口在服务出口中非常活跃，从 1995 年到 2014 年，世界计算机和信息服务的

出口增速為平均每年18%，快於其他服務部門。由於技術進步的迅速發展和對移動電話服務和互聯網服務的不斷增長的需求，通信服務（尤其是電信業）出口自2000年以來增長顯著，2014年世界通信服務出口額約為1.15千億美元。

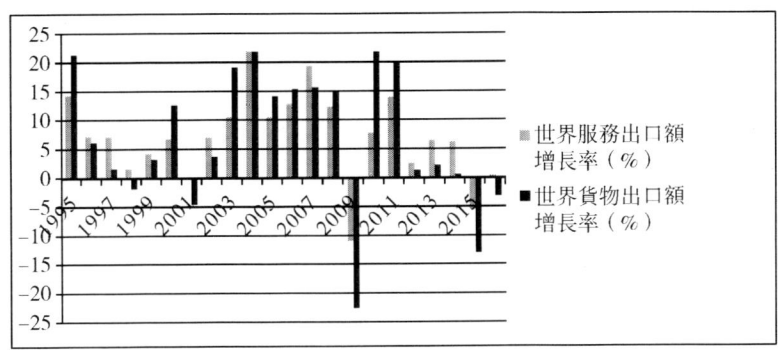

圖 1.17　1995—2016年世界貨物及服務出口額增長率（%）
數據來源：世界銀行官網，https：//data.worldbank.org

四、全球價值鏈進入重構，跨境電子商務發展迅速

在主要經濟體進行結構調整的背景下，以全球價值鏈為代表的國際產業分工體系正在進入新的調整期。原有的全球貿易循環發生了變化，從消費國到生產國再到資源國的核心鏈條被打破，產業內分工和產業內貿易的發展形成了新的全球價值鏈分工體系。越來越多的跨國公司為了降低成本，採取了縮短全球供應鏈的方式，將部分離岸生產產品轉向近岸或者在岸生產，並在全球範圍內重新佈局產業鏈，最大限度地細分各生產環節。

美歐等發達國家實施「再工業化戰略」，希望通過技術創新以振興國內實體經濟、提高勞動生產率，從而擴大高端製造業的競爭優勢。印度、巴西等新興經濟體在全球價值鏈中的作用進一步增強，開始進行相應的產業結構調整，實行新興工業化和新興產業發展戰略，加快從勞動和資源密集型產業向資本和技術密集型產業轉型，推動產業結構「高級化」。未來，新興經濟體與發達國家產業結構趨同和技術差距不斷縮小的趨勢將會進一步加強，全球供應鏈擴張速度會進一步放緩，傳統的國際產業分工體系刺激貿易增長的作用也會繼續減弱，全球產業結構性變化將致使全球貿易增速難以恢復至金融危機前的水準。

隨著互聯網、物聯網、大數據、雲計算、人工智能等新一代信息技術的快速發展和日益普及，電子商務推動跨境貿易在全球範圍內迅速發展，導致國際貿易方式發生變化，同時也為促進全球貿易增長發揮了積極作用。據聯合國貿易和發展會議公布的統計數據顯示，全球電子商務市場規模從2013年的18萬億美元增加到2015年的25萬億美元，約占全球貿易總額的30%~40%，並呈現不斷加速發展的趨勢。

五、貿易保護主義升溫

當前世界經濟增速放緩，市場需求回升乏力，全球範圍內的貿易保護主義傾向日益增強，各國紛紛採取各種貿易保護政策和措施。除了反傾銷、反補貼、關稅壁壘等傳統貿易保護手段外，非關稅壁壘、知識產權保護等形式的貿易保護手段更加頻繁，出口鼓勵政策、政府補貼以及本地化要求等新型貿易保護手段和措施層出不窮，以美國為首的發達國家更是貿易保護主義的推行者。據 WTO 數據統計，2008 年至 2016 年 5 月，二十國集團成員（G20）共實施了 1,583 項新的貿易限制措施，其中美國對其他國家和地區採取了 600 多項貿易限制措施，約占 G20 成員貿易限制措施的 40%。2016 年以來，貿易保護主義繼續升溫。美國特朗普政府上臺進一步強化了貿易保護主義升級勢頭，未來美國政府可能將從推動貿易自由化轉向更加關注貿易執法，這將增加美國與其他國家之間的貿易摩擦。與此同時，全球政局正在發生深刻變化，主要經濟體「逆全球化」升溫，國際貿易環境持續惡化，而英國脫歐、歐洲極右翼政黨興起、美國就北美自由貿易區（NAFTA）進行重新談判等經濟政策事件均表明了發達經濟體支持開放型經濟的力量在逐漸減弱。

六、發展中國家和中等收入國家越來越活躍

隨著全球價值鏈重構以及各國產業結構調整，發展中國家和中等收入國家在世界貿易中的表現越來越活躍。從表 1.1~表 1.3 中的數據可以看出，以中國和印度為代表的發展中國家在世界進出口貿易中扮演著越來越重要的角色。中國進出口總額占世界進出口總額的比重從 2005 年的 5.61% 上升為 2015 年的 10.62%，印度進出口總額占世界進出口總額的比重也從 2005 年的 1.34% 上升為 2015 年 2.11%。

同時，我們發現中等收入國家和中高收入水準國家在世界貿易中比重呈平穩上升趨勢，且中等收入國家的比重要高於中高收入水準國家，而高收入國家在世界貿易中的份額卻在下降，儘管其世界貿易主力軍的地位仍不可動搖。如圖 1.18 所示，1995 年，高收入、中等收入以及中高收入國家進出口總額在世界進出口總額中的比重分別為 82.12%、17.44% 和 13.05%；2015 年高收入、中等收入以及中高收入國家進出口總額在世界進出口總額中的比重分別為 68.81%、30.64% 和 22.62%。對比可得，高收入國家在世界貿易中的份額下降了 16.21%，中等收入國家和中高收入國家分別增長了 75.64% 和 79.79%。另外，雖然中低收入水準國家和低收入水準國家在世界貿易中的份額比較小，但是它們的增長速度卻不容小覷。中低收入國家進出口總額 1995 年和 2015 年在世界進出口總額中的比重分別為 4.39% 和 7.19%，漲幅高達 63.63%；低收入國家進出口總額 1995 年和 2015 年在世界進出口總額中的比重分別為 0.41% 和 0.55%，漲幅為 35.71%（如圖 1.18 所示）。

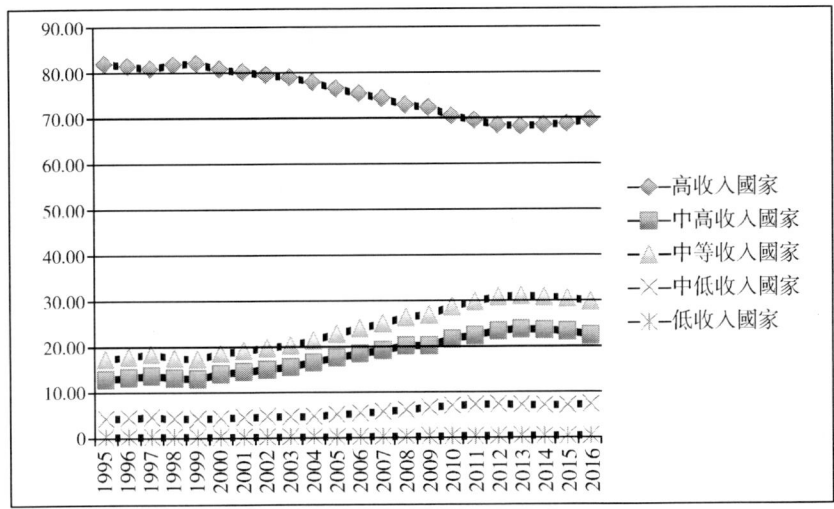

圖1.18 1995—2016年不同收入類型國家貨物服務進出口額占世界進出口總額比重（%）
數據來源：世界銀行官網，https://data.worldbank.org

思考：

[1.2] 是什麼決定了哪些國家參與國際貿易？一國選擇貿易夥伴的依據是什麼？

[1.3] 是什麼決定了一個國家的出口商品和進口商品？是什麼決定了一個國家的出口量和進口量？是什麼決定了一個國家的交易條件？

第二章　重商主義、絕對優勢理論和比較優勢理論

第一節　重商主義

重商主義（Mercantilism）是經濟思潮的一種，興起並流行於 15—18 世紀的歐洲各國，如英國、法國、義大利、荷蘭等。大多數活躍於 1500—1750 年間的歐洲經濟學家均被視為重商主義者，其中英國商人 Thomas Mun（托馬斯·孟）為主要代表人物。本節主要介紹重商主義的主要思想、主要政策主張及其局限性。

一、重商主義的主要思想

重商主義也可被稱為唯金銀主義。簡單來講，重商主義支持者將金銀等貴重金屬視為唯一的財富代表。重商主義者認為擁有更多的黃金和白銀是經濟繁榮的表現。伊麗莎白時代的特徵之一就是發展海軍及商業船隊，努力開拓殖民地，用以抵抗西班牙在貿易上的壓制，同時促進國內金銀的累積。

重商主義者將貿易視為「零和游戲」，即貿易一方的所得是以另一方的所失為代價的。《論英國本土的公共福利》（1549 年）一書中寫道：「我們要提防不要從陌生人那裡買入多過我們向他們的賣出，因為那會使他們變得富有而我們變得貧窮。」因此，重商主義者認為任何使得一方受益的貿易政策均會導致另一方的損失。

二、重商主義的主要政策主張

重商主義的思想對其政策主張有深刻的影響。重商主義所主張的經濟政策的目標在於通過正的貿易餘額（尤其是最終產品貿易）來增加貨幣貯備，所以高稅收（尤其是在製造品上）幾乎是重商主義政策的普遍特徵。概括來講，重商主義的主要政策主張有：

1. 禁止黃金和白銀的輸出，即便是作為支付方式的輸出也不支持；
2. 高額進口關稅，尤其是對製造品徵收高額進口關稅；
3. 出口補貼；
4. 通過研發或者直接補貼等方式鼓勵製造業和工業發展；
5. 最大化利用本國資源；
6. 非關稅壁壘；
7. 壟斷主要港口的市場等。

可以看出，重商主義者支持政府干預經濟，基本奉行鼓勵出口、抑制進口的政策主張。

三、重商主義的局限性

重商主義認為貿易是一場「零和游戲」，這一思想與現實是不符的。大量的實踐經驗告訴我們貿易雙方是可以實現互利雙贏的。另外，重商主義將金銀等貴金屬視為唯一財富的觀點是欠妥的，金銀的特性決定了其可以很好地充當一般等價物，但一國的福利水準絕不僅僅取決於其所擁有的金銀的數量。從某種程度上講，重商主義的這一思想助長了殖民擴張行為。西班牙和英國先後被稱為「日不落帝國」，就是因為其殖民地數量眾多，遍布範圍廣，太陽無論何時都會照在其領土上。最後，重商主義主張政府干預貿易，這在一定程度上抑制了貿易的發展。

18 世紀晚期，學者們不斷發現重商主義思想的弊端，掀起了反對重商主義的思潮，猶以 Adam Smith（亞當·斯密）為代表。重商主義在歐洲尤其是英國逐漸沒落。19 世紀中葉，大英帝國推行了自由貿易並利用其世界金融中心的地位將其推廣至其他國家。絕對優勢理論和比較優勢理論等一系列解釋自由貿易的理論逐漸替代了重商主義思想。

閱讀 2.1

Thomas Mun（托馬斯·孟），1571—1641 年，被認為是晚期重商主義的傑出代表人物，也是重商主義學派理論的集大成者。他是一個長期從事對外貿易的大商人，1615 年到東印度公司工作，並成為該公司的董事，同時他還是英國政府貿易委員會的委員。1621 年他發表了 A Discourse of Trade from England Unto the East Indies（《論英國與東印度公司的貿易》），1630 年他對這本書進行了修改，並將書名改為 England's Treasure by Foreign Trade（《英國得自對外貿易的財富》），1664 年正式出版。

其經濟思想可以歸納為以下幾個方面：（1）貨幣是財富的唯一源泉，貨幣來自於對外貿易。（2）對外貿易可以為一個國家帶來各種利益。（3）貿易差額理論。追求多出口，少進口或不進口，以便通過外貿順差來獲利。（4）賦稅會使國家受益。（5）人力資本理論。Mun 是較早接觸並重視人力資本的思想家，他將財富分為自然財富和人為財富，他更重視人為財富。他在《英國得自對外貿易的財富》一書中，對當時作為人力資本突出代表的商人進行了系統論述。他認為商人是商業活動的主體，商人自身所具有的品質對一個國家對外貿易的發展和財富的累積至關重要。（6）國家要加強對經濟生活的干預。

Mun 經濟思想的先進性體現在：（1）Mun 為商業資本主義的發展奠定了堅實的理論基礎，他關注商品本身的研究，探求了商品和貨幣之間的關係，儘管這種認識還不成熟，還有缺陷，但這種探究本身就是具有重要價值的，它為英國古典政治經濟學的出現做了鋪墊，為英國古典政治經濟學的研究由流通領域向生產領域轉移提供了一定的理論前提。（2）Mun 認為，財富不是表現為使用價值，而是表現為交換價值，將交換價值引入到經濟分析中，逐漸接近了對價值的分析，這不能不說是重商主義者對商品流通認識上的一個飛躍。（3）Mun 是貿易差額論的創立者，他提出了一系列保持外

貿順差的措施和手段，這些措施和手段被國際貿易實踐證明是有一定成效的，有些措施和手段目前仍然被許多國家所採用，成為國際貿易中的慣例。

Mun 經濟思想的局限性體現在：（1）他對資本主義生產方式的分析非常片面。他所考察的對象只限於流通過程及其獨立化為商業資本運動時的表面現象，沒有全面考察資本主義的生產過程、分配過程、交換過程和消費過程，特別是缺乏對生產過程的考察。（2）Mun 把國際貿易看作是一種零和博弈的觀點顯然是錯誤的。（3）重商主義將貨幣與真實財富等同起來的觀點也是不正確的。

資料來源：王展鵬. 論托馬斯·孟的經濟思想 [J]. 經濟視角（上），2013（1）：9-12.

第二節　絕對優勢理論

絕對優勢論（Theory of Absolute Advantage）的主要思想來自 Adam Smith（亞當·斯密）於 1776 年出版的《國民財富性質和原因的研究》。斯密在書中反駁了重商主義的一些想法，他認為在重商主義指導下，所有的國家不可能同時獲益，因為一國的出口是另一國的進口。斯密不同意這個觀點，相反的，斯密認為如果推行自由貿易並且按照各自的絕對優勢進行專業化生產，那麼所有的國家是能夠同時獲益的。本節將對這一理論的基本假設條件、主要內容、主要結論以及不足之處等相關信息進行介紹。

一、基本假設

在經濟學學習過程中，會遇到很多理論和模型，關於這些理論和模型的學習，大家習慣於把主要關注點放在過程和結論上，其實模型的基本假設條件也是非常重要的。經濟學研究的主要目標是通過研究已經發生的事實，發現事實背後潛藏的規律性信息，用以指導未來的實踐。但是，真實的世界是非常錯綜繁雜的，事物之間在同一時刻展現出形態各異的聯繫，這給研究工作帶來很大的困難。模型的假設條件為該模型營造了一個「理想國」，將錯綜繁雜的真實世界理想化、簡單化，摒除非關鍵的干擾因素，從而發現並總結出經濟運行的規律，進而反過來指導經濟的運行。可以這麼說，經濟學裡幾乎每一個模型都僅「存活」於自己的「理想國」，並非放之四海而皆準的萬能模型。甚至可以說模型的結論就隱含在其假設條件中。

絕對優勢理論的基本假設條件包括：

（1）兩個國家（本國和外國），兩種商品（布和酒），一種投入要素（勞動）；

（2）兩個國家生產的技術水準不同，且不考慮技術進步；

（3）兩個國家的勞動力總量一定，勞動可以在國內不同商品間自由流動，但不可在國際流動；

（4）每種商品在各國的勞動生產效率是固定的，不同國家生產同一商品的勞動生產效率可以不同；

（5）所有市場均為完全競爭市場；

（6）完全就業；

（7）生產是規模報酬不變的；
（8）不考慮運輸及其他貿易相關費用。

二、絕對優勢

一個國家在生產某種商品時需要的勞動力投入比別的國家在同一商品的生產上需要的勞動力投入少，那麼這個國家在生產此商品上具有絕對優勢。反之，一個國家在生產某種商品時需要的勞動力投入比別的國家在同一商品的生產上需要的勞動力投入多，那麼這個國家在生產此商品上具有絕對劣勢。

如表 2.1 所示，本國需要 80 勞動時生產 1 單位布，而外國需要 120 單位勞動時，生產同樣 1 單位布本國比外國需要的勞動時投入少，所以本國在布的生產上具有絕對優勢；同樣的，外國需要 90 勞動時生產 1 單位酒，少於本國的 100 勞動時，所以外國在酒的生產上具有絕對優勢。

表 2.1　　　　　本國/外國生產 1 單位布/酒所需勞動時

	布	酒
本國	80	100
外國	120	90

如果表中數字的意義改變，則結果也會不同。如表 2.2 所示，本國 1 勞動時可以生產 80 單位布，而外國 1 勞動時可以生產 120 單位布，換而言之，生產 1 單位布外國所需的勞動時（1/120）比本國的（1/80）少，所以外國在布的生產上具有絕對優勢；同樣的，用 1 勞動時本國和外國分別可以生產 100 單位和 90 單位酒，即生產 1 單位酒本國的勞動時投入（1/100）少於外國的（1/90），所以本國在酒的生產上具有絕對優勢。

表 2.2　　　　　本國/外國 1 單位勞動時可以生產的布/酒

	布	酒
本國	80	100
外國	120	90

三、絕對優勢理論

一個人或國家應該專業地去生產其有絕對優勢的產品，然後跟別的個人或國家進行貿易，出口其具有絕對優勢的產品，而進口其具有絕對劣勢的產品。

如果 2 個國家分別專業化生產各自具有絕對優勢的產品，並且拿其中一部分去跟別的國家進行交換，則與沒有貿易的情況相比，兩個國家最終都可以獲益。以表 2.1 為例，在沒有貿易的情況下，每個國家各自生產 1 單位的布和 1 單位的酒（如表 2.3 所示）。如果本國將所有的勞動力（80+100＝180）都用於其具有絕對優勢的布的生產，則共可生產〔（80+100）÷80＝2.25〕單位的布；而如果外國所有的勞動力（90+120＝210）都專注於生產其具有比較優勢的酒，則共可生產〔（90+120）÷90＝2.33〕2.33

單位的酒（如表 2.4 所示）。如果本國和外國商定用 1 單位的布交換 1 單位的酒，那麼本國最終可消費 1.25 單位的布和 1 單位的酒；而外國最終可消費 1 單位的布和 1.33 單位的酒（如表 2.5 所示）。與貿易前相比，在同樣的資源條件下，即相同的勞動時投入水準，保持酒的消費量不變的同時本國可多消費 0.25 單位的布，而保持布的消費量不變的同時外國可多消費 0.33 單位的酒。因此，本國和外國均從貿易中獲益。

表 2.3　　　　　　　　本國/外國布/酒的產量（貿易前）

	勞動時	布	酒
本國	180	1	1
外國	210	1	1

表 2.4　　　　　　　　本國/外國布/酒的產量（分工後）

	勞動時	布	酒
本國	180	2.25	0
外國	210	0	2.33

表 2.5　　　　　　　　本國/葡萄布/酒的擁有量（貿易後）

	勞動時	布	酒
本國	180	1.25	1
外國	210	1	1.33

思考：

　　[2.1] 除 1 單位布交換 1 單位酒之外，本國和外國可能同意其他的交換比例麼？是什麼？

四、絕對優勢理論的局限性

　　如表 2.6 所示，生產 1 單位布，本國和外國分別需要 100 勞動時和 90 勞動時；生產 1 單位酒，本國和外國分別需要 120 勞動時和 80 勞動時。由此可判斷，外國在布和酒的生產上均具有絕對優勢，根據亞當·斯密的絕對優勢論，兩國是不會進行貿易的。然而，真實情況卻是本國和外國是可以從貿易中實現雙贏的。換而言之，絕對優勢論並不能很好的解釋所有的貿易現象，這為新理論的出現提供了空間。

表 2.6　　　　　　　　本國/外國生產 1 單位布/酒所需勞動時

	布	酒
本國	100	120
外國	90	80

閱讀 2.2

　　Adam Smith（亞當·斯密），1723—1790 年，蘇格蘭經濟學家、哲學家、道德哲學家，是政治經濟學的先驅。1759 年發表的 The Theory of Moral Sentiments（《道德情操論》）和 1776 年發表的 An Inquiry into the Nature and Causes of the Wealth of Nations（《國民財富的性質和原因的研究》）是 Smith 最為著名的代表作，後者簡稱為 The Wealth of Nations（《國富論》），被認為是 Smith 的傑出代表作，是經濟學現代著作第一書。

　　《國富論》的發表不僅標誌著經濟學作為一門獨立的社會科學正式誕生，而且為現代市場經濟理論體系的形成奠定了基礎，在經濟學發展史上至今還沒有一部著作的影響力能超越它的。

　　《國富論》是時代的產物。在這部著作中，Smith 根據 18 世紀英國產業資本發展的需要，深刻探討了資本主義自由競爭階段國民財富的性質和原因，全面論證了經濟自由的合理性和必然性，建立了資產階級古典政治經濟學的完整體系。其基本思想是經濟自由主義，Smith 的一句名言是，「市場這只看不見的手會促使人們在追求自己利益的時候，往往使他能比在真正出於本意情況下更有效地促進社會的利益」。《國富論》通篇論證的是，社會經濟要增長必須靠實行自由競爭的市場經濟制度。人類歷史證明，市場經濟體制是實現經濟資源配置最有效的方式和制度。

　　1776 年這部著作一經發表，立即震動了當時資本主義經濟正在發展起來的整個歐洲。直到該書問世整整一個世紀後，中國人才從同文館（於 1898 年設立的中國第一家現代圖書館）開設的「富國策」課程中第一次知道 Smith 的名字，知道他寫了一部大著作叫《邦國財用論》（這是《國富論》的最早中文譯名）。1902 年，當時的維新派人物嚴復將這部書獻策於光緒皇帝，這是該書的第一個中文譯本。

　　資料來源：

　　Davis, W., Figgins, B., Hedengren, D., Klein, D. Economics Professors´ Favorite Economic Thinkers, Journals, and Blogs（along with Party and Policy Views）[J]. Econ Journal Watch, 2011, 8（2）: 133.

　　尹伯成. 亞當·斯密經濟思想在中國的價值和命運——紀念《國富論》發表 240 週年 [J]. 學術評論, 2016（6）: 37-41.

第三節　比較優勢理論

　　David Ricardo（大衛·李嘉圖）在其 1817 年出版的《政治經濟學及賦稅原理》一書中提出了比較優勢理論（Theory of Comparative Advantage），旨在解釋為什麼當一國的工人在所有商品的生產上均有絕對優勢的時候仍然會從事國際貿易。他表明如果 2 個國家在自由市場上生產 2 種商品，假定國家之間存在勞動生產率差異，則每個國家都可通過出口其具有比較優勢的產品進口其具有比較劣勢的產品而增加其總消費。

一、基本假設

比較優勢理論的基本假設條件與絕對優勢理論基本相同,此處不再贅述。

二、機會成本

某一選擇的機會成本即為了此選擇所必須放棄的其他最好的選擇的價值。

例 1:瑪麗有 1 萬元現金,她可以選擇以 2.5% 的年利率存入銀行或者購買股票,假設 1 年期的股票收益為 300 元,瑪麗選擇存銀行的機會成本即為她所放棄的股票收益,即 300 元。

例 2:麥克同時收到三家公司的工作邀請,公司 A 提供的年薪為 5 萬元,公司 B 提供的年薪為 3 萬元,公司 C 提供的年薪為 6 萬元,若麥克選擇接受公司 A 的邀約,則機會成本為他所放棄的公司 C 邀約的價值 6 萬元。

思考:

[2.2] 為什麼瑪麗的機會成本不是 50 元呢?

[2.3] 為什麼麥克的機會成本不是 9 萬元、3 萬元或 1 萬元呢?

三、比較優勢

如果一個國家生產某一商品的機會成本低於其他國家,則這個國家在此商品的生產上具有比較優勢。反之,如果一個國家生產某一商品的機會成本高於其他國家,則這個國家在此商品的生產上具有比較劣勢。

在之前的分析中,我們知道根據亞當·斯密的絕對優勢論,表 2.6 中所示的兩個國家之間是不會進行貿易的。然而,我們發現兩個國家在生產 2 種商品時的相對成本是不同的。本國用 100 勞動時可生產 1 單位布或者 5/6 單位酒,也就是說本國為了生產 1 單位布必須放棄 5/6 單位酒,即在本國 1 單位布的機會成本為 5/6 單位酒的價值;同樣的,外國用 90 勞動時可生產 1 單位布或者 9/8 單位酒,即外國為了生產 1 單位布必須放棄 9/8 單位酒,也即在外國 1 單位布的機會成本為 9/8 單位酒的價值。我們發現 1 單位布在本國的機會成本是小於其在外國的機會成本的,所以本國在布的生產上具有比較優勢,而外國在布的生產上具有比較劣勢。

為了加深理解,我們再從酒的角度分析一下。本國用 120 勞動時可生產 1 單位酒或者 6/5 單位布,即在本國 1 單位酒的機會成本為 6/5 單位布的價值;同樣的,外國用 80 勞動時可生產 1 單位酒或者 8/9 單位布,即在外國 1 單位酒的機會成本為 8/9 單位布的價值。我們發現 1 單位酒在外國的機會成本小於其在本國的機會成本,所以外國在酒的生產上具有比較優勢,而本國在酒的生產上具有比較劣勢。

如果表 2.6 中的數字意義改變,則結果隨之改變。表 2.7 中,本國 1 勞動時可生產 100 單位布或 120 單位酒,即生產 100 單位布需要犧牲掉 120 單位酒,也即本國 1 單位布的機會成本為 6/5 單位酒的價值;外國 1 勞動時可生產 90 單位布或 80 單位酒,即生產 90 單位布需要犧牲掉 80 單位酒,換言之,外國 1 單位布的機會成本為 8/9 單位酒的

價值。相較之下，外國 1 單位布的機會成本低於本國，所以外國在布的生產上具有比較優勢，而本國在布的生產上具有比較劣勢。由於比較優勢是比較得來的，一國不可能在兩種產品的生產上同時具有比較優勢或比較劣勢，所以，即便不去對酒的機會成本進行專門的分析，我們也可以得知表 2.7 中本國在酒的生產上具有比較優勢，而外國在酒的生產上具有比較劣勢。

表 2.7　　　　　　　本國/外國 1 單位勞動時可以生產的布/酒的量

	布	酒
本國	100	120
外國	90	80

思考：

[2.4] 試從機會成本的角度分析為什麼表 2.7 中本國在酒的生產上具有比較優勢呢？

四、比較優勢理論

比較優勢理論指出一個人或國家應專業化生產其具有比較優勢的產品，並與其他國家進行貿易，出口其具有比較優勢的產品而進口其具有比較劣勢的產品。

以表 2.6 為例，在沒有貿易的情況下，要想獲得 1 單位布和 1 單位酒，本國共需 220 勞動時，外國共需 170 勞動時（如表 2.8 所示）。由上面的分析可知，本國生產布更有效率而外國生產酒更有效率，即本國在布的生產上有比較優勢而外國在酒的生產上有比較優勢。根據比較優勢理論，本國應專注於生產布，則共可得 2.2 單位布（220/100 = 2.2），而外國應專注於生產酒，共可得 2.125 單位酒（170/80 = 2.125）（如表 2.9 所示）。假定本國和外國商定用 1 單位布交換 1 單位酒，則貿易後，本國可同時獲得 1.2 單位布和 1 單位酒，而外國可同時獲得 1 單位布和 1.125 單位酒（如表 2.10 所示）。與貿易前比，在酒的消費量不變的情況下，本國可多消費 0.1 單位布；在布的消費量不變的情況下，外國可多消費 0.125 單位酒。所以，兩國均從貿易中獲益。

表 2.8　　　　　　　本國/外國布/酒的產量（貿易前）

	勞動時	布	酒
本國	220	1	1
外國	170	1	1

表 2.9　　　　　　　本國/外國布/酒的產量（分工後）

	勞動時	布	酒
本國	220	2.2	0
外國	170	0	2.125

表 2.10　　　　　　　　本國/外國布/酒的產量（貿易後）

	勞動時	布	酒
本國	220	1.2	1
外國	170	1	1.125

思考：

[2.5] 除 1 單位布交換 1 單位酒之外，本國和外國可能同意其他的交換比例麼？是什麼？

五、比較優勢理論的局限性

如表 2.11 所示，生產 1 單位布，本國和外國分別需要 100 和 80 勞動時；生產 1 單位酒，本國和外國分別需要 200 和 160 勞動時。由此可判斷，外國在布和酒的生產上均具有絕對優勢，而本國在布和酒的生產上均具有絕對劣勢，根據亞當・斯密的絕對優勢論，兩國是不會進行貿易的。同時，本國生產 1 單位布的機會成本為生產單位酒的價值（100/200＝1/2），外國生產 1 單位布的機會成本也為生產單位酒的價值（80/160＝1/2）。根據比較優勢的定義，無論是本國或是外國均在布的生產上沒有比較優勢，同理，無論是本國或是外國均在酒的生產上沒有比較優勢。根據大衛・李嘉圖的比較優勢論，兩國是不會進行貿易的。然而，真實情況卻是本國和外國可以從貿易中實現雙贏。換而言之，比較優勢論並不能很好的解釋所有的貿易現象，這為新理論的出現提供了空間。

表 2.11　　　　　　　　本國/外國生產 1 單位布/酒所需勞動時

	布	酒
本國	100	200
外國	80	160

思考：

[2.6] 為什麼表 2.11 中信息不能說明本國和外國均在布（或酒）的生產上具有比較優勢呢？

閱讀 2.3

David Ricardo（大衛・李嘉圖），1772—1823 年，英國政治經濟學家，是古典經濟學最具影響力的代表人物之一。他出生在英國一個猶太家庭，其父是一位富有的倫敦證券交易所經紀人。他 14 歲就跟隨父親在證券交易所做生意，25 歲時成了百萬富翁。此後，他致力於自然科學的研究，先後研究過數學、化學、物理、礦物學、地質學等，並愛好文學和哲學。1799 年，他閱讀了 Adam Smith 的《國富論》後對政治經濟學發生了濃厚的興趣。1810 年，Ricardo 發表 The High Price of Bullion, a Proof of the

Depreciation of Bank Notes（《黃金的高價是銀行紙幣貶值的驗證》）一文。1817年他的代表作 On the Principles of Political Economy and Taxation（《政治經濟學及賦稅原理》）出版，該書的問世使他立即成為當時英國最著名的經濟學家。

Ricardo 奉行經濟自由主義，以功利主義為其哲學基礎，鼓勵資本主義的自由發展。他的經濟學理論包括三個最主要的論點：

1. 勞動價值理論。Ricardo 認識到商品獲得交換價值的途徑主要有兩個：一是該商品的稀缺性；二是獲取該商品時所必需的勞動量。他還明確闡述了商品價值量與生產該商品時耗費的勞動成正比、與勞動生產率成反比的原理。並且對於斯密的「商品的價值只取決於直接勞動，與間接勞動無關」提出了相反的看法。他認為商品的價值不僅取決於直接施於商品上的勞動，那些為了協助這種勞動而施於器具、工具和建築物上的勞動（即間接勞動）也影響著商品的價值。

2. 自由貿易理論。Ricardo 認為每個國家不僅可以生產對該國來說有絕對優勢的商品，也可以生產那些只具有相對優勢的商品，他以英國和葡萄牙兩國間的貿易為例闡釋了自己的理論。

3. 分配理論。分配理論是 Ricardo 理論體系的核心內容。Ricardo 認為可以將社會分為三個階級：地主階級、工人階級、資本家階級。地主階級佔有土地、資本家階級佔有資本、工人階級擁有自己的勞動。勞動和資本投資於土地而生產出來的穀物就應當歸三個階級共同佔有和分配，分配給地主階級的那部分叫「地租」，分配給資本家階級的那部分叫「利潤」，而分配給工人階級的那部分則被稱為「工資」。社會總產品是一個確定量，在三個階級之間進行分割，就必然表現為三個階級之間經濟利益的對立，三者共同瓜分勞動創造的價值，三者之間的關係必然是對立、此消彼長的。

資料來源：王一帆，大衛·李嘉圖的經濟學說及影響［J］. 新經濟，2015（11）：29-30.

第四節　自由貿易相對價格的確定

絕對優勢或比較優勢的存在僅僅為國際貿易的產生提供了基礎，到底國家之間是否會進行貿易？以什麼樣的模式進行貿易？這還取決於另一個非常重要的因素——交易價格。在絕對優勢理論和比較優勢理論的分析中，我們均假定交易價格是給定的，但在真實的貿易過程中，到底哪一個或哪些交易價格能夠被交易雙方所接受呢？本節分析自由貿易相對交易價格的確定。

基本假設條件與絕對優勢理論和相對優勢理論相同。我們用 L^H 代表本國的勞動力，國內生產 1 單位酒所需勞動力表示為 L_W^H，生產 1 單位布所需勞動力表示為 L_C^H，酒和布的總產量分別用 W^H 和 C^H 表示。同樣的，L^F 代表外國的勞動力，國外生產 1 單位酒所需勞動力表示為 L_W^F，生產 1 單位布所需勞動力表示為 L_C^F，酒和布的總產量分別用 W^F 和 C^F 表示。

我們假定本國在布的生產上比外國更有生產效率，即 $\dfrac{L_C^H}{L_C^F} < \dfrac{L_W^H}{L_W^F}$。將其變形可得

$\left(\dfrac{L_C}{L_W}\right)^H < \left(\dfrac{L_C}{L_W}\right)^F$，其中，$\left(\dfrac{L_C}{L_W}\right)^H$ 和 $\left(\dfrac{L_C}{L_W}\right)^F$ 分別為本國和外國生產 1 單位布所需犧牲的酒的量。所以，本國在布的生產上具備比較優勢，在酒的生產上具有比較劣勢；而外國在酒的生產上具備比較優勢，在布的生產上具有比較劣勢。

在不存在貿易時，布和酒的價格在各個國家完全由其各自的勞動力成本所決定，即 $P = wL$。假定本國和外國酒生產部門的勞動力價格分別為 w_W^H 和 w_W^F，布生產部門的勞動力價格分別為 w_C^H 和 w_C^F。本國生產 1 單位酒的勞動力成本為 $(w_W L_W)^H$，生產 1 單位布的勞動力成本為 $(w_C L_C)^H$；而外國生產 1 單位酒的勞動力成本為 $(w_W L_W)^F$，生產 1 單位布的勞動力成本為 $(w_C L_C)^F$。所以本國和外國的相對價格，在此我們將其定義為布的價格與酒的價格之比，分別為 $\left(\dfrac{P_C}{P_W}\right)^H = \left(\dfrac{w_C L_C}{w_W L_W}\right)^H$ 和 $\left(\dfrac{P_C}{P_W}\right)^F = \left(\dfrac{w_C L_C}{w_W L_W}\right)^F$。在均衡狀態下，本國和外國酒生產部門和布生產部門的勞動力價格相等，即 $w_W^H = w_C^H$ 和 $w_W^F = w_C^F$。所以 $\left(\dfrac{P_C}{P_W}\right)^H = \left(\dfrac{L_C}{L_W}\right)^H$，$\left(\dfrac{P_C}{P_W}\right)^H = \left(\dfrac{L_C}{L_W}\right)^F$。

在自由貿易條件下，兩國以世界市場價格進行交易。世界市場價格由世界市場的供給和需求決定。由於我們關注的是世界市場（World）的相對價格 $\left(\dfrac{P_C}{P_W}\right)^W$，所以我們要分析兩種商品的世界相對需求（$RD$）和相對供給（$RS$）曲線。我們假定相對需求曲線 RD 體現了替代效應，即布與酒的相對需求量 $\dfrac{C^H + C^F}{W^H + W^F}$ 隨著相對價格 $\dfrac{P_C}{P_W}$ 的升高而減少（如圖 2.1 所示）。相對供給曲線 RS 的情況要複雜些，存在以下 5 種可能：

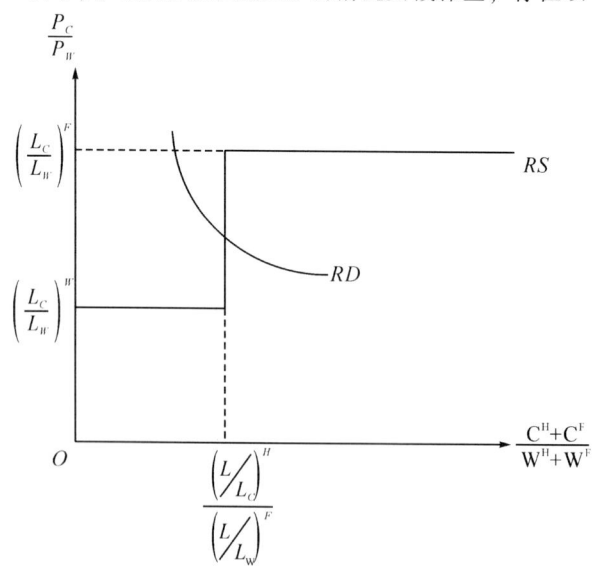

圖 2.1　相對供給曲線和相對需求曲線

1. 若 $\frac{P_C}{P_W} < \left(\frac{L_C}{L_W}\right)^H < \left(\frac{L_C}{L_W}\right)^F$，則本國和外國酒生產部門的工資均高於布生產部門的工資 $\frac{P_W}{L_W^H} > \frac{P_C}{L_C^H}$ 且 $\frac{P_W}{L_W^F} > \frac{P_C}{L_C^F}$，所以本國和外國都會專業化生產酒，即本國和外國布的產量均為 0，即 $C^H = C^F = 0$，所以相對供給量 $\frac{C^H + C^F}{W^H + W^F} = 0$。

2. 若 $\frac{P_C}{P_W} = \left(\frac{L_C}{L_W}\right)^H < \left(\frac{L_C}{L_W}\right)^F$，則外國酒生產部門的工資高於布生產部門的工資 $\frac{P_W}{L_W^F} > \frac{P_C}{L_C^F}$，而本國兩部門之間的工資無差異 $\frac{P_W}{L_W^H} = \frac{P_C}{L_C^H}$，所以外國會專業化生產酒，此時外國布的產量為 0，即 $C^F = 0$，而本國勞動力對生產酒或是布無偏好，所以相對供給量 $\frac{C^H + C^F}{W^H + W^F}$ 可以是 $[0, \frac{(L/L_C)^H}{(L/L_W)^F}]$ 區域內的任何值。

3. 若 $\left(\frac{L_C}{L_W}\right)^H < \frac{P_C}{P_W} < \left(\frac{L_C}{L_W}\right)^F$，則本國酒生產部門的工資低於布生產部門的工資，而外國酒生產部門的工資高於布生產部門的工資，即 $\frac{P_W}{L_W^H} < \frac{P_C}{L_C^H}$ 且 $\frac{P_W}{L_W^F} > \frac{P_C}{L_C^F}$，所以本國會專業化生產布，而外國都會專業化生產酒，此時，本國酒的產量為 0，而外國布的產量為 0，即 $W^H = C^F = 0$，所以相對供給量為 $\frac{C^H + C^F}{W^H + W^F} = \frac{C^H}{W^F} = \frac{(L/L_C)^H}{(L/L_W)^F}$。

4. 若 $\left(\frac{L_C}{L_W}\right)^H < \left(\frac{L_C}{L_W}\right)^F = \frac{P_C}{P_W}$，則本國布生產部門的工資高於酒生產部門的工資 $\frac{P_W}{L_W^H} < \frac{P_C}{L_C^H}$，而外國兩部門之間的工資無差異 $\frac{P_W}{L_W^F} = \frac{P_C}{L_C^F}$，所以本國會專業化生產布，其酒的產量為 0，即 $W^H = 0$，而外國勞動力對生產酒或是布無偏好，所以相對供給量 $\frac{C^H + C^F}{W^H + W^F}$ 可以是 $[\frac{(L/L_C)^H}{(L/L_W)^F}, +\infty)$ 區間內的任何值。

5. 若 $\left(\frac{L_C}{L_W}\right)^H < \left(\frac{L_C}{L_W}\right)^F < \frac{P_C}{P_W}$，則本國和外國布生產部門的工資均高於酒生產部門的工資，即 $\frac{P_W}{L_W^H} < \frac{P_C}{L_C^H}$ 且 $\frac{P_W}{L_W^F} < \frac{P_C}{L_C^F}$，所以本國和外國都會專業化生產布，此時，本國和外國酒的產量均為 0，即 $W^H = W^F = 0$，所以相對供給量 $\frac{C^H + C^F}{W^H + W^F}$ 為無窮大。

貿易價格由相對供給曲線 RS 和相對需求曲線 RD 共同決定，由以上分析和圖 2.1 可知，世界市場上的相對價格應滿足以下不等式 2.1：

$$\left(\frac{L_C}{L_W}\right)^H < \frac{P_C}{P_W} < \left(\frac{L_C}{L_W}\right)^F \tag{式2.1}$$

思考：

[2.7] 為什麼第 3 種情況中，當 $\left(\frac{L_C}{L_W}\right)^H < \frac{P_C}{P_W} < \left(\frac{L_C}{L_W}\right)^F$ 時，世界市場上布和酒的相對供給量為 $\frac{(L/L_C)^H}{(L/L_W)^F}$？

[2.8] 為什麼 $\frac{(L/L_C)^H}{(L/L_W)^F}$ 為第 2 種情況中酒和布相對供給量的取值上限？

[2.9] 為什麼 $\frac{(L/L_C)^H}{(L/L_W)^F}$ 為第 4 種情況中酒和布相對供給量的取值下限？

[2.10] 結合第 4 部分的內容，再次思考上文的思考 2.1 和思考 2.5。

閱讀 2.4

中國在 2010 年超越日本成為世界第二大經濟體（Cai, 2012）。同時，中國也成為世界第一大出口國和製造業生產國（World Bank, 2012），甚至高技術產業的生產和出口在 2008 年也居世界第一［據 OECD（Organization for Economic Cooperatoin and Derelopment）統計數據］。然而，支撐中國這些壯觀的規模和速度的，其實是以低廉的要素（尤其是勞動力）成本和資源環境代價為基礎的「比較優勢」，長期而言不具有可持續性（王小魯、樊綱、劉鵬，2009）。「中國製造」的產品相對低端、利潤微薄，在全球價值鏈分工中處於劣勢地位，其低成本優勢會因為本幣升值、原材料價格上漲、環保成本提高、勞動力成本上升等因素而受到衝擊（劉林青、李文秀、張亞婷，2009）。如果逐漸失去在勞動密集型產業中的比較優勢，而尚未獲得在技術和資本密集型產業中的比較優勢，則中國將面臨落入「比較優勢陷阱」的風險（蔡昉，2011）。

實際上，由於對一種比較優勢的過度依賴導致進一步發展受阻的案例曾多次發生過，如第二次世界大戰後一些資源豐富國家或地區因為對資源優勢的過度依賴，最終陷入增長困境，亦即荷蘭病（Dutch Disease）或者資源詛咒（Resource Curse）（Auty and Gelb, 2000; Auty, 2002）。一些資源相對短缺但勞動力豐富的國家，通過發展出口型的製造業，利用市場機制優化資源配置，取得了經濟的快速增長（Lal, 1993; Sachs and Warner, 1997; Auty, 2007）。然而當這些經濟體憑藉低成本勞動力優勢跨越貧困陷阱（Poverty Trap），逐步融入全球經濟體之中，達到中等收入國家水準之後，想要更進一步發展時卻發現困難重重——不能擺脫對低成本勞動力等要素的依賴，建立以技術創新、物質資本和人力資本累積為基礎的新比較優勢。實際數據表明，到 1960 年被列為中等收入水準的 101 個經濟體中，截至 2008 年僅有 13 個經濟體進入高收入國家行列（World Bank, 2008）。

資料來源：楊高舉，黃先海. 中國會陷入比較優勢陷阱嗎？[J]. 管理世界，2014 (5)：5-22.

第三章　標準貿易模型

　　國際貿易不僅與生產相關，消費也對貿易模式起著關鍵的決定作用。無論是絕對優勢理論還是比較優勢理論，均僅從生產的角度去分析和解釋國際貿易，其局限性是顯而易見的。本章介紹的標準貿易模型綜合考慮生產和消費兩方面的因素，更好地詮釋了國際貿易產生的原因及呈現的形式。為了更好地理解標準貿易模型，本章首先對生產可能性邊界和社會無差異曲線等相關概念進行了闡釋。

第一節　生產可能性邊界

　　生產可能性邊界（PPF, Production Possibilities Frontier），又稱為生產可能性曲線，描述了一個資源既定的經濟體在不同產品生產間的權衡。它用圖形展示了一個經濟體以最有效的方式、充分利用所有資源所能達到的產出的最大組合。簡而言之，假設一個國家生產布（C）和酒（W）兩種商品，其生產可能性邊界是在充分利用所有的資源且採用現有最有效率的技術的前提下，由所有可能的布和酒最大產量組合構成的一條直線或曲線。

一、生產可能性邊界的形狀

　　根據生產的機會成本的不同，生產可能性邊界有三種形狀。當機會成本固定不變時，為一條直線（如圖3.1（a）所示）；當機會成本遞增時，為一條凹向原點的曲線（如圖3.1（b）所示）；當機會成本遞減時，為一條凸向原點的曲線（如圖3.1（c）所示）。

　　如圖3.1（a）～（c）所示，假定生產兩種商品酒和布，當所有的資源都用來生產酒時，酒和布的產量分別為 $MaxW$ 和0，此時生產組合點在縱坐標軸上；如果要生產1單位布，需要將一部分資源從酒的生產線轉移到布的生產線，犧牲掉一部分酒的產量，生產組合點變為A；若要繼續追加1單位布的生產，則需要繼續將部分資源從酒的生產線轉移到布的生產線，酒的產量相應繼續減少，生產組合點變為B；以此類推，可得到生產組合C點……直至所有的資源都被轉移至布的生產線，則酒和布的產量分別為0和 $MaxC$，此時生產組合點在橫坐標軸上。對比三幅圖，可以發現圖3.1（a）中每增加1單位布的產量所犧牲掉的酒的產量不變，也即以酒衡量的布的機會成本是固定的，連接各生產組合點得到的生產可能性邊界是一條平滑的直線；圖3.1（b）中每增加1單位布的產量所犧牲掉的酒的產量逐漸增加，也即以酒衡量的布的機會成本是遞增的，

連接各生產組合點得到的生產可能性邊界是一條凹向原點的曲線；圖 3.1（c）圖中每增加 1 單位布的產量所犧牲掉的酒的產量逐漸減少，也即以酒衡量的布的機會成本是遞減的，連接各生產組合點得到的生產可能性邊界是一條凸向原點的曲線。

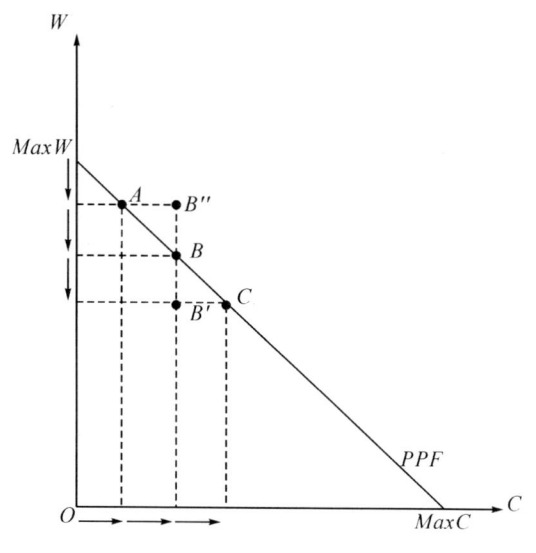

圖 3.1（a） 生產可能性邊界（固定成本）

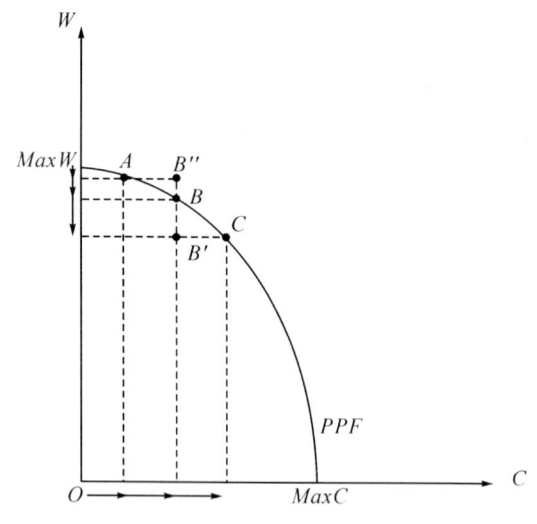

圖 3.1（b） 生產可能性邊界（成本遞增）

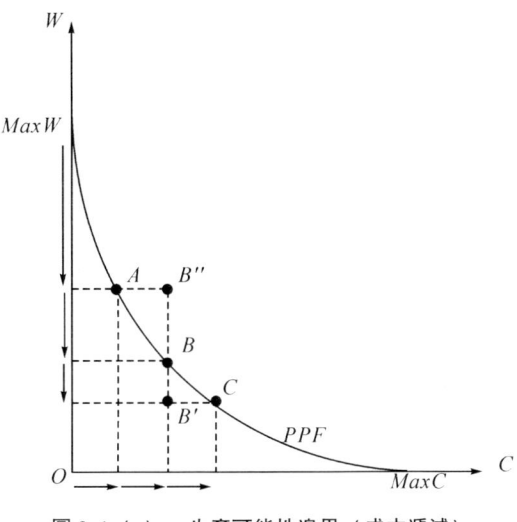

圖 3.1（c）　生產可能性邊界（成本遞減）

二、無效率組合、最優組合及不可能組合

所有生產可能性邊界上面和左面的點都是可得的，即以現有的資源和技術它們都可以被生產出來。生產可能性邊界上面的點都是有效率的點，我們稱之為最大生產可能組合點。在這樣的點上，要想多生產一種商品必須減少生產其他商品。如圖 3.1（a）~（c）中的 B 點，當布的產量一定時，B 點所確定的酒的產量為現有資源及技術條件下的最大產量。生產可能性邊界左邊的點我們稱之為無效率生產組合點，因為現有的資源和技術允許在不犧牲其他商品的前提下增加一種商品的生產。換而言之，如果能夠更有效率地分配資源，可以同時生產更多所有的商品。又或者說，現有的部分資源是閒置或浪費的，如果能夠充分利用所有資源，就可以同時增加所有商品的生產。如圖 3.1（a）~（c）中的 B'點，保持 B'點所示的布的產量不變，有能力生產比 B'點所確定的酒產量更多的酒（即 B 點）。所有生產可能性邊界右面的點都是不可得的，我們稱之為不可能生產組合點，因為以現有可得的資源及技術水準，它們是無法被生產出來的。如圖 3.1（a）~（c）中的 B"點，當生產完 B"點所示的布的產量時，B"點所示的酒的產量是不可能達到的，因為此時酒的最大產量由 B 點決定。

三、生產可能性邊界的位移

生產可能性邊界的位置會隨著一國資源和技術狀況的改變而移動。當一國擁有的資源變多或者有更好的技術條件時，在一種商品的產量不變的條件下，可以生產更多的另一種商品。如圖 3.2（a）~（c）所示，PPF 為初始生產可能性邊界。以 B 點為例，保持布（酒）的產量不變，當有更多的勞動力可以投入生產或者生產技術進步的時候，酒（布）的產量增加，所以生產組合點向上平移至 B"，同理，生產可能性邊界上的其他點也會向上平移，導致生產可能性邊界向上（或右）平移至 PPF"。反之，當

可用資源變少或者技術退步的時候，要保持一種商品的產量不變，另一種商品的產量必須減少。仍然以 B 點為例，保持布（酒）的產量不變，當投入的勞動力減少或者生產技術退步的時候，酒（布）的產量減少，所以生產組合點向下平移至點 B′，同理，生產可能性邊界上的其他點也會向下平移，導致生產可能性邊界向下（或左）平移至 PPF′。

當生產可能性邊界向上（或右）平移時，使得原來的不可能生產組合變成最優生產組合，甚至無效率生產組合。以圖 3.2（a）~（c）中 PPF′到 PPF″的移動為例，原來的不可能生產組合變成了最優生產組合（如 B″點）或者無效率組合（如 B 點）。而當生產可能性邊界向下（左）平移時，使得原來的無效率組合變為最優生產組合，甚者不可能生產組合。以圖 3.2（a）~（c）中 PPF″到 PPF′的移動為例，原來的無效率生產組合變成了最優生產組合（如 B′點）或者不可能生產組合（如 B 點）。因此，生產可能性邊界的上（或右）移代表經濟增長或擴張，反之，生產可能性邊界的下（或左）移代表經濟衰退或緊縮。

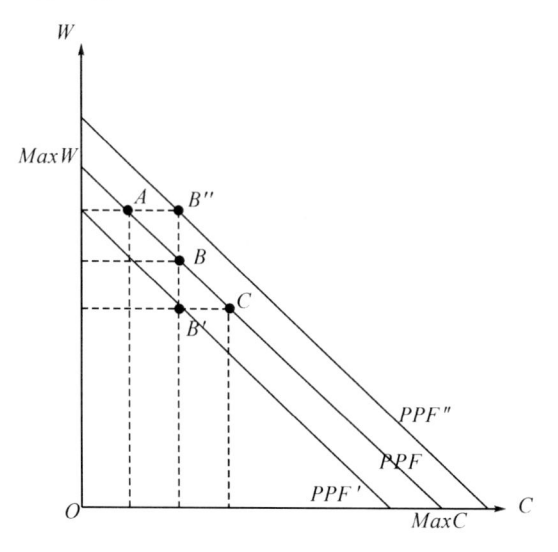

圖 3.2（a） 生產可能性邊界的位移（固定成本）

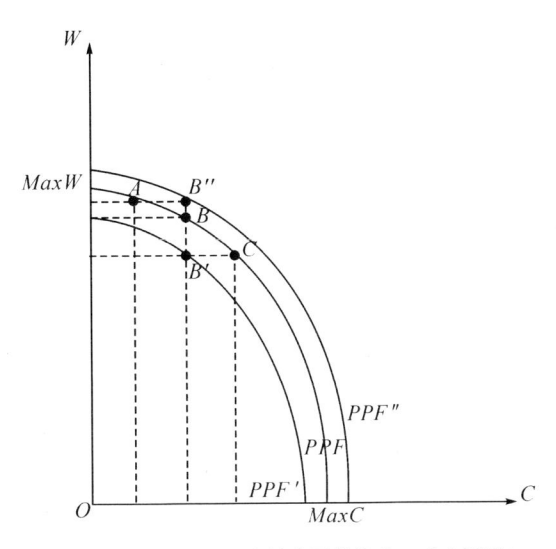

圖 3.2（b） 生產可能性邊界的位移（成本遞增）

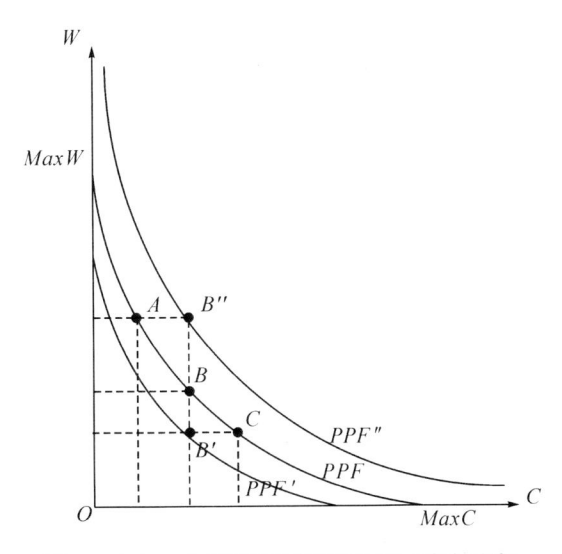

圖 3.2（c） 生產可能性邊界的位移（成本遞減）

四、邊際轉換率（MRT）

邊際轉換率（MRT, Marginal Rate of Transformation）衡量每增加 1 單位某種商品（布）需要犧牲的另一種商品（酒）的量。用數學公式表達為 $\frac{\Delta W}{\Delta C}$，也即生產可能性邊界上每一個點斜率的絕對值。固定成本條件下，生產可能性邊界為一條直線，其上每個點的斜率均相同，即酒轉換為布的邊際轉換率不變，$MRT_{C, W}^A = MRT_{C, W}^B = MRT_{C, W}^C$（見圖 3.3（a））；成本遞增假設條件下，生產可能性邊界為凹向原點的曲線，隨著布產

量的增加，其上各點斜率的絕對值逐漸變大，即酒轉換為布的邊際轉換率遞增，$MRT_{C,W}^A < MRT_{C,W}^B < MRT_{C,W}^C$（見圖 3.3（b））；成本遞減假設條件下，生產可能性邊界為凸向原點的曲線，隨著布產量的增加，其上各點斜率的絕對值逐漸變小，即酒轉換為布的邊際轉換率遞減，$MRT_{C,W}^A > MRT_{C,W}^B > MRT_{C,W}^C$（見圖 3.3（c））。

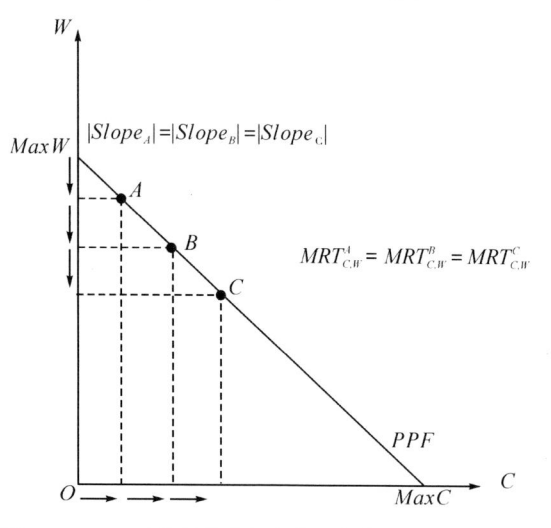

圖 3.3（a） 邊際轉換率與生產可能性邊界（固定成本）

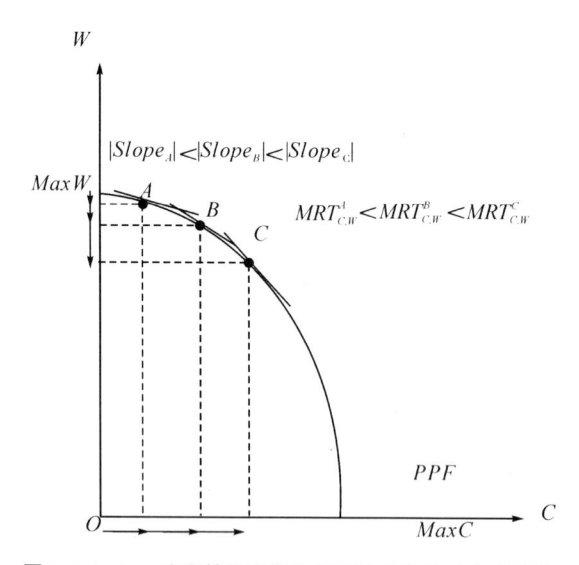

圖 3.3（b） 邊際轉換率與生產可能性邊界（成本遞增）

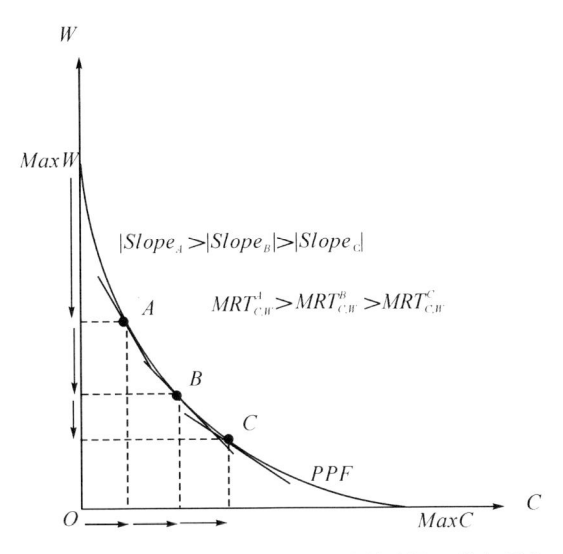

圖 3.3（c） 邊際轉換率與生產可能性邊界（成本遞減）

補充 3.1：生產可能性邊界的推導（以固定成本為例）

以表 3.1 中英國為例，假設英國共投入 2,000 勞動時生產布和酒，生產 1 單位布需要 80 勞動時，生產 1 單位酒需要 100 勞動時，即在英國 1 單位布需要 4/5 單位酒來交換。若將所有勞動時都投入在生產酒的部門，最多可獲得 20 單位酒，而布的產量為 0（表 3.1 中的組合 A 和圖 3.4 中的 A 點）。如果英國想要生產 1 單位布，就需要將一部分勞動時（80）轉移到生產布的部門，則意味著犧牲掉 4/5 單位酒，所以新的生產組合為 1 單位布和 19.2 單位酒（B 點）；如果要繼續多生產 1 單位布，則要犧牲掉另外 4/5 單位酒，則生產組合變為 2 單位布和 18.4 單位酒（C 點）。依此類推，我們會得到無數酒和布的生產組合點，直到所有的勞動力都從酒生產部門轉移到布生產部門，此時布的產量達到最大值 25，而酒的產量為 0（Z 點）。連接所有的點得到的直線即為英國的生產可能性邊界（如圖 3.4 所示）。

表 3.1　英國布和酒的最優生產組合（勞動力＝2,000 勞動時）

	布的產量（C）（單位）	酒的產量（W）（單位）
A	0	20
B	1	19.2
C	2	18.4
D	3	17.6
E	4	16.8
F	5	16
G	6	15.2

表3.1(續)

	布的產量（C）（單位）	酒的產量（W）（單位）
H	7	14.4
I	8	13.6
J	9	12.8
K	10	12
L	11	11.2
M	12	10.4
N	13	9.6
O	14	8.8
P	15	8
Q	16	7.2
R	17	6.4
S	18	5.6
T	19	4.8
U	20	4
V	21	3.2
W	22	2.4
X	23	1.6
Y	24	0.8
Z	25	0

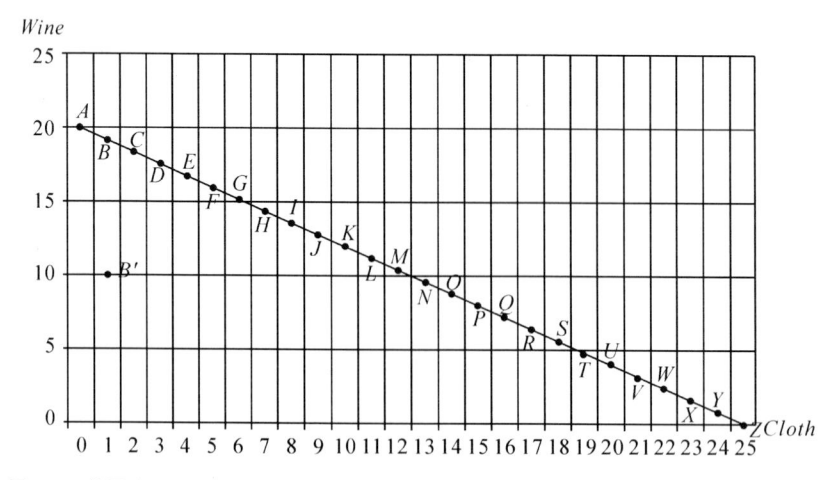

圖3.4 英國布（Cloth）和酒（Wine）的生產可能性邊界（固定成本，勞動時＝2,000）

所有生產可能性邊界上面和左面的點都是可得的，即以現有的資源和最好的技術它們都可以被生產出來。生產可能性邊界上面的點都是有效率的點，我們稱之為最大生產可能組合點。在這樣的點上，要想多生產一種商品必須少生產其他商品。如圖3.4中的B點，當布的產量為1時，英國最多可以生產19.2單位酒；生產可能性邊界左邊的點我們稱之為無效率生產組合點，因為現有的資源和技術允許在不犧牲其他商品的前提下增加一種商品的生產。又或者說，現有的部分資源是閒置或浪費的，如果能夠充分利用所有資源或如果能夠更有效率地分配資源，就可以同時增加所有商品的生產。如圖3.4中的B'點，當布的產量為1單位時，英國有能力生產10單位酒，但這並不是其最大可能產量（19.2單位）。所有生產可能性邊界右面的點都是不可得的（不可能生產組合點），因為以現有可得的資源及技術水準，它們是無法被生產出來的。如圖3.4中的C'點，當布的產量為2單位時，英國最多可能生產18.4單位酒，所以C'點代表的2單位布和25單位酒的生產組合是不可能實現的。

思考：

[3.1] 表2.1、2.2、2.6、2.7和2.11中本國和外國的生產可能性邊界分別是怎樣的？
[3.2] 生產可能性邊界的斜率意味什麼？

閱讀3.1

如果將接受教育看作一種投資行為，從個體或其家庭的角度來說，就可以得出一個個體或家庭的生產可能性邊界。假定家庭僅有兩種投資渠道，即教育投資和其他投資，家庭整體的生產可能性邊界在固定的收入水準下是被嚴格約束的，選擇怎樣的生產組合，取決於家庭對於各種選擇的估值大小，尤其是其邊際收益的大小。如圖3.5所示，橫坐標軸表示教育，縱坐標軸表示其他投資，在家庭收入限制下，個體或家庭生產只能在教育和其他投資之間進行不同比例的組合，形成生產可能性邊界PPF_0。人們會權衡利弊，根據對兩種投資收益效用的比較來決定合理的均衡點（假定為E），此時經由E點做PPF_0的切線，其斜率則是兩種投資之間的相互替代率。

由於生產效率的極大擴展和教育機會的廣泛普及，生產可能性邊界一直在向外擴展。但是，教育及其他投資的擴展比例是不同步的，現代生產方式的擴展速度遠遠高於教育擴展速度，從GDP的發展速度和國民受教育年限的提高速度之間的對比，可以明顯發現這種差異性。在生產可能邊界線上體現為PPF_0逐步變PPF_1的過程，在形態上則表現為縱坐標軸上截距的增加要遠大於橫坐標軸上截距的增加。如果按照等比例發展，則會自OE引出一條射線與PPF_1相交於F點，這點上教育和其他生產的發展是等比的，但是現今的情況則是處在左上角的D點，其原因在於相同的資源在投入教育之外的收益增速比投入於教育的增速要快，這決定了在長期和整體趨勢上，從個體或家庭收益的角度來看，教育的吸引力都是有限的。同時，隨著經濟發展水準的提高，教育的比價升高，接受教育的相對經濟門檻也會相應提高。

資料來源：鄧飛. 新讀書無用論的形成機制及其應對策略［J］. 教育評論，2017（8）：12–17.

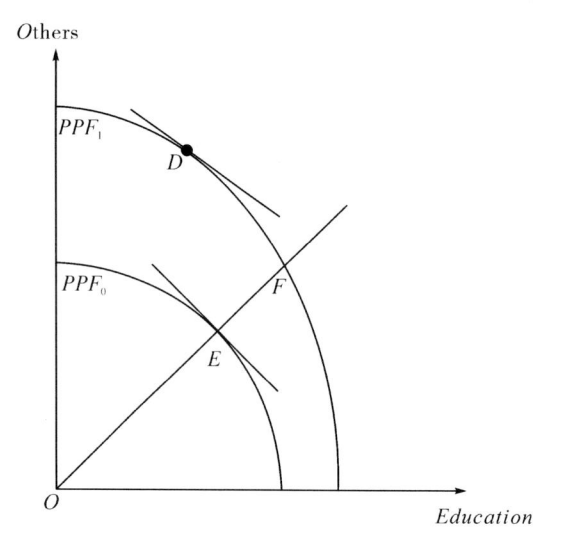

圖 3.5　教育投資收益和其他投資收益的生產可能性邊界

第二節　社會無差異曲線

一、社會無差異曲線的定義

　　無差異曲線（IC，Indifference Curve）是由保持消費者效用水準一定的消費品的各種組合構成的曲線。消費者的效用水準用來衡量消費者消費商品獲得的滿足感或幸福感。如圖 3.6 所示，假定消費者消費布（C）和酒（W）兩種商品，任意消費組合 A 代表的效用水準為 U_1。在這裡，我們認為消費品越多效用越高。增加 1 單位布的消費，若要保持效用水準維持在 U_1 不變，必須減少酒的消費，新的消費組合為 B。此時，若繼續增加 1 單位布的消費，且保持效用水準 U_1 不變，就必須進一步減少酒的消費，得到另一組消費組合 C。隨著布的消費量增加而酒的消費量減少，本著「物以稀為貴」的原則，消費者越來越不願意犧牲酒的消費來換取布的消費，所以比較從消費組合 A 到 B 的轉變與從消費組合 B 到 C 的轉變，我們發現同是增加 1 單位布的消費，酒的減少量在下降。以此類推，我們可以得到 D, E 等很多消費者效用為 U_1 的消費組合。將這些消費組合用平滑的曲線連接起來就得到了消費者無差異曲線。

　　將所有消費者的無差異曲線加總起來就得到社會無差異曲線（CIC，Community Indifference Curve）。此處「社會」可以是任何群體，比如一個城市或者一個國家。

$$MRS_{C,W}^{A} > MRS_{C,W}^{B} > MRS_{C,W}^{C} > MRS_{C,W}^{D} > MRS_{C,W}^{E}$$

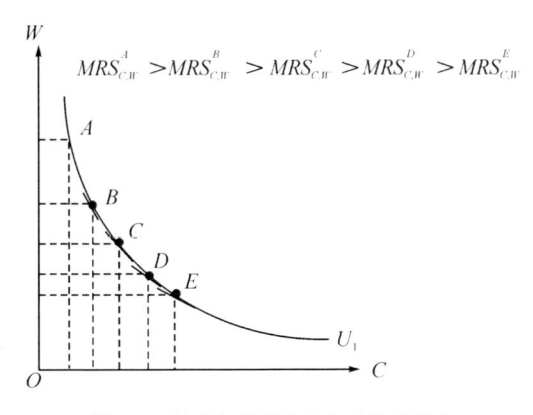

圖 3.6　社會無差異曲線和邊際替代率

二、社會無差異曲線的特點

消費者無差異曲線和社會無差異曲線有如下共同特點：

1. 向下傾斜。這是因為在「消費品越多越好」的假設前提下，為了保持效用不變，增加一種商品的消費就必須減少另一種商品的消費。

2. 凸向原點。在「物以稀為貴」的假設前提下，隨著一種消費品消費量的增加，其所能替代的另一種消費品的數量逐漸減少。

3. 無差異曲線上任一消費組合點代表的效用水準是一樣的。

4. 離原點越遠的無差異曲線所代表的效用水準越高。如圖 3.7 所示，在布的消費量一定的情況下，消費組合 A_1、A_2、A_3 所示的酒的消費量逐步增加，所以各點所代表的效用也逐步提高，即 $U_{A_1} < U_{A_2} < U_{A_3}$。$A_1$、$A_2$、$A_3$ 分別在無差異曲線 U_1、U_2、U_3 上，由特點 3 可推知 $U_1 < U_2 < U_3$。

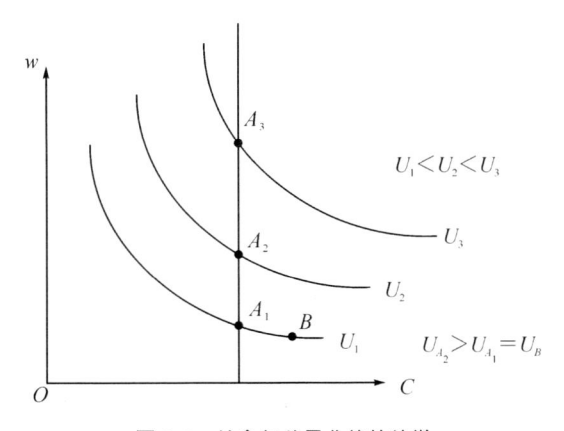

圖 3.7　社會無差異曲線的特徵

5. 可傳遞性。如圖 3.7 所示，與消費組合點 A_2 相比，消費組合點 B 代表更多的酒消費和更少的布消費，到底哪個消費組合帶來的總效用更大呢？我們可以借助消費組

合 A_1 來回答這個問題：由上文可知，消費組合 A_2 帶來的效用高於消費組合 A_1，即 U_{A_2} > U_{A_1}，又已知消費組合 A_1 與消費組合 B 在同一條無差異曲線 U_1 上，即 $U_{A_1} = U_B$，由此可得，$U_{A_2} > U_{A_1} = U_B$，即消費組合 A_2 帶來的效用大於消費組合 B。

    6. 任兩條無差異曲線不相交。這可以通過反證法來證明。如圖 3.8，社會無差異曲線 U_1 和 U_2 相交於 A 點，消費組合 B 和 C 分別在社會無差異曲線 U_1 和 U_2 上，由於 A 和 B 同在社會無差異曲線 U_1 上，可知 $U_A = U_B$；同理，A 和 C 同在社會無差異曲線 U_2 上，可知 $U_A = U_C$。由可傳遞性特點可得 $U_A = U_B = U_C$，然而，對比消費組合 B 和 C，我們發現消費組合 C 意味著同時消費更多的布和酒，所以有 $U_B < U_C$，這與前面的結論相悖。由兩條相交的社會無差異曲線得出自相矛盾的結論，所以說任意兩條社會無差異曲線不相交。

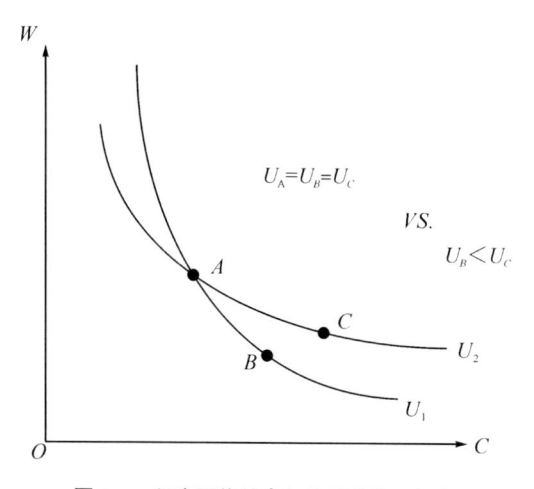

圖 3.8　任意兩條社會無差異曲線不相交

    7. 向上延伸無限趨近於縱坐標軸，向右延伸無限趨近於橫坐標軸。這代表當某一消費品的消費量接近無窮大的時候，消費者已不願意再為增加其消費量而犧牲別的消費品了。

三、邊際替代率（MRS）

    邊際替代率（MRS，Marginal Rate of Substitution）衡量保持效用水準不變的前提下，每增加 1 單位某種消費品（布）需要犧牲的另一種消費品（酒）的量。用數學公式表達為 $\dfrac{\Delta W}{\Delta C}$，也即社會無差異曲線上每一個點斜率的絕對值。隨著布消費量的增加，切線斜率的絕對值逐漸減小。這與上文中提到的「物以稀為貴」相一致，當一種消費品量（酒）越來越少的時候，消費者越來越不願用其來交換另一種消費品（布）。所以，圖 3.6 中 A 點布相對於酒的邊際替代率最大，而 E 點布相對於酒的邊際替代率最小，即 $MRS_{C,W}^A > MRS_{C,W}^B > MRS_{C,W}^C > MRS_{C,W}^D > MRS_{C,W}^E$。

第三節　孤立的均衡

　　理論上一國可選擇在其生產可能性邊界上面及左面的任一點（也即可獲得生產組合）進行生產，但一般情況下，國家不會選取生產可能性邊界左面的生產點，因為它們是無效率的；也不會選取生產可能性邊界兩端的極值點，因為在自給自足的條件下，生產什麼才能消費什麼，如果所有的勞動力都用來生產一種商品，那麼該國就無法消費另一種商品了。所以，生產者會選擇生產可能性邊界上除極值點外的組合點來生產，因為它們是有效率的生產組合，不造成資源的浪費。然而，生產可能性邊界上有無數組合點，到底實際生產過程中會選定哪一點進行生產呢？這取決於市場上的另一群體——產品消費者。只有成功將產品銷售出去，生產者才能將產品轉化為收入，所以市場需求對生產什麼以及生產多少有著至關重要的影響。那麼消費者到底需要什麼商品又分別需要多少呢？這取決於消費為消費者帶來的效用，也即幸福感或滿足感。這就不得不提到衡量消費者效用的工具——社會無差異曲線了。我們知道離原點越遠的社會無差異曲線代表的效用水準越高，所以同等條件下，消費者更願意選擇離原點較遠的社會無差異曲線上的消費組合點。如圖 3.9（a）～（c）所示 A、B、C、D 四點，消費者最偏愛位於社會無差異曲線 U_3 上的 D 點，因為相比之下其帶來的效用水準最高，然而生產能力達不到，D 點為不可能生產組合點；在現有生產資源和技術水準條件下可以實現 A、B、C 三組生產組合，首先可以排除 C 點，因其為無效率生產組合，A 和 B 點雖然都在生產可能性邊界上，為最優生產組合，但是 A 點帶給消費者的效用水準小於 B 點（$U_1 < U_2$）。綜合考慮生產和消費兩方面的因素，最終被選擇的生產組合是生產可能性邊界與社會無差異曲線的切點 B。B 點即為該國孤立狀態時的均衡點。

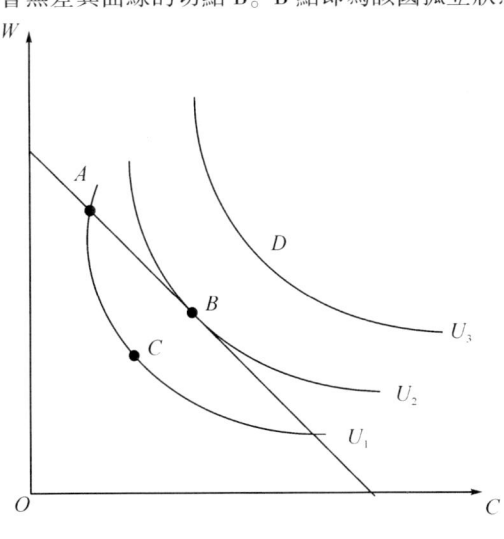

圖 3.9（a）　一國孤立的均衡（固定成本）

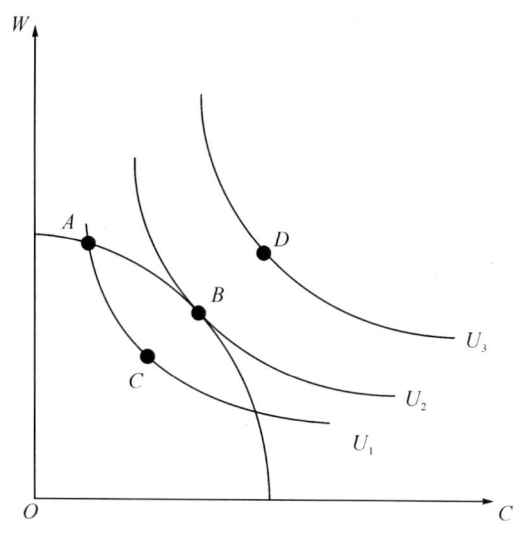

圖 3.9（b） 一國孤立的均衡（成本遞增）

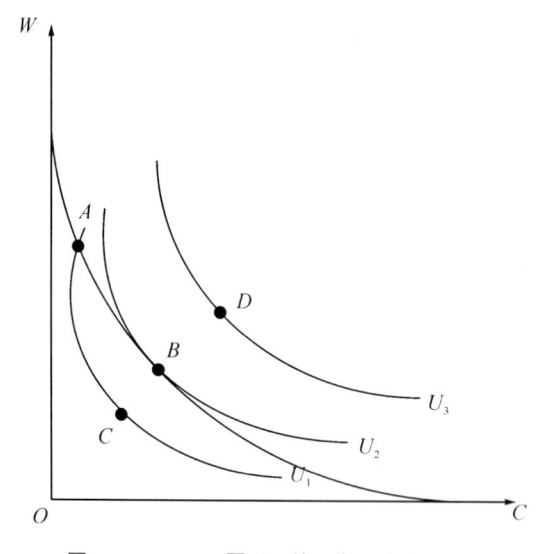

圖 3.9（c） 一國孤立的均衡（成本遞減）

思考：

[3.3] 過圖 3.9（a）～（c）中的切點 B 做切線，切線斜率的絕對值有什麼經濟學含義？

第四節　生產、消費與相對價格

一、生產與相對價格

假定布和酒的單價分別為 P_C 和 P_W，生產量即銷售量分別為 C 和 W，則銷售總收入為 $R = P_C C + P_W W$。假定單價 P_C 和 P_W 一定，銷售收入 R 取決於生產組合 C 和 W。以成本遞增的生產可能性邊界為例。如圖 3.10，當相對價格為 $\left(\dfrac{P_C}{P_W}\right)_1$ 時，三條斜率絕對值為 $\left(\dfrac{P_C}{P_W}\right)_1$ 平行線 $R_{1,1}$，$R_{1,2}$，$R_{1,3}$ 代表的銷售收入 $R_{1,1} < R_{1,2} < R_{1,3}$。我們已知生產可能性邊界上及內部的組合點均可被生產，而生產可能性邊界以外的組合點均無法生產，作為理性的生產者最終選取的生產組合應該是使得收入 R 最大化的組合，也即直線 $R_{1,2} = P_{C,1} C + P_{W,1} W$ 與生產可能性邊界 PPF 的切點 A_1。改相對價格為 $\left(\dfrac{P_C}{P_W}\right)_2$，且 $\left(\dfrac{P_C}{P_W}\right)_1 < \left(\dfrac{P_C}{P_W}\right)_2$，則新的生產組合點為直線 $R_2 = P_{C,2} C + P_{W,2} W$ 與生產可能性邊界 PPF 的切點 A_2。可推知，生產組合點的選擇與相對價格水準 P_C / P_W 密切相關，當商品相對價格改變時，生產者的生產策略也會隨之改變。

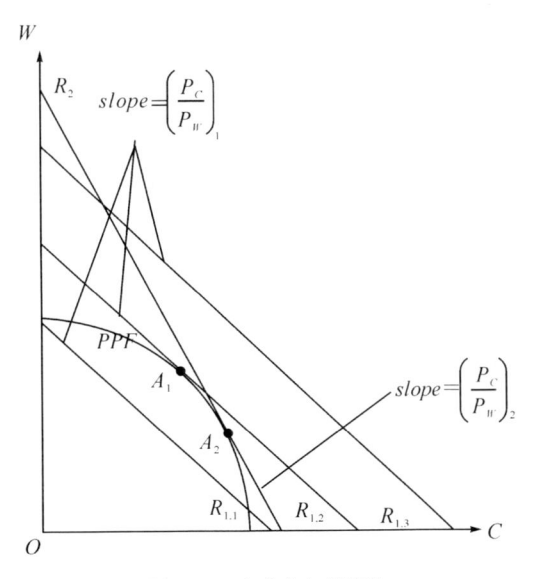

圖 3.10　生產與相對價格

思考：

[3.4] 當商品相對價格為 $\left(\dfrac{P_C}{P_W}\right)_3$ 且 $\left(\dfrac{P_C}{P_W}\right)_1 > \left(\dfrac{P_C}{P_W}\right)_3$ 時，圖 3.10 中的生產組合點怎麼確定？

[3.5] 嘗試分析成本不變和成本遞減情況下生產與相對價格之間的關係。

二、消費與相對價格

假定布和酒的單價分別為 P_C 和 P_W，消費量分別為 C 和 W，則消費總花費為 $E = P_C C + P_W W$。假定單價 P_C 和 P_W 一定，消費花費 E 取決於消費組合 C 和 W。如圖 3.11，當相對價格為 $\left(\dfrac{P_C}{P_W}\right)_1$ 時，三條斜率絕對值為 $\left(\dfrac{P_C}{P_W}\right)_1$ 的平行線 $E_{1,1}$，$E_{1,2}$，$E_{1,3}$ 代表的消費花費有如下關係 $E_{1,1} < E_{1,2} < E_{1,3}$。我們已知社會無差異曲線上的任一消費組合點代表的效用水準一樣。既要保證 U_1 的效用水準，又要盡量少花費，理性的消費者會選擇在代表花費的直線 $E_{1,2} = P_{C,1} C + P_{W,1} W$ 與社會無差異曲線 U_1 的切點 A_1 進行消費。若改變相對價格為 $\left(\dfrac{P_C}{P_W}\right)_2$，且 $\left(\dfrac{P_C}{P_W}\right)_1 < \left(\dfrac{P_C}{P_W}\right)_2$，則新的消費組合點為直線 $E_2 = P_{C,2} C + P_{W,2} W$ 與社會無差異曲線 U_1 的切點 A_2。可推知，消費組合點的選擇與相對價格水準 P_C / P_W 密切相關，當商品相對價格改變時，消費者的消費選擇也會隨之改變。

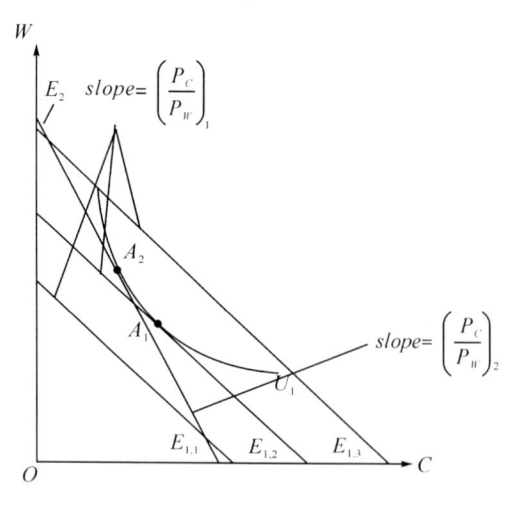

圖 3.11　消費與相對價格

思考：

[3.6] 當商品相對價格為 $\left(\dfrac{P_C}{P_W}\right)_3$ 且 $\left(\dfrac{P_C}{P_W}\right)_1 > \left(\dfrac{P_C}{P_W}\right)_3$ 時，圖 3.11 中保持效用水準

U_1 不變的消費組合點怎麼確定？

[3.7] 有可能在不增加花費 E 的前提下獲得更高的效用水準 U_2（$U_2 > U_1$）嗎？

第五節　開放條件下貿易模式和貿易所得

本節以固定成本和成本遞增條件為例，解釋開放條件下貿易參與國的貿易模式和貿易所得，成本遞減條件下的情況將在第六章第一節規模經濟相關內容中進行詳細闡釋。

一、固定成本條件下

圖 3.12（a）和圖 3.12（b）分別展示了固定成本假設下本國和外國的生產及消費情況，點 A^H 和 A^F 分別為本國和外國的孤立的均衡點，它們既是兩國的生產組合點又是消費組合點，國內均衡價格分別為 $\left(\frac{P_C}{P_W}\right)^H$ 和 $\left(\frac{P_C}{P_W}\right)^F$，兩國此時的效用水準分別由社會無差異曲線 U_1^H 和 U_1^F 代表。圖 3.12（a）所示本國生產可能性邊界與圖 3.12（b）所示外國生產可能性邊界相比，斜率絕對值較小。由比較優勢理論可推知，本國在布的生產上有比較優勢，外國在酒的生產上有比較優勢，所以在開放條件下，本國會專門化生產布，生產組合點為生產可能性邊界與橫軸的交點 B^H；而外國會專門化生產酒，生產組合點為生產可能性邊界與縱軸的交點 B^F。當兩國以世界市場的相對價格 $\left(\frac{P_C}{P_W}\right)^W$（$\left(\frac{P_C}{P_W}\right)^H < \left(\frac{P_C}{P_W}\right)^W < \left(\frac{P_C}{P_W}\right)^F$）進行貿易時，其各自消費組合點分別為點 C^H 和 C^F。於是，本國出口 C_{BD}^H 單位布進口 W_{DC}^H 酒，外國出口 W_{BD}^F 單位酒進口 C_{DC}^F 布。我們發現貿易後，兩國分別可以在各自原本不可能生產組合點處消費，本國的效用水準由 U_1^H 上升到 U_2^H，同時外國的效用水準由 U_1^F 上升到 U_2^F，貿易使兩國均獲益。

思考：

[3.8] 為什麼圖 3.12（a）和圖 3.12（b）中本國和外國的孤立的均衡點分別為點 A^H 和 A^F？

[3.9] 為什麼圖 3.12（a）和圖 3.12（b）中本國在布的生產上有比較優勢，而外國在酒的生產上有比較優勢？

[3.10] 為什麼貿易後本國要專業化生產布，外國要專業化生產酒？

[3.11] 為什麼世界相對交易價格要介於本國和外國國內均衡相對價格之間，即 $\left(\frac{P_C}{P_W}\right)^H < \left(\frac{P_C}{P_W}\right)^W < \left(\frac{P_C}{P_W}\right)^F$？

[3.12] 為什麼貿易後本國和外國生產組合點分別為 B^H 和 B^F，消費組合點分別為

點 C^H 和 C^F ？

[3.13] 圖 3.12（a）和圖 3.12（b）所示的本國與外國的貿易實現均衡了嗎？

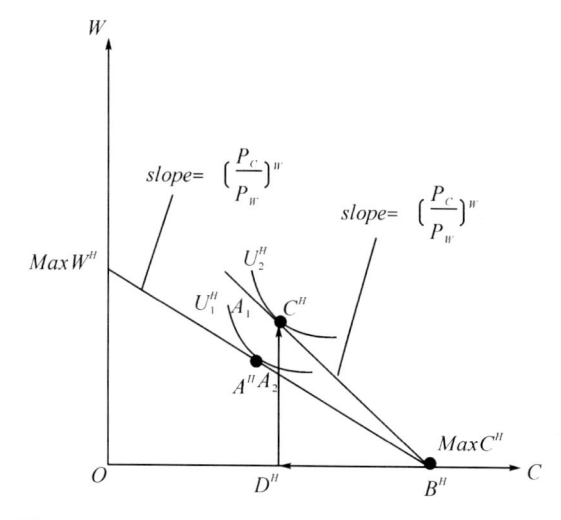

圖 3.12（a） 開放條件下本國的貿易情況（固定成本）

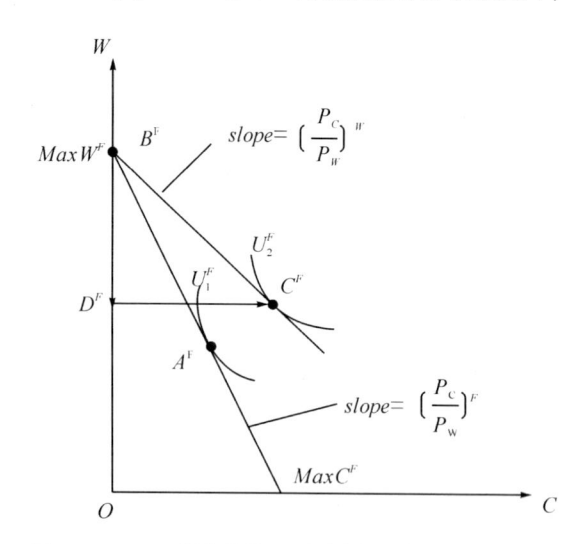

圖 3.12（b） 開放條件下外國的貿易情況（固定成本）

二、成本遞增條件下

成本遞增條件下的生產可能性邊界是凹向原點的。如圖 3.13（a）和圖 3.13（b）所示，孤立狀態下本國和外國的均衡點分別為點 A^H 和 A^F，它們既是兩國的生產組合點又是消費組合點，國內均衡價格分別為 $\left(\dfrac{P_C}{P_W}\right)^H$ 和 $\left(\dfrac{P_C}{P_W}\right)^F$，兩國此時的效用水準分別由社會無差異曲線 U_1^H 和 U_1^F 代表。圖 3.13（a）所示本國生產可能性邊界與圖 3.13（b）

所示外國生產可能性邊界相比，形狀較扁平，由比較優勢理論可推知，本國在布的生產上有比較優勢，外國在酒的生產上有比較優勢，所以在開放條件下，本國會偏向於更多地生產布，而外國會傾向於更多地生產酒。假定布和酒的國際市場相對貿易價格為 $\left(\frac{P_C}{P_W}\right)^W$（$\left(\frac{P_C}{P_W}\right)^H < \left(\frac{P_C}{P_W}\right)^W < \left(\frac{P_C}{P_W}\right)^F$），則開放條件下本國的生產組合點和消費組合點分別為 B^H 和 C^H，外國的生產組合點和消費組合點分別為 B^F 和 C^F。於是，本國出口 C^H_{BD} 單位布進口 W^H_{DC} 單位酒，外國進口 C^F_{DC} 單位布出口中 W^F_{BD} 單位酒。此時，本國的效用水準由 U^H_1 提高到 U^H_2，外國的效用水準由 U^F_1 提高到 U^F_2，兩國均從貿易中獲益。

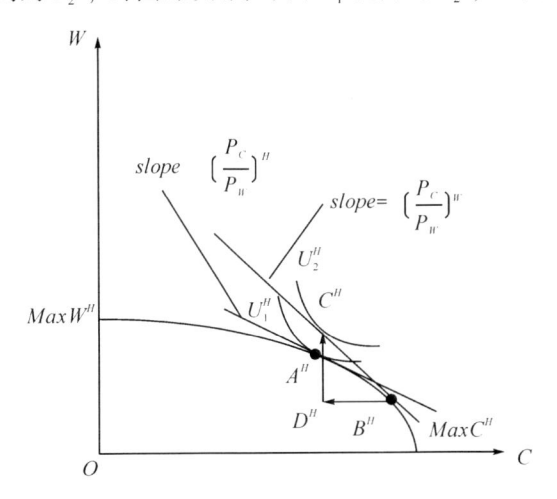

圖 3.13（a） 開放條件下本國的貿易情況（成本遞增）

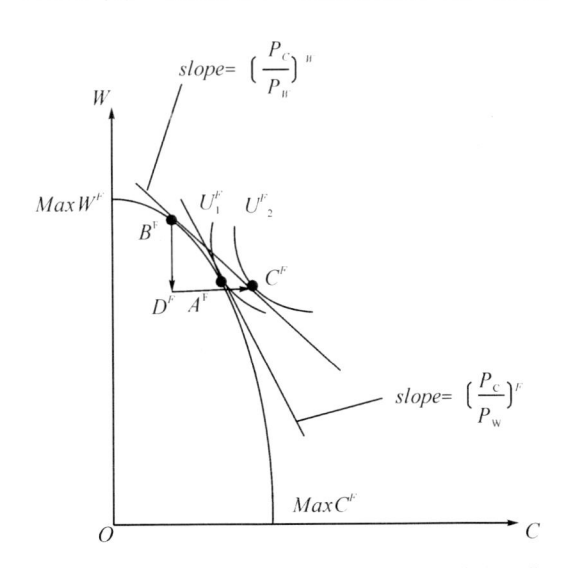

圖 3.13（b） 開放條件下外國的貿易情況（成本遞增）

思考：

[3.14] 為什麼圖 3.13（a）和圖 3.13（b）中本國和外國的孤立的均衡點分別為點 A^H 和 A^F？

[3.15] 為什麼圖 3.13（a）和圖 3.13（b）中本國在布的生產上有比較優勢，而外國在酒的生產上有比較優勢？

[3.16] 為什麼貿易後本國傾向於更多地生產布，外國傾向於更多地生產酒？

[3.17] 為什麼世界相對交易價格要介於本國和外國國內均衡相對價格之間，即 $\left(\frac{P_C}{P_W}\right)^H < \left(\frac{P_C}{P_W}\right)^W < \left(\frac{P_C}{P_W}\right)^F$？

[3.18] 為什麼貿易後本國和外國生產組合點分別為 B^H 和 B^F，消費組合點分別為點 C^H 和 C^F？

[3.19] 圖 3.13（a）和圖 3.13（b）所示的本國與外國的貿易實現均衡了嗎？

第六節　開放條件下的貿易均衡

在兩國模型中貿易均衡的條件：（1）一國某商品的出口量等於其貿易夥伴國該商品的進口量；一國另一商品的進口量等於其貿易夥伴國該商品的出口量。圖 3.12（a）和圖 3.12（b）分別展示了本國和外國在固定成本條件下的生產、消費和貿易狀態。由上文第五節的分析可知，當國際市場交易相對價格為 $\left(\frac{P_C}{P_W}\right)^W$ 時，本國出口 C_{BD}^H 單位的布進口 W_{DC}^H 單位的酒，外國進口 C_{DC}^F 單位的布出口 W_{BD}^F 單位的酒。從圖中可以看出貿易三角形 BCD^H 與 BCD^F 是全等三角形，所以 $C_{BD}^H = C_{DC}^F$ 且 $W_{DC}^H = W_{BD}^F$，滿足貿易均衡的第一個條件。（2）一國的出口金額與進口金額相等，即 $P_C^W C_{BD}^H = P_W^W W_{DC}^H$ 或 $P_C^W C_{DC}^F = P_W^W W_{BD}^F$，將其進行變形可得 $\left(\frac{P_C}{P_W}\right)^W = \left(\frac{W_{DC}}{C_{BD}}\right)^H = \left(\frac{W_{BD}}{C_{DC}}\right)^F$。我們知道 $\left(\frac{P_C}{P_W}\right)^W$，$\left(\frac{W_{DC}}{C_{BD}}\right)^H$ 和 $\left(\frac{W_{BD}}{C_{DC}}\right)^F$ 均為圖 3.12 中國際相對交易價格線斜率的絕對值，即三者相等可證。從另一個層面也可以這樣理解，在兩國貿易中，一國進口所需的外匯由其出口掙得，如果一國出口金額與進口金額不相等，要麼是出口所得金額不足以換回所需進口品，要麼是出口所得金額超出進口所需金額，也意味著其貿易夥伴國的出口所得金額不足以支撐其進口需求，無論哪種情況，貿易都是不均衡的。總之，圖 3.12 所述貿易情況符合貿易均衡的兩個條件，所以其貿易是均衡的，此時的國際相對交易價格即為均衡交易價格，即 $\left(\frac{P_C}{P_W}\right)^W = \left(\frac{P_C}{P_W}\right)^E$。

思考：

[3.20] 再次思考圖 3.13（a）和圖 3.13（b）所示的情況中貿易均衡了嗎？為什麼？怎樣調整才能均衡呢？

[3.21] 如何找到使得貿易均衡的國際相對交易價格 $\left(\dfrac{P_C}{P_W}\right)^E$ ？

第七節　不完全分工

　　觀察圖 3.12（a）和（b）與圖 3.13（a）和（b），很容易發現在開放市場上，固定成本假設前提下與成本遞增假設前提下，其分工後的生產組合點有所不同。具體來講，固定成本假設下，本國和外國在分工後會專門化生產其具有比較優勢的產品（圖 3.12（a）中的 B^H 點和圖 3.12（b）中的 B^F 點），即完全分工；而成本遞增假設下，本國和外國分工後也會更多地生產其具有比較優勢的產品，但不會再專門化生產（圖 3.13（a）中的 B^H 點和圖 3.13（b）中的 B^F 點），也即不完全分工。為什麼呢？在成本遞增假設前提下，當本國具有比較優勢的產品布的產量不斷增加時，其機會成本在不斷增加，也即需要犧牲的酒的產量不斷增加；當外國具有比較優勢的產品酒的產量不斷增加時，其機會成本也在不斷增加，即需要犧牲的布的產量不斷增加。所以，本國生產組合點在從 A^H 向 B^H 的方向移動的過程中，酒轉換為布的邊際轉換率不斷增大，即其在布產品上的比較優勢不斷減弱；外國生產組合點在從 A^F 向 B^F 的方向移動的過程中，布轉換為酒的邊際轉換率也不斷增大，即其在酒產品上的比較優勢在不斷減弱。本國在 B^H 點和外國在 B^F 點時兩國布和酒的邊際轉換率相等，也即兩國的比較優勢消失。所以，不再有進一步分工的動力，由此導致不完全分工。

思考：

[3.22] 成本遞增情況下，貿易有沒有可能導致完全分工呢？固定成本情況下，貿易有沒有可能導致不完全分工呢？

第八節　消費偏好與國際貿易

　　消費偏好在很大程度上決定著消費者消費什麼以及消費多少。由本章第四節的分析可知，理性的消費者會在預算約束條件下盡可能最大化自己的效用。消費對國際貿易的影響是顯而易見的。簡單來講，如果一個國家對某種進口商品的需求量增大（減少），則要麼通過增加（減少）國內生產來保持國內市場均衡，要麼通過增加（減少）進口來保持國內市場均衡；如果一個國家對某種出口商品的需求量增大（減少），則要麼通過增加（減少）國內生產來保持國內市場均衡，要麼通過減少（增加）出口來保

持國內市場均衡。

假定兩國（本國（H）和外國（F））分別生產兩種商品（布（C）和酒（W）），圖3.14（a）和（b）分別展示了本國和外國貿易前後的情況。為了更好地分析消費偏好對國際貿易的影響，我們假定兩國的生產情況是一模一樣的，即本國的生產可能性邊界 PPF^H 與外國的生產可能性邊界 PPF^F 完全相同。貿易前，本國和外國的均衡生產點同時也是均衡消費點分別為 A^H 和 A^F，此時兩國國內的相對均衡價格分別為 $\left(\frac{P_C}{P_W}\right)^H$ 和 $\left(\frac{P_C}{P_W}\right)^F$，在本例中 $\left(\frac{P_C}{P_W}\right)^H < \left(\frac{P_C}{P_W}\right)^F$，兩國的效用水準分別為 U_1^H 和 U_1^F。假定世界市場上相對交換價格為 $\left(\frac{P_C}{P_W}\right)^W$，$\left(\frac{P_C}{P_W}\right)^H < \left(\frac{P_C}{P_W}\right)^W < \left(\frac{P_C}{P_W}\right)^F$。貿易後，本國的生產組合點和消費組合點分別為 B^H 和 C^H，外國的生產組合點和消費組合點分別為 B^F 和 C^F，本國出口 X_C^H 單位的布進口 M_W^H 單位的酒，而外國進口 M_C^F 單位的布出口 X_W^F 單位的酒。本國的效用水準得以從 U_1^H 提升到 U_2^H，外國的效用水準得以從 U_1^F 提升到 U_2^F，兩國皆從貿易中獲益。

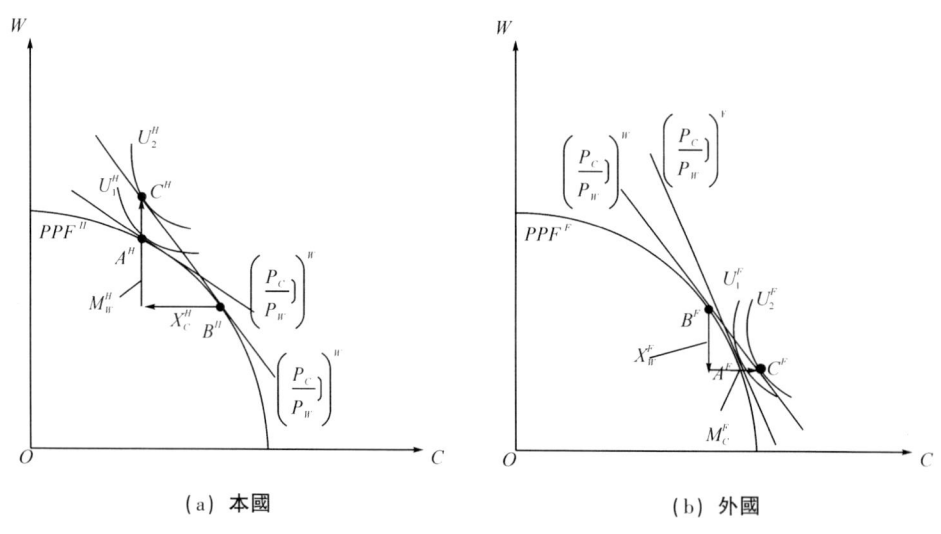

圖3.14 消費偏好與國際貿易（成本遞增）

思考：

[3.23] 外國貿易前的國內均衡價格有可能等於或者小與本國貿易前的國內均衡價格麼，即 $\left(\frac{P_C}{P_W}\right)^H = $ 或 $> \left(\frac{P_C}{P_W}\right)^F$？如果可能，則貿易結果會有什麼不同？

[3.24] 根據絕對優勢理論，圖3.14中的本國和外國有貿易的可能嗎？如果有，貿易模式是什麼？如果沒有，為什麼？根據比較優勢理論呢？

[3.25] 圖3.14中所示的本國和外國的貿易是均衡的嗎？為什麼？

［3.26］ 除了圖3.14所選擇的世界市場相對交易價格$\left(\dfrac{P_C}{P_W}\right)^W$，還有沒有別的兩國均可接受的相對交易價格？是什麼？

［3.27］ 如何使圖3.14中的本國和外國實現貿易均衡？

閱讀3.2

　　以傑文斯、瓦爾拉斯和馬歇爾為代表的新古典經濟學家普遍使用基數效用來分析消費者的選擇行為。基數效用論認為，效用如同長度、重量等概念一樣，具有計量單位，可以用基數給予標值。所謂基數效用，就是用基數數值來度量的心理滿足程度。在基數效用概念基礎上，新古典經濟學家就可以對消費者購買、消費商品時所帶來的效用進行大小比較與加總求和，還可以運用微積分來計算消費者增加商品消費時所帶來的效用變化。

　　然而，作為主觀範疇的效用是不可精確計量的，因此，基數效用理論需要新的發展。帕雷托從消費者偏好某一種商品的直接經驗事實出發，分析消費者對不同商品的態度，提出消費偏好的概念。他以消費者行為代替消費者感覺，得到一個新的分析工具，即無差異曲線。他認為，通過收集偏好隨物價變動而變動的資料，可以分析和研究消費者行為，當獲得足夠多的數據時，就可以畫出無差異曲線。希克斯和艾倫（1934）在「無差異曲線」的基礎上對效用進行了重新詮釋，提出了偏好尺度概念，即根據偏好次序比較效用的大小。他們認為，消費者在市場上所做的並不是權衡商品效用的大小，而只是在不同的商品之間進行排序。

　　綜上所述，基數效用論著重以效用為基礎，建立在效用基數可計量的前提下，認為消費者市場上的選擇行為是以效用最大化為目標，從而「效用」便成為其理論的核心。序數效用論認為效用不可計量，偏好則可以排序，序數效用論者找到了「偏好」這一新的分析工具，從這一角度來看，新古典理論中偏好與效用實質是相同的，效用理論也就是偏好理論，兩者之間沒有本質區別。

　　資料來源：周小亮，笪賢流．效用、偏好與制度關係的理論探討——反思消費者選擇理論偏好穩定之假設［J］．學術月刊，2009（1）：75-85．

第四章　出口供給曲線、進口需求曲線、提供曲線和貿易條件

在前面幾章的學習過程中，我們大多假定相對交易價格是已知的，但在現實貿易中相對交易價格並非任意指定的。那麼到底令貿易雙方都接受、都滿意的相對交易價格是什麼？如何確定呢？本章主要圍繞均衡相對交易價格的確定展開，主要包括以下幾個知識點：出口供給曲線、進口需求曲線、提供曲線、局部均衡、一般均衡以及貿易條件。

第一節　出口供給曲線

假定兩個國家（本國（H）和外國（F））生產兩種產品（布（C）和酒（W）），本國在布的生產上具有比較優勢，外國在酒的生產上具有比較優勢，根據比較優勢理論，本國會出口布進口酒，外國會出口酒進口布。本國市場上布的供給和需求如圖 4.1（a）所示。孤立狀態下，本國布的國內均衡價格為 $P_C^{H,E}$。開放條件下，如果布的國際交易價格恰好為 $P_C^{H,E}$，則本國不會向外國出口任何布，因為其國內布的生產（供給）量剛好等於其國內消費（需求）量（均為 $C^{H,E}$），即圖 4.1（b）中價格 $P_C^{H,E}$ 對應的出口供給量為 0（點 A）。如果布的國際交易價格為 $P_C^{W,1}$ 且 $P_C^{W,1} > P_C^{H,E}$，則本國會出現供過於求的現象（$C_S^{H,1} > C_D^{H,1}$），生產（供給）量為 $C_S^{H,1}$，其中 $C_D^{H,1}$ 滿足國內消費者的消費需求，差額部分用來出口，即 $C_S^{H,1} - C_D^{H,1}$（如圖 4.1（a）所示）。也就是說，在圖 4.1（b）中價格 $P_C^{W,1}$ 對應的布的出口量為 $X_C^{H,1} = C_S^{H,1} - C_D^{H,1}$（點 B）。以此類推，可在圖 4.1（b）中推得無數個價格與出口供給量的組合，將這些組合用平滑的線連接起來，就得到布的出口供給曲線 XS（Export Supply Curve）。

觀察圖 4.1（b）發現，出口供給曲線有以下特點：
（1）斜率為正，也即向右上方傾斜；
（2）與縱坐標軸（即價格軸）相交於出口國內封閉狀態下的均衡價格點；
（3）斜率較國內供給曲線小，也即出口供給曲線比國內供給曲線更平坦。

思考：

[4.1] 為什麼出口供給曲線比國內供給曲線更平坦呢？這是圖 4.1 的特例還是普遍情況呢？

圖 4.1（a） 本國布市場　　　　圖 4.1（b） 世界布市場

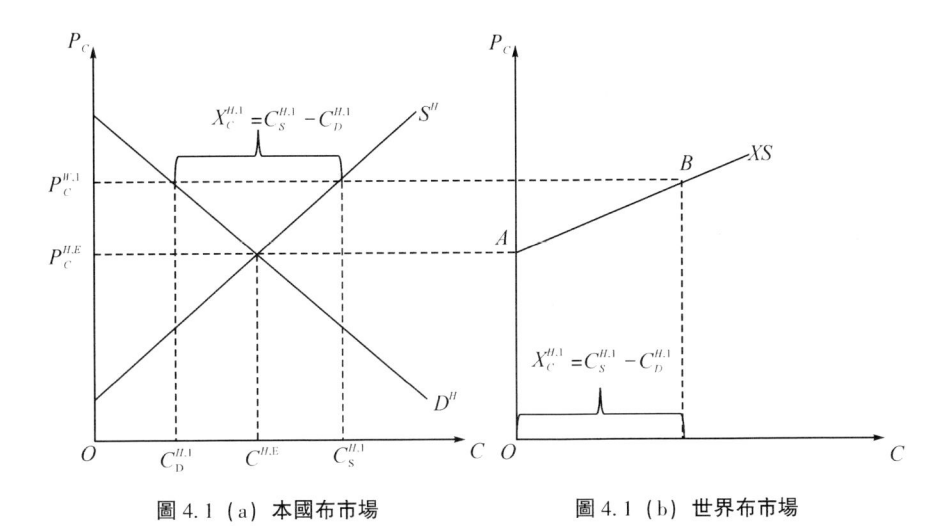

[4.2] 交易價格可以低於封閉狀態下出口國的國內均衡價格 $P_C^{H,E}$ 嗎？假定交易價格為 $P_C^{W,2}$ 且 $P_C^{W,2} < P_C^{H,E}$，本國國內和世界市場分別會發生什麼情況？

[4.3] 試分析酒的出口供給曲線。

第二節　進口需求曲線

假設條件與出口供給曲線相同。外國市場上布的供給和需求如圖 4.2（a）所示。孤立狀態下，外國布的均衡價格為 $P_C^{F,E}$。開放條件下，如果布的交易價格恰好為 $P_C^{F,E}$，則外國不會向本國進口任何布，因為其國內布的消費（需求）量剛好等於生產（供給）量（均為 $C^{F,E}$），即圖 4.2（b）中價格 $P_C^{F,E}$ 對應的進口需求量為 0（點 A）。如果布的交易價格為 $P_C^{W,1}$ 且 $P_C^{W,1} < P_C^{F,E}$，則本國會出現供不應求的現象（$C_S^{F,1} < C_D^{F,1}$），消費（需求）量為 $C_D^{F,1}$，其中 $C_S^{F,1}$ 可由國內生產者的生產來滿足，差額部分 $C_D^{F,1} - C_S^{F,1}$ 需要進口（如圖 4.2（a）所示）。也就是說，在圖 4.2（b）中價格 $P_C^{W,1}$ 對應的布的進口量為 $M_C^{F,1} = C_D^{F,1} - C_S^{F,1}$（如圖 4.2（b）點 B 所示）。以此類推，可在圖 4.2（b）中推得無數個價格與進口需求量的組合，將這些組合用平滑的線連接起來，就得到布的進口需求曲線 MD（Import Demand Curve）。

觀察圖 4.2（b）發現，進口需求曲線有以下特點：
（1）斜率為負，也即向右下方傾斜；
（2）與縱坐標軸（即價格軸）相交於進口國封閉狀態下的國內均衡價格點；
（3）斜率絕對值較國內需求曲線小，也即進口需求曲線比進口國內需求曲線更平坦。

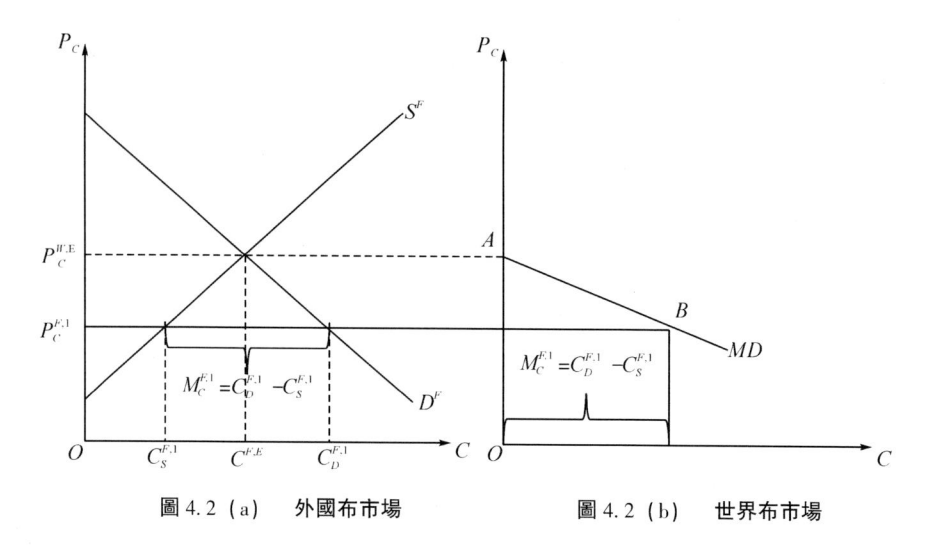

圖 4.2（a） 外國布市場　　　圖 4.2（b） 世界布市場

思考：

［4.4］為什麼進口需求曲線比國內需求曲線更平坦呢？這是圖 4.2 的特例還是普遍情況呢？

［4.5］國際交易價格可以高於進口國封閉狀態下的國內均衡價格 $P_C^{F,E}$ 嗎？假定國際交易價格為 $P_C^{W,2}$ 且 $P_C^{W,2} > P_C^{F,E}$，外國國內和世界市場分別會發生什麼情況？

［4.6］試推導酒的進口需求曲線。

第三節　開放條件下的局部均衡

由第 3 章內容可知，開放條件下均衡狀態有兩個特點，其中之一為「出口供給量與進口需求量相等」。由本章第一和第二小節的分析可知，出口供給量與進口需求量都與國際交易價格密切相關。圖 4.3 將圖 4.1（b）和圖 4.2（b）結合起來，從中我們發現，出口供給曲線與進口需求曲線的交點 E 所指示的出口供給量與進口需求量相等，即 $X_C^{H,E} = M_C^{F,E} = C^{W,E}$，此時的價格 $P_C^{W,E}$ 為世界市場上布的均衡交易價格，E 點為均衡點。當布的世界市場價格為 $P_C^{W,1}$（$P_C^{W,1} > P_C^{W,E}$）時，布的出口供給量 $X_C^{H,1}$ 大於進口需求量 $M_C^{F,1}$，即 $C_S^{W,1} > C_D^{W,1}$，此時世界市場上存在供大於求的現象，所以價格有下行壓力，直至回到均衡價格 $P_C^{W,E}$ 為止。

思考：

［4.7］請結合圖 4.3 分析當布的世界市場價格為 $P_C^{W,2}$（$P_C^{W,2} < P_C^{W,E}$）時，本國、外國和世界的布市場是怎樣的？世界市場價格會發生什麼變化？

［4.8］除均衡價格 $P_C^{W,E}$ 外，世界市場怎樣為布定價，本國與外國是有進行貿易的

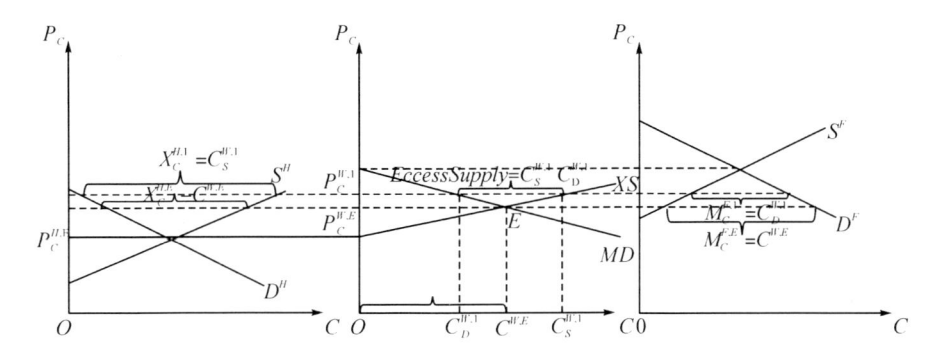

圖 4.3（a） **本國布市場**　　圖 4.3（b） **世界布市場**　　圖 4.3（c） **外國布市場**

可能的？在各種可能的貿易價格下，布的貿易模式是怎樣的？試舉例說明。

［4.9］試畫圖分析酒的世界市場均衡價格 $P_W^{W,E}$ 如何確定？

［4.10］除均衡價格 $P_W^{W,E}$ 外，世界市場怎樣為酒定價，本國與外國是有進行貿易的可能的？在各種可能的貿易價格下，酒的貿易模式是怎樣的？試舉例說明。

第四節　提供曲線與一般均衡

通過分析出口供給曲線和進口需求曲線，可以快速準確得出某一商品的均衡交易價格和均衡貿易量。然而，只有當所有商品都處於均衡狀態時，世界市場才能實現真正的一般性均衡。與局部均衡只需考慮部分國家或商品不同，一般均衡需要同時考慮所有的國家和所有的商品，本章第一、二和三節以布為例運用出口供給曲線和進口需求曲線這一工具分析了本國、外國及世界市場上布的均衡；誠然，重複第一、二和三節所示過程可以得到本國、外國及世界市場上酒或任何其他商品的均衡。過程的重複不僅工作量大，而且效率低。提供曲線為一般均衡分析提供了便利。

提供曲線（OC, Offer Curve），又稱為相互需求曲線，由兩名英國經濟學家 Alfred Marshall（阿爾弗雷德‧馬歇爾）和 Francis Ysidro Edgeworth（弗朗西斯‧伊西德羅‧埃奇沃思）於 20 世紀初共同提出。提供曲線反應了一國為進口一定量所需商品所願意出口的另一商品的數量。

一國的提供曲線可以從它的生產可能性邊界、無差異曲線和可能發生貿易的相對商品交易價格推導得出。圖 4.4（a）展示了本國的生產可能性邊界和社會無差異曲線，開放條件下，當世界市場上的布和酒的相價格為 1（$\left(\dfrac{P_C}{P_W}\right)^W = 1$）時，本國的生產組合點與消費組合點分別為 A_P^H 和 A_C^H，此時，本國出口 $X_C^{H,A}$ 單位的布，同時進口 $M_W^{H,A}$ 單位的酒。將本國所需進口的酒的數量與其願意出口的布的數量標示在圖 4.4（b）上，可得組合點 A^H；當世界市場相對交易價格變為 $\left(\dfrac{P_C}{P_W}\right)^W = 1/2$ 時，如圖 4.4（a）所示，本

61

國的生產組合點和消費組合點分別為 B_P^H 和 B_C^H，此時，本國出口 $X_C^{H,B}$ 單位的布，同時進口 $M_W^{H,B}$ 單位的酒。將本國所需進口的酒的數量與其願意出口的布的數量標示在圖 4.4（b）上，可得組合點 B^H；依此類推，我們可以從圖 4.4（a）向圖 4.4（b）推出無數個本國需要進口的酒的數量與其願意出口的布的數量的組合點，將這些點用平滑的線連接起來，就得到了本國的提供曲線 OC^H。

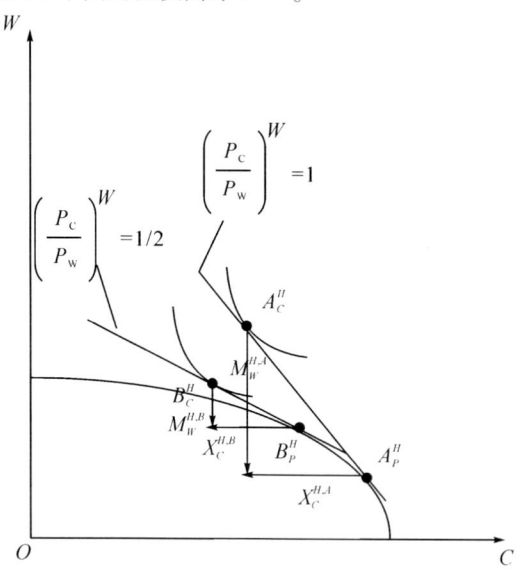

圖 4.4（a） 本國的生產和消費

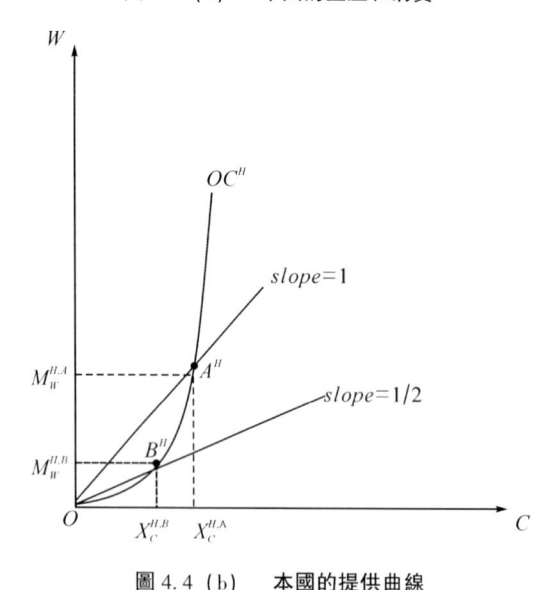

圖 4.4（b） 本國的提供曲線

圖 4.5（a）展示了外國的生產可能性邊界和社會無差異曲線，在開放條件下，當

世界市場上的布和酒的相對價格為 1 （$\left(\frac{P_C}{P_W}\right)^W = 1$）時，外國的生產組合點與消費組合點分別為 A_P^F 和 A_C^F，此時，外國出口 $X_W^{F,A}$ 單位的酒，同時進口 $M_C^{F,A}$ 單位的布。將外國所需進口的布的數量與其願意出口的酒的數量標示在圖 4.5（b）上，可得組合點 A^F；當世界市場相對交易價格變為 $\left(\frac{P_C}{P_W}\right)^W = 1/2$ 時，如圖 4.5（a）所示，外國的生產組合點和消費組合點分別為 B_P^F 和 B_C^F，此時，外國出口 $X_W^{F,B}$ 單位的酒，同時進口 $M_C^{F,B}$ 單位的布。將外國所需進口的布的數量與其願意出口的酒的數量標示在圖 4.5（b）上，可得組合點 B^F。依此類推，我們可以從圖 4.5（a）向圖 4.5（b）推出無數個外國需要進口的布的數量與其願意出口的酒的數量的組合點，將這些點用平滑的線連接起來，就得到了外國的提供曲線 OC^F。

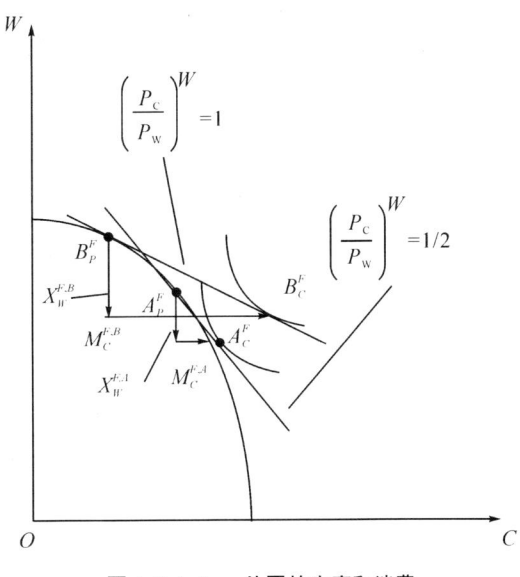

圖 4.5（a）　外國的生產和消費

思考：

　　[4.11] 連接圖 4.4（b）原點與提供曲線上任一點（如點 A^H 或點 B^H）的射線的斜率有什麼經濟學含義麼？為什麼？圖 4.5（b）呢？

　　[4.12] 什麼情況下，圖 4.4（b）中的提供曲線會取到原點的位置？圖 4.5（b）呢？

　　圖 4.6 將本國的提供曲線和外國的提供曲線合併起來，兩者相交於點 E，連接原點與點 E 可得一條射線，假定其斜率為 1，也即世界市場布和酒的相對交易價格為 $\left(\frac{P_C}{P_W}\right)^W = 1$，此時，本國願意出口的布的數量恰好等於外國願意進口的布的數量，即

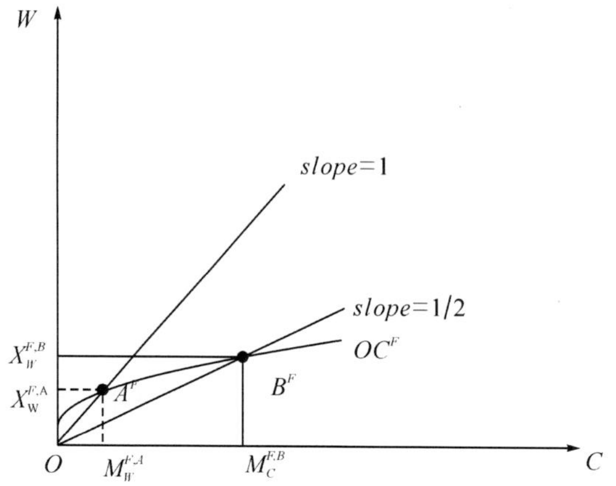

圖 4.5（b） 外國的提供曲線

$X_C^{H,E}=M_C^{F,E}$，而本國願意進口的酒的數量恰好等於外國願意出口的酒的數量，即 $M_W^{H,E}=X_W^{F,E}$，一般均衡得以實現。當世界市場布和酒的相對交易價格為 $\left(\frac{P_C}{P_W}\right)^W=1/2$ 時，由圖 4.6 可得，本國願意出口的布的數量小於外國願意進口的布的數量，即 $X_C^{H,A}<M_C^{F,B}$，而本國願意進口的酒的數量小於外國願意出口的酒的數量，即 $M_W^{H,A}<X_W^{F,B}$，未達到一般均衡狀態。這種情況下，布的出口供給量小於進口需求量，所以其交易價格 P_C^W 有上行壓力，而酒的出口供給量大於進口需求量，所以其交易價格 P_W^W 有下行壓力，於是世界市場上布和酒的相對交易價格 $\left(\frac{P_C}{P_W}\right)^W$ 有上升趨勢，直至達到均衡價格 1，重新實現一般均衡為止。

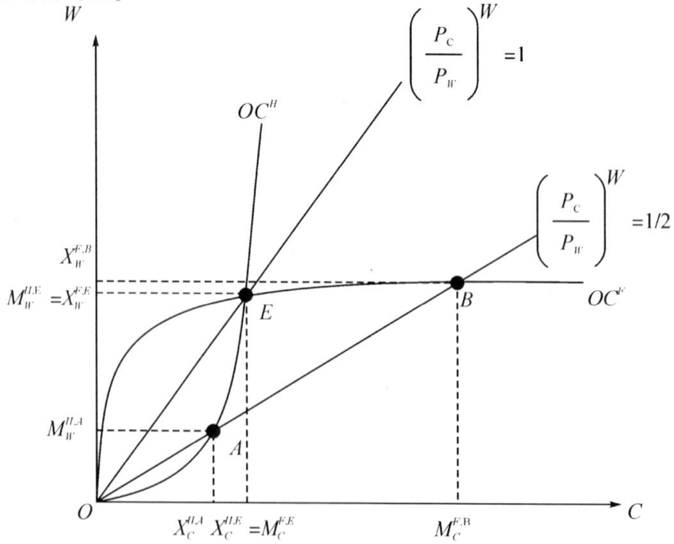

圖 4.6 提供曲線與一般均衡

思考：

[4.13] 若世界市場布和酒的相對交易價格為 $\left(\dfrac{P_C}{P_W}\right)^W = 2$ 時，試借助圖 4.6 分析交易價格的變動情況，並說明原因。

閱讀 4.1

Francis Ysidro Edgeworth（弗朗西斯‧伊西德羅‧埃奇沃思），1845—1926 年，愛爾蘭哲學家和政治經濟學家。Edgeworth 的研究涉及文學、哲學、概率論、統計學、經濟學等領域。Edgeworth 非常多產，初步統計，他在多個領域創作了超過 500 部（篇）專著、論文及書評。

Edgeworth 是新古典經濟學發展史上一位十分具有影響力的人物，他是第一個將某些形式化的數學方法應用於經濟學中的個體決策問題的學者。1881 年發表的 Mathematical Psychics: An Essay on the Application of Mathematics to the Moral Sciences（《數理心理學：關於在道德科學中使用數學方法》）的論文，是他在經濟學領域內最著名也是最富有原創性和創造力的一篇論文。

他將「一般效用函數」引入到經濟學中，認為一個商品的效用不僅依賴於所消費該商品的數量，而且依賴於個人消費其他商品的數量，從而將替代性和互補性問題引入到了效用理論中。他發展了效用理論，引入了「無差異曲線」，這些都是現在微觀經濟學中的基本理論。

Edgeworth 傑出的經濟學貢獻不僅體現在他所提出的諸多理論，而且在於他對許多人的研究都有所影響。例如，他所提出的著名的「埃奇沃思盒」，是一種代表了各種資源分配方式的矩形圖表。後來經過義大利經濟學家帕累托（Pareto V, 1848—1923 年）和英國經濟學家希克斯（Hicks J R, 1904—1989 年）等人的發展，成為西方經濟學中的重要分析工具之一。而「埃奇沃思盒狀圖」的分析方法也被帕累托在 1960 年進一步發展，形成了類似的「帕累托盒裝圖」。

資料來源：張希萌，徐澤林. 概率統計學家埃奇沃思的學術成就 [J]. 咸陽師範學院學報，2016（6）：34-38.

閱讀 4.2

Alfred Marshall（阿爾弗雷德‧馬歇爾），1842—1924 年，近代英國最著名的經濟學家，新古典學派的創始人，劍橋大學經濟學教授，19 世紀末和 20 世紀初英國經濟學界最重要的人物。在 Marshall 的努力下，經濟學從僅僅是人文學科和歷史學科的一門必修課發展成為一門獨立的學科，具有與物理學相似的科學性。劍橋大學在他的影響下建立了世界上第一個經濟學系。

他 1890 年的著作 Principles of Economics（《經濟學原理》）幾乎將整個經濟學大廈中的各個經濟理論都加以整理和精煉，綜合起來構成了一個新的體系，成為使用時

間最長的經濟學教材之一,是新古典經濟學和劍橋學派的奠基之作,促成古典經濟學向現代經濟學過渡。這本書留給讀者的主要印象,是在「讀一種關於十分淺顯易懂的問題的解說」。

Marshall 把「理解和觀察」的能力作為優秀經濟學家的必需,推崇德國學者杜能將事實合理分類、整理、分析,繼而推出一般結論的研究方法。Marshall 認定「政治經濟學是對人類日常行為的研究」,決不研究「與真實生活狀況不符的虛構問題」。

Marshall 下功夫探究心理學,強調思維模型對經濟過程的影響機制。1923 年聖誕節晚宴時,他說:「如果我可以再活一遍,我會把我一生貢獻給心理學。」

Marshall 在泰勒商業學校時,就被老師認定為有很好的數學天賦,獲得過數學大獎。研究生就讀時,曾打算獻身於分子物理學研究。紮實的數理訓練在經濟學研究中起了很大作用,使他成為「圖解經濟學的奠基人」。難能可貴的是,他清醒地認識到數學工具的局限。認為「一個數學定理加上一個經濟學假設不大可能得到好的經濟學理論」,「數學僅僅是一種簡潔的表達,而不是探索的動力」。

資料來源:謝建江,杜益民. 真實經濟世界的研究者英國經濟學家阿爾弗雷德·馬歇爾評述 [J]. 2017(2):106-111.

第五節　局部均衡與一般均衡

由一般均衡是可以推得局部均衡的。以布為例,圖 4.6 展示了本國和外國的提供曲線,由本章第四節的分析可知,均衡點為 E,均衡相對交易價格為 $\left(\frac{P_C}{P_W}\right)^W = 1$,此時布的出口供給量與進口需求量相等,即 $X_C^{H,E} = M_C^{F,E}$。將這一信息轉移到圖 4.7 所示的布的世界市場上,找到相對交易價格 $\left(\frac{P_C}{P_W}\right)^W = 1$ 對應的布的出口供給量 $X_C^{H,E}$ 與進口需求量 $M_C^{F,E}$,由於兩者相等,所以兩點重疊為 E 點。若相對交易價格 $\left(\frac{P_C}{P_W}\right)^W = 1/2$,如圖 4.6 所示,布的出口供給量和進口需求量分別為 $X_C^{H,A}$ 和 $M_C^{F,B}$,且 $X_C^{H,A} < M_C^{F,B}$。將相對價格與布的出口供給量和進口需求量的對應關係分別轉移到圖 4.7,我們得到組合點 A 和 B。在圖 4.7 上用平滑的線連接點 E 和 A,我們得到布的出口供給曲線,同樣,用平滑的線連接點 E 和 B,我們得到布的進口需求曲線。出口供給曲線與進口需求曲線相交於均衡點 E,均衡價格為 1,均衡貿易量為 $X_C^{H,E} = M_C^{F,E}$。當相對交易價格為 1/2 時,布在世界市場上存在供不應求的現象,布的價格存在上行壓力,不考慮酒市場的話,相對交易價格 $\left(\frac{P_C}{P_W}\right)^W$ 也有上行壓力,直至回到均衡價格 1 為止。由此,我們得出結論:當一般均衡實現時,布這一商品的局部均衡是成立的。同理可證,當一般均衡實現時,酒這一商品的局部均衡也是成立的。反之,當布和酒均處於均衡狀態時,一

般均衡也得以實現。換而言之，當所有的局部均衡同時實現時，即可達到一般均衡狀態。

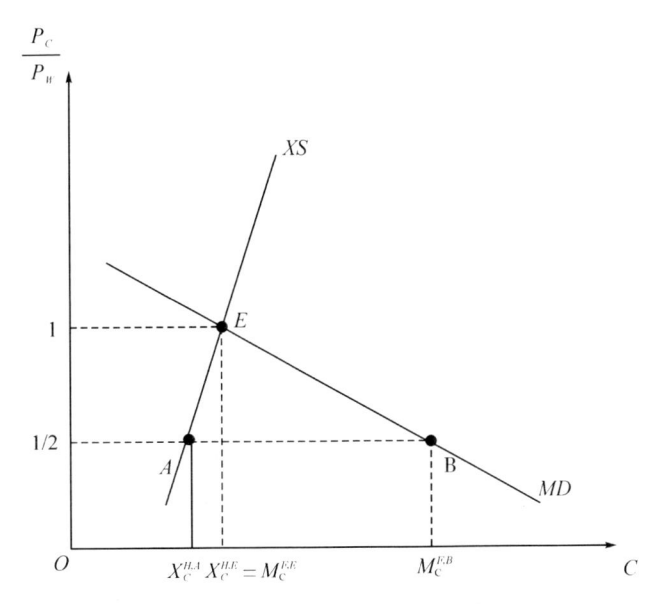

圖 4.7 世界市場上布的局部均衡

思考：

[4.14] 如果相對交易價格 $\left(\dfrac{P_C}{P_W}\right)^W = 3/2$，試用圖 4.6 和 4.7 分析布的世界市場情況及相對價格變動。

[4.15] 試參照上述過程分析一般均衡與酒的局部均衡之間的關係。

[4.16] 已知布或酒實現了局部均衡，一般均衡一定成立麼？

[4.17] 為什麼商品市場上存在供不應求（供過於求）現象時，商品價格有上（下）行趨勢？

第六節　貿易條件

一國的貿易條件（Terms of Trade）是指該國出口商品價格與進口商品價格的比值（公式4.1）。貿易條件是衡量一國一定時期出口盈利能力的重要指標。在一定時期內，如果出口一單位商品所能換回的進口商品增加（減少），我們認為該國貿易條件得到了改善（惡化）。貿易條件值越大（小），代表同量出口品能夠換回的進口品數量越多（少），也即貿易條件改善（惡化）。在兩個國家的假設前提下，一國的出（進）口即為其貿易夥伴國的進（出）口，所以兩國的貿易條件互為倒數。一國貿易條件的改善

（惡化）必然會帶來其貿易夥伴國貿易條件的惡化（改善）。

$$貿易條件 = \frac{出口商品價格}{進口商品價格} \quad (式4.1)$$

由於一國的出口商品與進口商品種類通常是非常多的，通常會選取出口商品價格指數和進口商品價格指數來計算貿易條件。乘以100%後貿易條件表現為百分數的形式（公式4.2）。

$$貿易條件 = \frac{出口商品價格指數}{進口商品價格指數} \times 100\% \quad (式4.2)$$

我們用一個例子來進一步解釋貿易條件的計算及其意義。假定某國貿易條件以2000年為基期，即為100%。到2010年，該國出口價格指數下降5%；進口價格指數上升10%。那麼，這個國家2010年的貿易條件為：$\left(\frac{100 \times (1-5\%)}{100 \times (1+10\%)}\right) \times 100\% = \frac{95}{110} \times 100\% = 86.36\%$。與2000年相比，2010年該國的貿易條件從100%下降到86.36%，也即單位出口產品能夠換回的進口產品變少了，該國貿易條件惡化了13.64%。

思考：

[4.18] 假設本國2010年的出口價格指數和進口價格指數分別為100和100，2016年的出口價格指數增長了20%，進口價格指數減少了20%，試求本國在2010年和2016年的貿易條件分別是什麼？貿易條件是改善了還是惡化了？這意味著什麼？在兩國模型中，外國在2010年和2016年的貿易條件分別是什麼？貿易條件是改善了還是惡化了？這意味著什麼？

閱讀4.3

2009年，經歷金融危機洗禮的中國成為世界第一大出口國。然而，榮耀背後卻隱含著憂慮。例如，中國出口導向型的貿易發展模式導致了中長期的貿易條件惡化。根據世界銀行的世界發展指數（WDI）和英國的經濟學人情報機構（EIU）提供的數據，如果以1995年為基期，那麼中國的淨貿易條件已經惡化為2004年的89%和96%，到2007年則進一步惡化為77%和93%。如果中國的貿易條件變化趨勢確如上述表明的那樣，那將意味著中國從貿易當中所獲取的貿易利得正在不斷下降，甚至可能發生了所謂的「貧困化增長」（Immiserizing Growth）現象。

大國的出口擴張伴隨著出口價格的急遽下降乃至貿易條件的持續惡化，這符合標準Armington（1969）模型的預期。然而，Krugman（1980，1989）、Helpman和Krugman（1985）發展的新貿易理論以及Melitz（2003）開創的企業異質性模型（Heterogeneous Firm Trade Model），通過考慮產品種類的內生變化，卻隱含著經歷持續出口繁榮的國家並不必然導致貿易條件的惡化。這意味著，擴展的貿易邊際（the Extensive Margin）並不是可以被忽略掉的重要性質。特別地，新進的很多經驗研究也已經證明，如果剛一國出口增長主要源於擴展的貿易邊際，那麼將會增加貿易品的種類而不只是貿易量，不僅有利於出口國提升多元化的生產結構，也使逆向貿易條件效應不太可能

發生。因此，忽略產品種類對進出口價格指數進而貿易條件的影響，可能導致測度結果出現實質性的偏誤。

現有通常用來計算貿易條件的國際貿易進出口價格指數主要採用固定種類商品籃子來構建。為了將純價格變化從結構效應中區別開來，統計機構往往僅僅追蹤有限種類的商品價格，並利用可以加權的進出口價格指數公式進行加總。一般情況下，用來計算進出口價格指數公式主要有拉氏公式（Laspeyres Formula）、帕氏公式（Paasche Formula）和費氏公式（Fisher Formula）。這3個公式在計算價格指數時，沒有考慮到產品種類的變化，而事實上，在多位數級產品層次上，一國參與進出口的產品種類是經常變化的。因此，採用上述3個公式計算進出口價格指數和貿易條件，就會因為遺漏產品種類而發生實質性偏誤。

資料來源：錢學鋒，陸麗娟，等.中國的貿易條件真的持續惡化了嗎？——基於種類變化的再估計［J］.管理世界，2010（7）：18-29.

第五章　要素稟賦和 H-O 理論

比較優勢理論和絕對優勢理論就絕對優勢或者比較優勢來自於哪兒這一問題均沒有給予很好的回答，即為什麼一國在某種產品的生產上比別的國家絕對成本或機會成本低呢？另一個兩者都未明確回答的問題是：貿易究竟會怎樣影響貿易雙方的收入分配呢？本章將通過學習要素稟賦理論（H-O 理論）對以上兩個問題進行解答。

第一節　要素稟賦模型的基本假設

要素稟賦理論（H-O 理論）的基本假設條件與絕對優勢理論或比較優勢理論相比有所不同，主要有以下幾點：

1. 只有兩個國家（本國（H）和外國（F）），兩種商品（布（C）和酒（W）），兩種生產要素（資本（K）和勞動力（L））；
2. 兩國在生產同一種商品時使用相同的技術，這意味著如果要素價格在兩國是相同的，則兩國在生產同一產品時會按照相同的比例投入勞動和資本；
3. 用於生產兩種商品的技術是不同的；
4. 在本國和外國，酒都是資本密集型產品，布都是勞動密集型產品；
5. 布和酒生產過程中規模收益不變；
6. 兩國在生產過程中均為不完全分工；
7. 兩國消費者的需求偏好相同，即兩國無差異曲線的位置和形狀是完全相同的；
8. 兩國的商品和要素市場都是完全競爭的；
9. 生產要素可在國內自由流動，但不可在國與國之間流動；
10. 兩國的生產資源都被充分利用；
11. 沒有運輸和交易等成本，也沒有任何限制貿易的關稅及非關稅壁壘；
12. 兩國的貿易是均衡的。

其中，從某種意義上來說，第 6 條和第 12 條既可以說是假設條件，也可以說是推論。

第二節　等產量線

為了更好地理解要素如何作用於生產，我們在這一節先學習等產量線，這對理解

H-O 理論非常有幫助。

一、等產量線的定義和推導

等產量線（Isoquant Curve）是指在技術水準不變的條件下，生產相同產量某一產品的兩種投入要素的各種可能組合點的連線。如圖 5.1 所示，布的生產要素投入情況，A 點代表同時將 K_C^A 和 L_C^A 單位的資本和勞動力投入布的生產中，假定可得布的產量為 C_1。此時，增加資本的投入至 K_C^B，若要保持產量 C_1 不變，需要減少勞動力的投入至 L_C^B，於是得到新的資本與勞動力的投入組合點 B。繼續增加同量的資本投入至 K_C^C，若要保持產量 C_1 不變，需要繼續減少勞動力的投入至 L_C^C，於是得到另一新的資本與勞動力的投入組合點 C。依此類推，我們可以得到布產量為 C_1 的無數資本與勞動力的投入組合點 D、E……將這些點用平滑的線連接起來，就得到產量為 C_1 的布的等產量線。通常情況下，隨著一種生產要素（K）投入量的增加，其可以替代的另一生產要素（L）的投入量逐漸減少，如圖 5.1 所示，$L_C^A - L_C^B > L_C^B - L_C^C$。

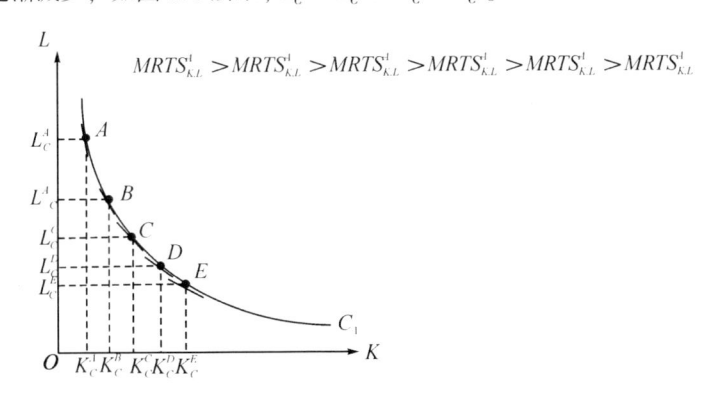

圖 5.1　布的等產量線及邊際技術替代率

思考：

[5.1] 為什麼隨著一種生產要素（K）投入量的增加，其可以替代的另一生產要素（L）的投入量逐漸減少？這是絕對的嗎？相反的情況有可能發生嗎？

[5.2] 試參照圖 5.1 推導酒的等產量線。

二、等產量線的特點

等產量線與社會無差異曲線有些類似，有如下幾個主要特點：

1. 向右下方傾斜，斜率為負。為了保持產量不變，增加一種投入要素就必須減少另一種要素的投入量。

2. 等產量線凸向原點。商品生產不能僅依靠單一的生產要素投入，當一種生產要素的投入量逐漸增加時，其對其他生產要素的替代性逐漸減弱，即其所能替代的另一種生產要素的數量逐漸減少。

3. 等產量線上任一生產要素投入組合得到的產量是一樣的。

4. 離原點越遠的等產量線代表的產量水準越高。如圖 5.2 所示,在資本的投入量一定的情況下,要素投入組合 A_1, A_2, A_3 所示的勞動力的投入量逐步增加,所以各點所代表的布的產量也逐步提高,即 $C_{A_1} < C_{A_2} < C_{A_3}$。$A_1$, A_2, A_3 分別在等產量線 C_1, C_2, C_3 上,所以 $C_1 < C_2 < C_3$。

5. 可傳遞性。如圖 5.2 所示,與要素投入組合點 A_2 相比,要素投入組合點 B 代表更多的資本要素投入和更少的勞動力要素投入,到底哪個要素投入組合帶來的布的產量更大呢?我們可以借助要素投入組合 A_1 來回答這個問題:由上文可知,要素投入組合 A_2 帶來的布的產量高於要素投入組合 A_1,即 $C_{A_2} > C_{A_1}$,又已知要素投入組合 A_1 與要素投入組合 B 在同一條等產量線 C_1 上,即 $C_{A_1} = C_B$,由此可得,$C_{A_2} > C_{A_1} = C_B$,即要素投入組合 A_2 帶來的布的產量大於要素投入組合 B。

6. 任何兩條等產量線不能相交。這可以通過反證法來證明。如圖 5.3 所示,等產量線 C_1 和 C_2 相交於 A 點,要素投入組合 B 和 C 分別在等產量線 C_1 和 C_2 上,由於 A 和 B 同在等產量線 C_1 上,可知 $C_A = C_B$;同理,A 和 C 同在等產量線 C_2 上,可知 $C_A = C_C$。由可傳遞性特點可得 $C_A = C_B = C_C$,然而,對比要素投入組合 B 和 C,我們發現要素投入組合 C 意味著同時投入更多的資本和勞動力,所以有 $C_B < C_C$,這與前面的結論相悖。由兩條相交的等產量線得出自相矛盾的結論,所以說任意兩條等產量線不相交。

7. 向上延伸無限趨近於縱坐標軸,向右延伸無限趨近於橫坐標軸。這代表當某一要素的投入量接近無窮大的時候,生產者已不能夠再通過增加此要素的投入量來代替其他生產要素的投入了。

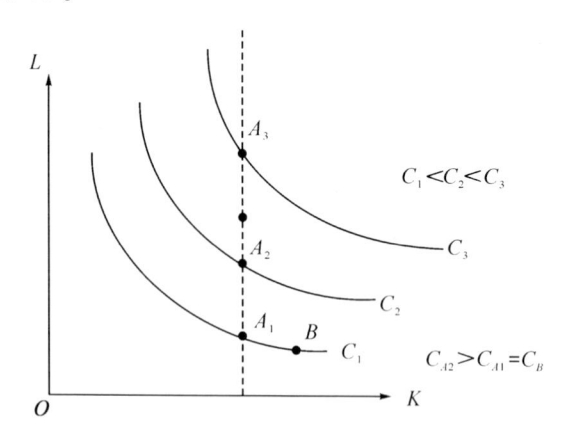

圖 5.2 等產量線的特徵

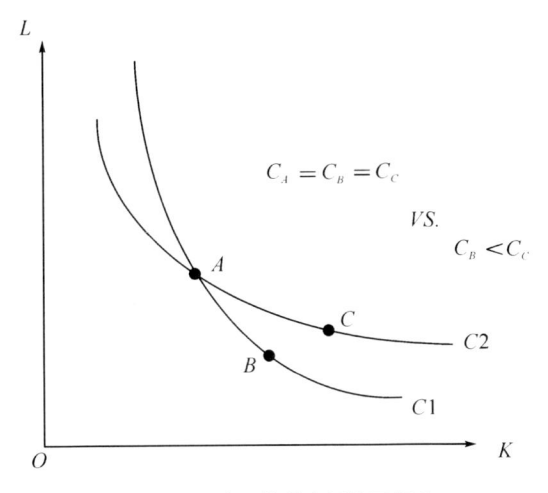

圖5.3　任意兩條等產量線不相交

思考：

[5.3] 試分析酒的等產量線特點。

[5.4] 試舉一實例解釋等產量線的可傳遞性特徵。

[5.5] 等產量線有可能是向右上方傾斜的嗎？即斜率有可能為正嗎？

三、邊際技術替代率（MRTS）

邊際技術替代率（MRTS，Marginal Rate of Technological Substitution）是指在產品產量保持不變的前提下，增加一單位某種生產要素投入（比如，資本K）可以代替的另一種生產要素（比如，勞動力L）的投入量，即 $\frac{\Delta L}{\Delta K}$。過等產量線上任一點做切線，切線斜率的絕對值即為此點的邊際技術替代率 $\frac{\Delta L}{\Delta K}$（如圖5.1所示）。

在兩種生產要素相互替代的過程中，普遍存在這樣一種現象：在維持產品產量不變的前提下，當一種生產要素（K）的投入量不斷增加時，每一單位這種生產要素所能替代的另一種生產要素（L）的數量是遞減的，即 $MRTS_{K,L}^A > MRTS_{K,L}^B > MRTS_{K,L}^C > MRTS_{K,L}^D > MRTS_{K,L}^E$。這一現象被稱為邊際技術替代率遞減規律。

思考：

[5.6] 邊際技術替代率可能是遞增或不變的嗎？

補充5.1：等產量線的兩個特例

除了圖5.1至圖5.3所示的邊際技術替代率遞減的等產量線外，等產量線還有兩種形式。同樣以布（C）的生產為例，如圖5.4（a）所示，等產量線為向下傾斜的直線，

此時兩種生產要素的邊際替代率是恆定不變的常數。以產量為 C_2 的等產量線為例，其上 A, B, C 三點分別代表不同的要素 K 和 L 的組合，過三點分別做等產量線 C_2 的切線，切線斜率的絕對值即為相對應各點的資本 K 對勞動力 L 的邊際技術替代率，我們發現 $MRTS^A_{K,L} = MRTS^B_{K,L} = MRTS^C_{K,L} \neq 0$。等產量線 C_2 與橫坐標軸的交點代表當資本投入量為 $MaxK_C$ 時，不需要勞動投入也可以生產出 C_2 單位的布；等產量線 C_2 與縱坐標軸的交點代表當勞動投入量為 $MaxL_C$ 時，不需要資本投入也可以生產出 C_2 單位的布，也即資本和勞動是可以完全相互替代的，所以我們稱圖 5.4（a）中所示的等產量線為投入要素之間可以完全替代的等產量線。

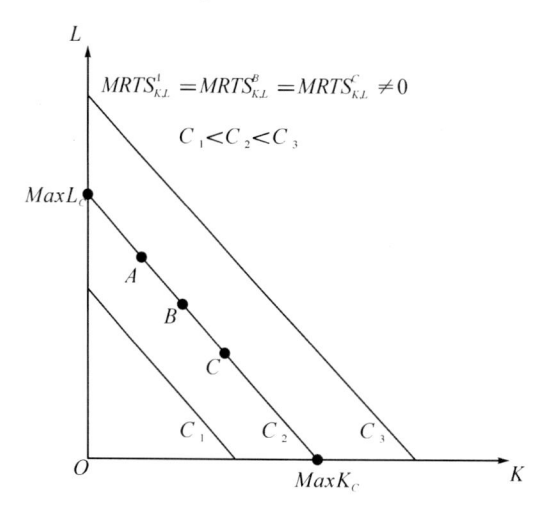

圖 5.4（a）　K 和 L 可以完全替代時的等產量線

圖 5.4（b）展示了呈直角狀態的等產量線，此時兩種生產要素的邊際替代率為 0。以產量為 C_2 的等產量線為例，其上 A, B, C 三點分別代表不同的要素 K 和 L 的組合。與點 B 所代表的要素投入組合相比，點 A 保持資本 K 的投入量不變的同時，追加了勞動 L 的投入，然而布的產量仍然為 C_2；同樣的，點 C 保持勞動 L 的投入量不變的同時，追加了資本 K 的投入，然而布的產量仍然為 C_2，這表明資本和勞動之間是完全互補的或者說是完全無法相互替代的，即 $MRTS^A_{K,L} = MRTS^B_{K,L} = MRTS^C_{K,L} = 0$。所以我們稱圖 5.4（b）中所示的等產量線為投入要素之間完全不能替代的等產量線。圖 5.1 至圖 5.3 中所示的等產量線被稱為投入要素之間可以不完全替代的等產量線。

$$MRTS_{K,L}^I = MRTS_{K,L}^B = MRTS_{K,L}^B = 0$$

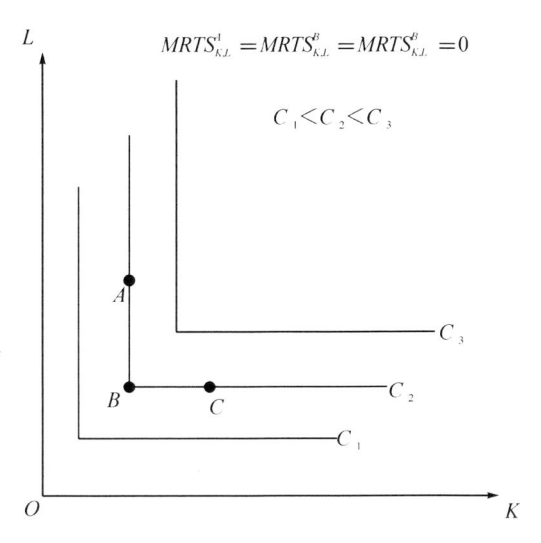

$$C_1 < C_2 < C_3$$

圖 5.4（b） K 和 L 完全不可替代時的等產量線

四、要素投入比例、要素價格以及生產成本之間的關係

由上面分析可知，生產同一產量的某種商品，可以通過不同的要素投入比例來實現。那麼，究竟哪一種要素投入比才是最合適的呢？這要分析要素投入比與要素價格以及生產成本之間的關係。

依然以布的生產為例。假定資本和勞動力的單價分別為 r 和 w，要素投入量分別為 K_C 和 L_C，則生產總成本為 $TC = rK_C + wL_C$。假定單價 r 和 w 一定，生產總成本 TC 取決於要素投入組合 K_C 和 L_C。如圖 5.5 所示，當要素相對價格為 $\left(\frac{r}{w}\right)_1$ 時，三條斜率絕對值為 $\left(\frac{r}{w}\right)_1$ 的平行線 $TC_{1,1}$，$TC_{1,2}$，$TC_{1,3}$ 代表的生產成本有如下關係 $TC_{1,1} < TC_{1,2} < TC_{1,3}$。我們已知等產量線上的任一要素投入組合點代表的產量水準一樣。既要保證布的產量水準 C_1，又要盡量降低成本，理性的生產者會選擇在代表生產成本的直線 $TC_{1,2} = r_1 K_C + w_1 L_C$ 與等產量線 C_1 的切點 A_1 進行生產。若改變相對價格為 $\left(\frac{r}{w}\right)_2$ 且 $\left(\frac{r}{w}\right)_1 < \left(\frac{r}{w}\right)_2$，則新的要素投入組合點為直線 $TC_2 = r_2 K_C + w_2 L_C$ 與等產量線 C_1 的切點 A_2。可推知，要素投入組合點的選擇與要素相對價格水準 $\frac{r}{w}$ 密切相關，當要素相對價格改變時，生產者的要素投入選擇也會隨之改變。

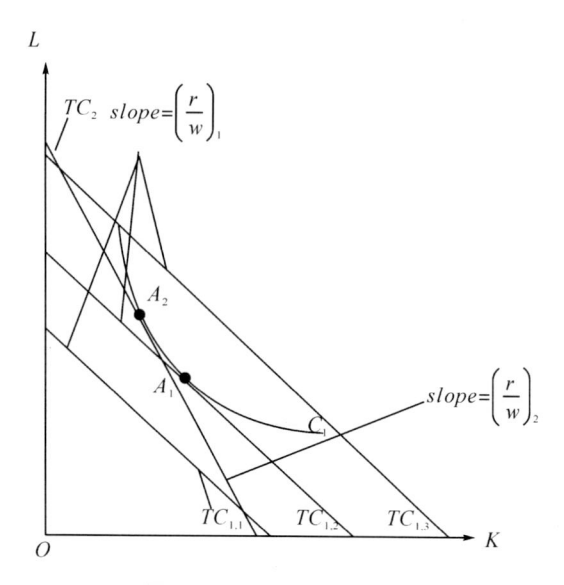

图 5.5　生產和要素相對價格

思考：

[5.7] 當要素相對價格為 $\left(\frac{r}{w}\right)_3$ 且 $\left(\frac{r}{w}\right)_1 > \left(\frac{r}{w}\right)_3$ 時，圖 5.5 中保持產量水準 C_1 不變的要素投入組合點怎麼確定？

[5.8] 有可能在不增加成本 TC 的前提下獲得更高的產量水準 C_2（$C_2 > C_1$）嗎？

第三節　要素密集度

要素密集度（Factor Intensity）通常通過生產某種產品所投入的兩種生產要素的比例來衡量。若一國生產單位布和單位酒的資本與勞動投入比例分別為 $\left(\frac{K}{L}\right)_C$ 和 $\left(\frac{K}{L}\right)_W$ 且有 $\left(\frac{K}{L}\right)_C < \left(\frac{K}{L}\right)_W$，則該國布的生產相對於酒的生產每單位勞動力投入需要投入更少的資本去搭配，所以布相對於酒來講是勞動密集型產品，而酒相對於布來講是資本密集型產品。

思考：

[5.9] 上文 $\left(\frac{K}{L}\right)_C < \left(\frac{K}{L}\right)_W$ 是否意味著生產 1 單位布的資本投入量 K_C 小於生產 1 單位酒的資本投入量 K_W，即 $K_C < K_W$？是否意味著生產 1 單位布的勞動投入量 L_C 大於

生產 1 單位酒的勞動投入量 L_W，即 $L_C > L_W$？為什麼？

[5.10] 若本國生產 1 單位布和酒的資本勞動投入比分別為 $\left(\frac{K}{L}\right)_C^H$ 和 $\left(\frac{K}{L}\right)_W^H$，外國生產 1 單位布和酒的資本勞動投入比分別為 $\left(\frac{K}{L}\right)_C^F$ 和 $\left(\frac{K}{L}\right)_W^F$，假設 $\left(\frac{K}{L}\right)_C^H < \left(\frac{K}{L}\right)_W^H$ 和 $\left(\frac{K}{L}\right)_C^F < \left(\frac{K}{L}\right)_W^F$ 成立，且 $\left(\frac{K}{L}\right)_C^H < \left(\frac{K}{L}\right)_C^F$，$\left(\frac{K}{L}\right)_W^H < \left(\frac{K}{L}\right)_W^F$，則本國布和酒分別屬於哪種要素密集型產品？外國布和酒分別屬於哪種要素密集型產品？為什麼？

第四節　要素豐裕度

要素豐裕度（Factor Abundant），又稱為要素稟賦（Factor Endowment），通過一國所擁有的兩種生產要素的相對比例來衡量。判斷一國要素稟賦有兩種方法：

1. 實物定義法。用一國所實際擁有的要素總量之比來定義該國的要素稟賦，即 $\frac{K}{L}$。若本國擁有的資本和勞動總量分別為 K^H 和 L^H，外國擁有的資本和勞動總量分別為 K^F 和 L^F，且有 $\left(\frac{K}{L}\right)^H < \left(\frac{K}{L}\right)^F$，則兩國相比，本國勞動力相對於資本更豐裕些，外國資本相對於勞動力更豐裕些，所以本國相對於外國為勞動豐裕型國家，外國相對於本國為資本豐裕型國家。

2. 相對要素價格定義法。如果一國勞動力的價格（工資率）和資本的價格（利率）分別為 w 和 r，則其要素稟賦可以用勞動與資本的相對價格來表示，即 $\frac{r}{w}$。假設本國的勞動力和資本的價格分別為 w^H 和 r^H，外國的勞動力和資本的價格分別為 w^F 和 r^F，且有 $\left(\frac{r}{w}\right)^H > \left(\frac{r}{w}\right)^F$，則兩國相比，本國的勞動力相對於資本更便宜，外國的資本相對於勞動力更便宜，所以本國相對於外國為勞動力豐裕國家，外國相對於本國為資本豐裕國家。

思考：

[5.11] 上文中 $\left(\frac{K}{L}\right)^H < \left(\frac{K}{L}\right)^F$ 是否意味著本國的資本總量少於外國（$K^H < K^F$）或本國的勞動力總量多於外國（$L^H > L^F$）？為什麼？

[5.12] 上文中 $\left(\frac{w}{r}\right)^H < \left(\frac{w}{r}\right)^F$ 是否意味著本國的勞動力價格低於外國（$w^H < w^F$）或本國的資本價格高於外國（$r^H > r^F$）？為什麼？

第五節　要素密集度、要素豐裕度和生產可能性邊界

不同國家的要素禀賦情況不同，不同產品的要素密集度情況也不同，國家的要素禀賦和產品的要素密集度共同決定了不同國家生產可能性邊界的形狀以及相對位置。

一、本國與外國生產可能性邊界的形狀

以固定成本為例，當本國專門化生產布時，布的產量達到最大值 $MaxC^H$，當本國專門化生產酒時，酒的產量達到最大值 $MaxW^H$。由第一節的基本假設可知，本國是勞動富裕型國家，布為勞動密集型產品，而酒為資本密集型產品，所以本國更擅長生產布，也即 $MaxC^H > MaxW^H$（如圖 5.6（a）所示）。當外國專門化生產布時，布的產量達到最大值 $MaxC^F$，當外國專門化生產酒時，酒的產量達到最大值 $MaxW^F$。由第一節的基本假設可知，外國是資本富裕型國家，布為勞動密集型產品，而酒為資本密集型產品，所以外國更擅長生產酒，也即 $MaxC^F < MaxW^F$（如圖 5.6（b）所示）。同樣的，在成本遞增條件下，本國與外國生產可能性邊界的形狀如圖 5.7（a）和圖 5.7（b）所示。

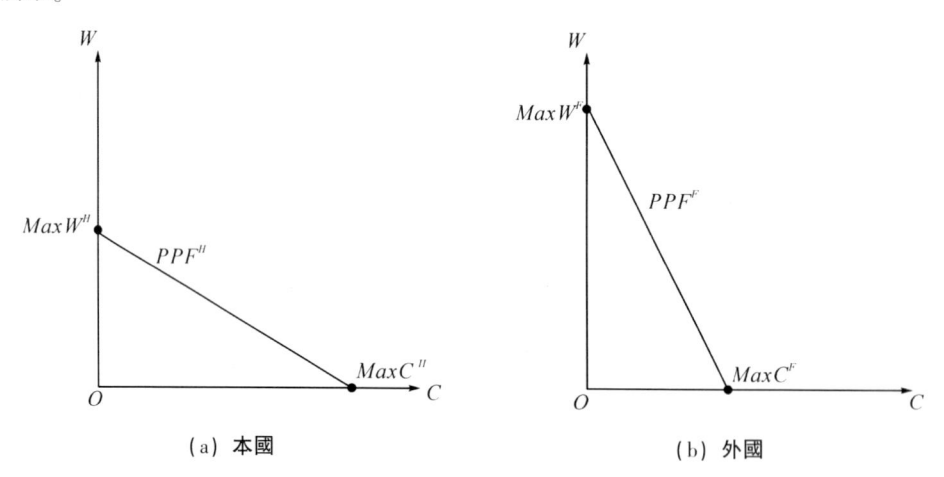

圖 5.6　要素密集度、要素豐裕度和生產可能性邊界的形狀（固定成本）

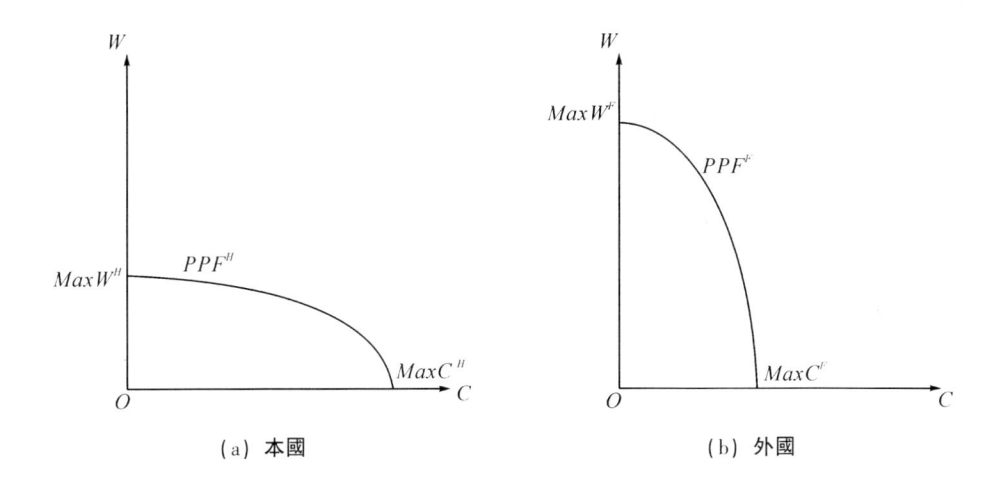

図5.7 要素密集度、要素豐裕度和生產可能性邊界的形狀（成本遞增）

二、本國與外國生產可能性邊界的相對位置

圖 5.8（a）~（c）和圖 5.9（a）~（c）分別展示了固定成本和成本遞增條件下的本國與外國生產可能性邊界相對位置的三種可能性：第一，本國布和酒的生產最大值均大於外國，即 $MaxC^H > MaxC^F$ 且 $MaxW^H > MaxW^F$（如圖 5.8（a）和圖 5.9（a）所示）；第二，本國布和酒的生產最大值均小於外國，即 $MaxC^H < MaxC^F$ 且 $MaxW^H < MaxW^F$（如圖 5.8（b）和圖 5.9（b）所示）；第三，本國布的生產最大值大於外國，但酒的生產最大值小於外國，即 $MaxC^H > MaxC^F$ 且 $MaxW^H < MaxW^F$（如圖 5.8（c）和圖 5.9（c）所示）。

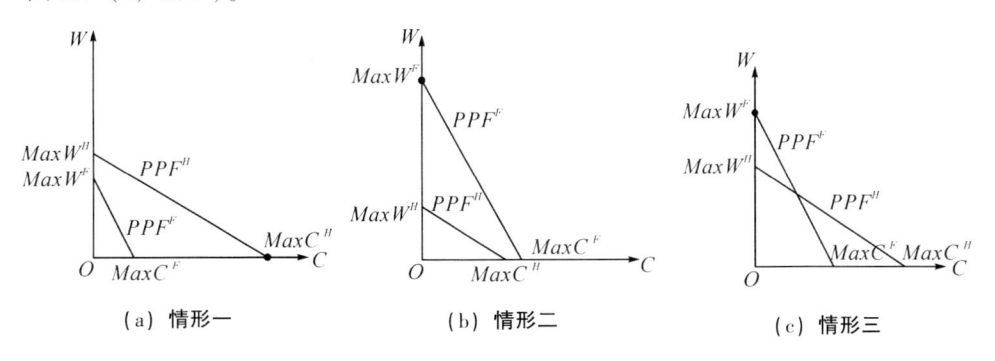

圖 5.8 本國與外國生產可能性邊界的相對位置（固定成本）

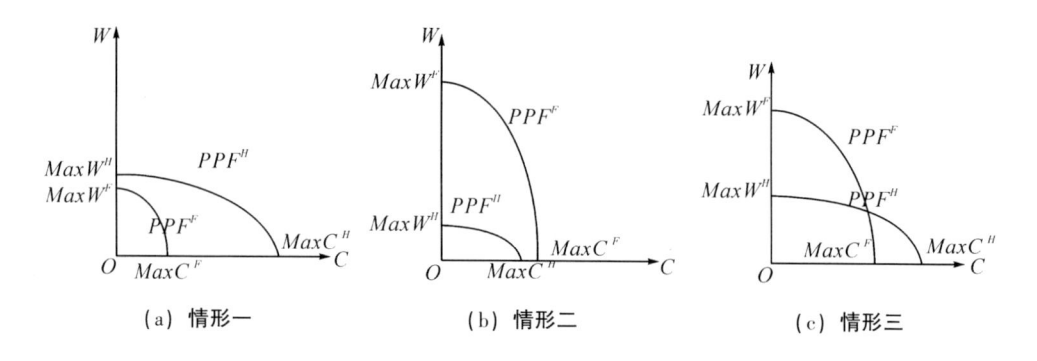

(a) 情形一　　　　　　　(b) 情形二　　　　　　　(c) 情形三

圖 5.9　本國與外國生產可能性邊界的相對位置（成本遞增）

思考：

[5.13] 在本章的假設前提下，本國和外國的生產可能性邊界有沒有可能出現如下情況：本國布的生產最大值小於外國，但酒的生產最大值大於外國，即 $MaxC^H < MaxC^F$ 且 $MaxW^H > MaxW^F$？為什麼？

第六節　H-O 模型及 H-O 定理

H-O 定理即赫克歇爾-俄林定理，簡稱赫-俄定理，又稱要素禀賦理論，是由 H-O 模型推導而得。H-O 模型是一個關於國際貿易的一般均衡模型，由瑞典經濟學家 Eli Filip Heckscher（伊·菲·赫克歇爾）首先提出，後由他的學生瑞典經濟學家 Bertil Gotthard Ohlin（貝蒂爾·戈特哈德·俄林）加以完善和發展。本節主要介紹 H-O 定理的主要內容以及其模型的推導和解釋。

一、H-O 定理的主要內容

在國際貿易中，一國的比較優勢是由其要素豐裕度決定的。一國應出口較密集地使用其較豐裕和便宜的生產要素進行生產的產品，進口較密集地使用其較稀缺且貴的生產要素進行生產的產品。所以，勞動力相對豐裕的國家（如本國）應該出口勞動密集型產品（如布），進口資本密集型產品（如酒）；資本相對豐裕的國家（如外國）應該出口資本密集型產品（如酒），進口勞動密集型產品（如布）。

具體來講，國家之間要素相對富裕度的不同導致了要素相對價格的差異，進而導致了生產成本的差異，而生產成本的差異又是導致不同國家貿易前相對價格不同的原因。這種商品相對價格之間的差異促使兩國間發生貿易。各國都傾向於生產其國內要素相對富裕的產品並且將其出口，進口其國內要素相對稀缺的產品。因為「物以稀為貴」，相對豐裕的要素的價位相對較低，密集使用該要素進行生產的產品的相對價格也相應較低；反之，相對稀缺的要素的價位相對較高，密集使用該要素進行生產的產品

二、H-O 定理的圖解說明

假定本國（PPF^H）與外國（PPF^F）的生產可能性邊界如圖 5.10 所示，圖 5.10（a）展示了兩國在貿易前的生產和消費情況，點 A^H 和 A^F 分別為本國和外國在封閉狀態下達到均衡時的生產組合點，同時也是消費組合點，此時本國和外國的國內均衡相對價格分別為 $\left(\frac{P_C}{P_W}\right)^H$ 和 $\left(\frac{P_C}{P_W}\right)^F$，兩國達到的效用水準均為 U_2。可以判斷本國在布的生產上具有比較優勢，而外國在酒的生產上具有比較優勢，假定兩國以 $\left(\frac{P_C}{P_W}\right)^W$（$\left(\frac{P_C}{P_W}\right)^H < \left(\frac{P_C}{P_W}\right)^W < \left(\frac{P_C}{P_W}\right)^F$）的相對價格進行貿易，則開放條件下本國和外國的生產組合點分別為 B^H 和 B^F，消費組合點分別為 C^H 和 C^F（此例中兩點重合），兩國達到的效用水準均為 U_2^T 且 $U_2^T > U_2$（如圖 5.10（b）所示）。在開放條件下，本國出口具有比較優勢的布，進口具有比較劣勢的酒，而外國出口具有比較優勢的酒，進口具有比較劣勢的布，兩國的福利水準均得到提升。

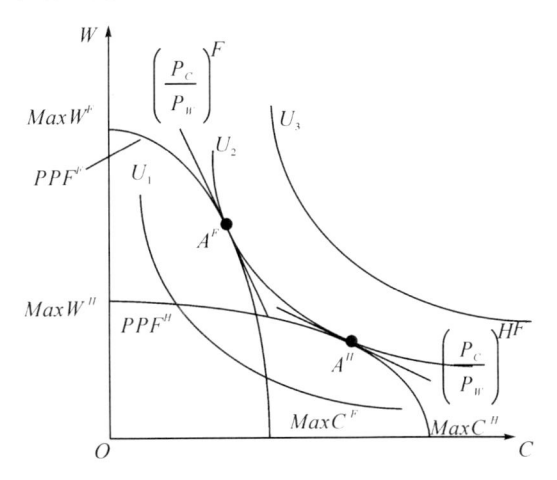

圖 5.10（a）　H-O 理論與國際貿易（貿易前）

思考：

[5.14] 圖 5.10（a）中封閉條件下實現均衡時，本國和外國的效用必須是相同水準 U_2 嗎？為什麼？

[5.15] 在開放條件下，圖 5.10（b）中本國和外國的效用必須是相同水準 U_2^T 嗎？為什麼？

[5.16] 在開放條件下，圖 5.10（b）中本國和外國必須共享一條代表世界相對交

國際貿易

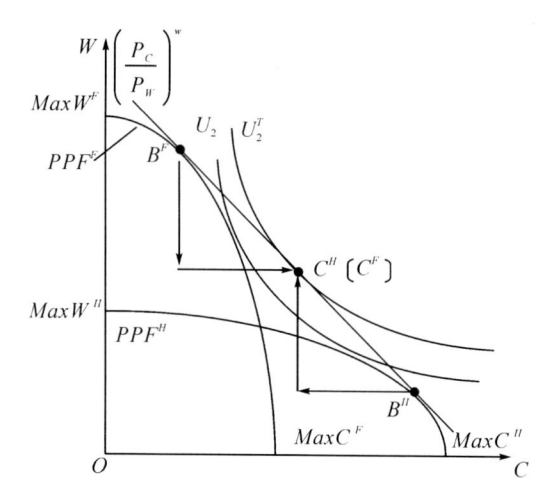

圖 5.10（b）　H-O 理論與國際貿易（貿易後）

易價格 $\left(\dfrac{P_C}{P_W}\right)^W$ 的價格線嗎？為什麼？

［5.17］ 如圖 5.10（b）所示的交易條件下，貿易實現均衡了嗎？為什麼？

［5.18］ 試圖解分析比較圖 5.8 中三種情況和圖 5.9 中情況一與情況二的貿易前後的改變。

閱讀 5.1

Eli Filip Heckscher（伊·菲·赫克歇爾），1879—1952 年，瑞典政治經濟學家、經濟史學家。以「生產要素稟賦論」聞名於世，人們總是將他與 Ohlin 並舉，把他們的國際貿易理論稱之為「Heckscher-Ohlin 模型」。Heckscher 將絕大部分精力致力於經濟史研究，「生產要素稟賦論」是在他長期潛心研究各國及瑞典經濟史的過程中逐漸形成的。1931 年出版的 *Mercantilism*（《重商主義》）一書，曾被公認為 Heckscher 最重要的經濟史著作。他對經濟學的主要貢獻在於經濟理論的創新和在經濟史研究中引入定量研究方法。

Bertil Gotthard Ohlin（貝蒂爾·戈特哈德·俄林），1899—1979 年，瑞典經濟學家和政治家，以其 1933 年的經典研究 *Interregional and International Trade*（《區域貿易與國際貿易》），而被公認為現代國際貿易理論的創始人。Ohlin 的現代國際貿易理論以縝密而嚴謹的邏輯推理，深入到對「相對商品價格的差異性是建立貿易的必要條件」的分析，且創造性地將一般均衡理論的分析方法應用到貿易研究領域，對現代國際貿易理論探索和實踐發展做出了巨大的貢獻。1977 年獲得諾貝爾經濟學獎。

資料來源：

馬慈和. 赫克歇爾經濟史方面的研究成果［J］. 世界經濟，1990（5）：20-23.

本刊編輯部，現代國際貿易理論的奠基人——記 1977 年諾貝爾經濟學獎獲得者、瑞典經濟學家貝蒂爾·戈特哈德·俄林［J］. 財政監督，2016（3）：18-22.

第七節　H-O-S 定理

H-O-S 定理，又稱要素價格均等化定理（Factor Price Equalization Theorem），是美國經濟學家 Paul Anthony Samuelson（保羅·薩繆爾森）在 H-O 定理的基礎上推導得出的，其主要內容為：自由貿易不僅會使兩國商品的相對價格和絕對價格均等化，而且會使生產要素的相對價格和絕對價格均等化。由 H-O 定理可知，本國（勞動富裕型國家）在布（勞動密集型產品）的生產上具有比較優勢，外國（資本富裕型國家）在酒（資本密集型產品）的生產上具有比較優勢。在沒有國際貿易的前提下，因為本國是勞動豐裕國家，其勞動力相對便宜而資本相對貴，於是利率與工資的比率相對外國較高，即 $\left(\frac{r}{w}\right)^H > \left(\frac{r}{w}\right)^F$ 所以本國布與酒的相對價格低於外國，即 $\left(\frac{P_C}{P_W}\right)^H < \left(\frac{P_C}{P_W}\right)^F$；在開放市場條件下，本國分工生產其具有比較優勢的產品布，同時減少其具有比較劣勢的產品酒的生產，對勞動的相對需求上升，對資本的相對需求減少，在假定勞動力和資本的供給不變的前提條件下，本國資本與勞動力的相對報酬 $\left(\frac{r}{w}\right)^H$ 降低（如圖 5.11（a）所示）。

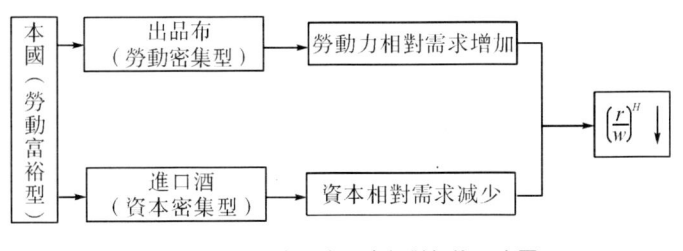

圖 5.11（a）　**貿易與要素相對價格（本國）**

而在外國所發生的一切正相反。在沒有國際貿易的條件下，因為外國是資本豐裕國家，其資本相對便宜而勞動力相對貴，於是利率與工資的比率相對本國較低，即 $\left(\frac{r}{w}\right)^H > \left(\frac{r}{w}\right)^F$，所以外國布與酒的相對價格高於本國，即 $\left(\frac{P_C}{P_W}\right)^H < \left(\frac{P_C}{P_W}\right)^F$。在開放市場條件下，外國分工生產其具有比較優勢的產品酒，同時減少其具有比較劣勢的產品布的生產，對勞動的相對需求減少，對資本的相對需求增加，在假定勞動力和資本的供給不變的前提條件下，外國資本與勞動力的相對報酬 $\left(\frac{r}{w}\right)^F$ 提高（如圖 5.11（b）所示）。

所以，貿易傾向於縮小兩國間勞動與資本相對價格之間的差距。貿易之前由於要素稟賦差異，本國資本和勞動力的相對價格要高於外國資本和勞動力的相對價格，即

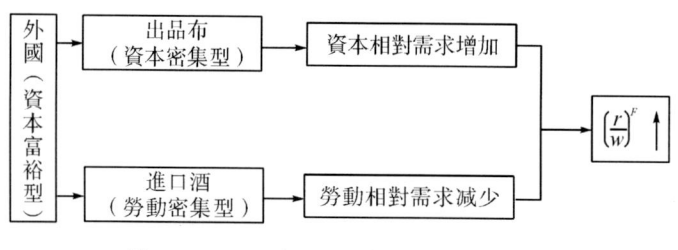

```
外國            出品布              資本相對需求增加
（資本     →  （資本密集型）  →                          ┐
  富                                                      ├→ $\left(\dfrac{r}{w}\right)^F \uparrow$
  裕           進口酒              勞動相對需求減少     ┘
  型）    →  （勞動密集型）  →
```

圖 5.11（b） 貿易與要素相對價格（外國）

$\left(\dfrac{r}{w}\right)^F < \left(\dfrac{r}{w}\right)^H$。由以上分析得知，貿易會使得本國的資本與勞動力相對價格下降，而外國的資本與勞動力相對價格提升，最終均衡相對價格為 $\left(\dfrac{r}{w}\right)^W$（$\left(\dfrac{r}{w}\right)^F < \left(\dfrac{r}{w}\right)^W < \left(\dfrac{r}{w}\right)^H$）。由於貿易使得要素相對價格均等化，由之前的假定可知，產品和要素市場完全競爭，兩國採用的生產技術相同且兩種產品的生產均規模報酬不變，所以貿易使得同質要素的絕對價格均等化。也就是說，自由貿易使得同質勞動在兩國的實際工資相等，同質資本在兩國的實際利率相等。從某種意義上講，貿易取代了國際間的要素流動。

補充 5.2：國際間要素流動

之前各章節都假定要素只能在國內自由流動，在國與國之間是不能夠自由流動的，但是，要素在國際的流動是國際貿易很重要的一部分。假定兩個國家（本國（H）和外國（F）），兩種投入要素（勞動（L）和資本（K））。國際的勞動流動可以通過勞動力國際的遷移來實現，國際的資本流動可以通過國際的投資來實現。假定本國是勞動豐裕型國家，外國是資本豐裕型國家，所以在封閉狀態下，本國的勞動力價格相對外國要更便宜，而外國的資本價格相對本國要更便宜，即 $\left(\dfrac{r}{w}\right)^H > \left(\dfrac{r}{w}\right)^F$。為了簡化分析，我們假定本國勞動力價格低於外國勞動力價格，即 $w^H < w^F$，而外國資本價格低於本國資本價格，即 $r^H > r^F$。圖 5.12（a）展示了本國和外國的勞動邊際產出曲線 MPL^H 和 MPL^F，在兩國生產同一種商品的技術水準相同的假設前提下，兩國的勞動邊際產出曲線相同。① $0^H 0^F$ 為兩國的勞動力總量，L^H 和 L^F 分別為封閉狀態時本國和外國的勞動力數量，$L^H > L^F$。當允許國際要素流動時，勞動力會由工資較低的本國流向工資較高的外國，直至兩國的工資水準相同為止，即由 MPL^H 和 MPL^F 的交點 E 決定的工資水準 w^W，此時，本國勞動力數量降低至 $L^{H,W}$，外國勞動力數量增長至 $L^{F,W}$，圖 5.12（a）中線段 $L^W L$ 代表從外國流向本國的勞動力數量。

圖 5.12（b）展示了本國和外國的資本邊際產出曲線 MPK^H 和 MPK^F，在兩國生產

---

① 勞動的邊際產出 MPL 是隨著勞動力投入的增加而先短暫增加然後減少的，此處僅考慮比較常見的邊際產出遞減的部分。

图 5.12（a） 国际间劳动力流动

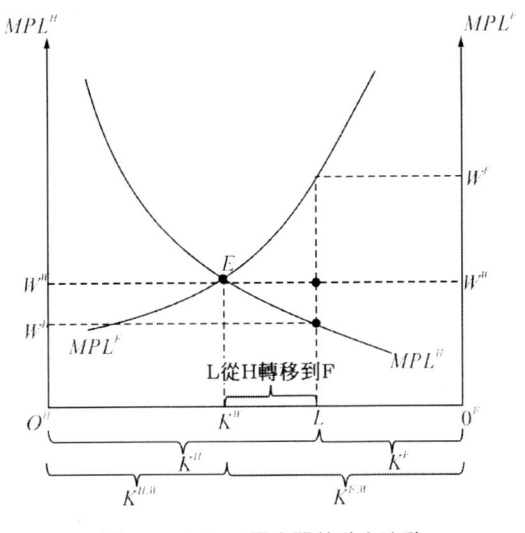

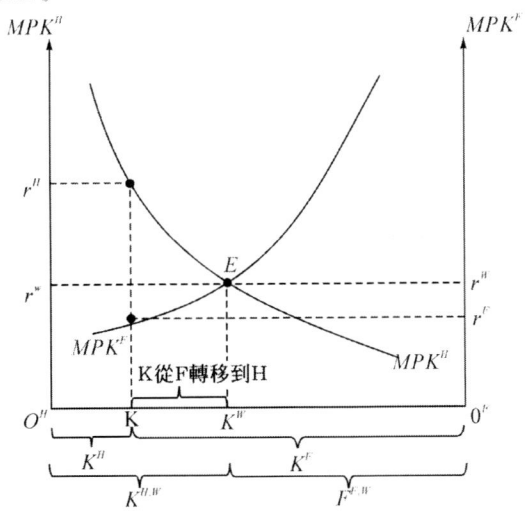

同一种商品的技术水準相同的假设前提下，两国的资本边际产出曲线相同。① $O^H O^F$ 为两国的资本总量，K^H 和 K^F 分别为封闭状态时本国和外国的资本数量，$K^H < K^F$。当允许国际要素流动时，资本会由利息率较低的外国流向利息率较高的外国，直至两国的利息率水準相同为止，即由 MPK^H 和 MPK^F 的交点 E 决定的利息率水準 r^W，此时，本国资本数量增加至 $K^{H,W}$，外国资本数量减少至 $K^{F,W}$，图 5.12（b）中线段 KK^W 代表从本国流向外国的资本数量。

图 5.12（b） 国际间资本流动

---

① 资本的边际产出 MPK 是随著资本投入的增加而先短暂增加然後减少的，此处仅考虑比较常见的边际产出递减的部分。

第八節　貿易對收入分配的影響

　　斯托帕-薩繆爾森定理闡釋了產品相對價格與要素相對收入之間的關係，由經濟學家 Wolfgang Friedrich Stolper（沃夫岡·斯托帕）和 Paul Anthony Samuelson（保羅·薩繆爾森）於 1941 年在 H-O 模型的基礎上推導得出。該定理的主要內容為：國際貿易會提高各國相對豐裕和價格便宜的要素的價格，降低各國相對稀缺和昂貴的要素的價格。或者，一國豐裕要素的所有者的收入會因國際貿易而增加，而稀缺要素所有者的收入則會因為國際貿易而減少。這很容易理解，一國相對稀缺生產要素的價格也會相對較高，而相對富裕生產要素的價格相對較低。生產成本決定了產品的售價，所以，密集使用相對稀缺生產要素進行生產的產品的相對價格也相對較高，而密集使用相對富裕生產要素進行生產的產品的相對價格相對較低。換而言之，該國在密集使用其相對豐裕生產要素進行生產的產品上具有比較優勢，而在密集使用其相對稀缺生產要素進行生產的產品上具有比較劣勢。根據比較優勢理論，該國會更多地生產並出口其具有比較優勢的產品，減少其具有比較劣勢的產品的產量而選擇從其他國家進口。在這個過程中，該國生產者對其相對豐裕生產要素的相對需求增加，而對其相對稀缺生產要素的相對需求減少，在要素供給不變的假定前提下，該國相對豐裕生產要素的價格會上升，而相對稀缺生產要素的價格會下降。換而言之，該國豐裕要素的所有者的收入會因國際貿易而增加，而稀缺要素所有者的收入則會因為國際貿易而減少。

思考：

　　[5.19] 試舉一個貿易改變要素收入的實例。

閱讀 5.2

　　Paul Anthony Samuelson（保羅·薩繆爾森），1915—2009 年，美國經濟學家。1935 年畢業於芝加哥大學，獲得學士學位，隨後獲得哈佛大學的碩士學位和博士學位，並一直在麻省理工學院任經濟學教授，他發展了數理和動態經濟理論，將經濟科學提高到新的水準。1970 年，他因對經濟學理論的卓越貢獻而獲得諾貝爾經濟學獎，是世界第二位、美國第一位獲得諾貝爾經濟學獎的經濟學家。

　　於 1946 年出版的《經濟分析基礎》（Foundations of Zconomic Analysis）是 Samuelson 的代表作。他的經典著作《經濟學》（Zconomics）於 1948 年首次出版。以四十多種語言在全球銷售超過四百萬冊，成為全世界最暢銷的經濟學教科書。

　　資料來源：

　　未署名. 保羅·薩繆爾森 [J]. 社會福利（理論版），2016（12）：2.

　　未署名. 緬懷經濟學泰門薩繆爾森 [J]. 國際經貿探索，2009（12）：87.

閱讀 5.3

　　生產要素價格均等化定理指出：如果各國都以各自的要素稟賦差異為基礎進行產業調整和貿易，其結果將是貿易前相對豐富的要素價格上漲，相對稀少的要素價格下降，

從而逐步達到要素價格比率的國際均等化。通過自由貿易，如果一價定律成立，即按外匯匯率換算的兩國商品的價格是一致的，則兩國生產要素的價格也應該是一致的。但事實恰恰相反，表現最明顯的是勞動力價格差異。自近代國際貿易開始以來，國際間貧富差距不但沒有縮小，反而繼續擴大。在改革開放以後，中國產品出口特別是勞動密集型產品出口增長迅速，與此同時，勞動報酬占比下降、資本報酬占比提高。李稻葵等（2009）認為中國的勞動收入比重從1995年就開始了持續而漫長的下降過程。

造成理論與事實嚴重脫節的原因在於這個理論的一些假設與事實不符以及分析中的缺陷。首先，忽略了靜態均衡的分析方法與動態非均衡的現實世界間的矛盾。其次，否認了勞動力的差異。再次，否認了一國國內的勞動力價格差異。最後，否認了各國間的收入差異。要素價格均等化定理的實質不過是論述了供求關係變化對要素價格的影響。現實生活中這一影響確實存在，但其作用相對於被其省略未考慮的一些其他因素而言是微不足道的。

資料來源：

徐聖，黃先海. 中國背離斯托爾珀-繆爾森定理的解釋——基於要素偏向型技術進步的視角［J］. 經濟與管理研究，2017（11）：39-49.

江建軍. 對斯托爾珀-薩繆爾森定理的質疑［J］. 經濟學家，1997（3）：5.

梁東黎. 斯托爾帕-薩繆爾森定理再研究［J］. 東南大學學報（哲學社會科學版），2014（5）：15-24，134.

第九節　里昂惕夫悖論及其解釋

一、里昂惕夫悖論

H-O理論主張各國應該出口密集使用其相對充裕要素的產品，進口密集使用其相對稀缺要素的產品。如果H-O理論正確，則美國作為資本豐裕型國家應該出口資本密集型產品，進口勞動密集型產品。這意味著：美國出口行業的資本勞動比率 $(K/L)_X$ 應該大於進口行業的資本勞動比率 $(K/L)_M$，即：$\frac{(K/L)_X}{(K/L)_M} > 1$。美國經濟學家諾貝爾經濟學獲得者Wassily Leontif（華西里·里昂惕夫）於1953年利用美國1947年的數據對H-O理論進行經驗檢驗，發現美國進口替代品的資本密集程度比美國出口商品資本密集程度高出約30%，美國出口量最大的是農產品等勞動密集型產品，進口量最大的卻是汽車、鋼鐵等資本密集型產品，這與H-O理論相悖，所以人們習慣上稱之為里昂惕夫悖論或者里昂惕夫之謎。之後，更多經濟學家對H-O理論進行了檢驗，結論不一。表5.1總結了幾個比較有代表性的發現。

表5.1　　　　　　　　對H-O理論的實踐檢驗及發現

年份	代表人物	主要結論
1971	Robert Baldwin	用與Leontief類似的方法檢驗1962年的貿易數據，發現美國進口資本密集型商品比出口密集型商品高出27%。

表5.1(續)

年份	代表人物	主要結論
1980	Edward Leamer	對Leontief的方法加以改進,並檢驗Baldwin使用的1962年的貿易數據,發現悖論在美國依然成立。
1999	Elhanan Helpman	證實悖論在美國存在,但是對一些非美國貿易數據的研究結果是與H-O定理一致的。
2005	Kwork & Yu	採用新方法研究美國貿易數據,發現悖論現象有所減弱,但在其他發達國家發現了悖論的存在。

二、對里昂惕夫悖論的解釋

(一) 里昂惕夫悖論的理論基礎解釋

Leamer(1980)、Casas & Choi(1985)和Aw(1983)等認為,里昂惕夫推論的理論基礎是錯的。Leamer在1980年的文章中嚴格地證明,在一個多商品的世界中,比較生產和消費中的相對資本密集度,才是確定一國資本相對於勞動而言是否豐裕的正確方法;而里昂惕夫的方法,即通過比較出口商品和進口商品的相對資本密集度只是在簡單的兩商品世界才適用。

另外,里昂惕夫使用的是兩要素(資本和勞動)模型,忽略了其他要素,如自然資源(土地、礦藏、森林等)的影響。一種商品如果是自然資源密集型的,在兩要素模型中將其劃分為資本或勞動密集型,顯然是欠妥的。Diab(1956)將美國貿易商品分為兩類:加工製造品和初級產品。他在研究中發現:第一,美國進口品中初級產品占比約65%,而出口品中初級產品僅占15%;第二,美國生產的初級產品的資本勞動比$\left(\dfrac{K}{L}\right)$,大於製造品的資本勞動比。Diab認為美國進口資本密集程度較高的商品是美國自然資源稀缺的體現。Vanek(1963)認為在生產過程中,自然資源和資本是互補的,美國進口品資本密集程度較高的原因在於自然資源,一種在美國稀缺的生產要素,只有同大量資本結合才能在生產中發揮效率。

(二) 里昂惕夫悖論的人力資本解釋

Kenen(1965)和Keesing(1966)等認為產生里昂惕夫悖論的一個重要原因是里昂惕夫所定義的資本僅僅包含機器、設備、廠房等物質資本,而未將人類本身考慮在內。人力資本是體現在人身上的可以創造經濟價值的知識和技能的存量(Goldin, 2016)。Schuliz(1962)和Becker(1965)發現美國每年在培訓工人方面投資相當大,而且這些投資已經超過了物質資本投資的增長。Kenen(1965)認為美國勞動比外國勞動含有更多的人力資本,如果把人力資本這一部分加到實物資本上,則美國出口品的資本密集度高於進口替代品。

(三) 里昂惕夫悖論的科學研究解釋

科學研究和技術進步帶來的「知識」資本提高了等量投入要素的產出水準。

Keesing（1966）指出，對於相當多的製造工業而言，國際貿易是基於各國技能禀賦差異進行的。他認為里昂惕夫關於 1947 年美國貿易數據研究的發現與其說是一個悖論，倒不如說美國在技術水準上具有比較優勢，出口高技能密集型產品。為了驗證此說法，Keesing 運用 1960 年美國的技術系數表，對 14 個國家的 46 個產業在 1962 年的進出口進行實證分析，結果發現美國出口產品的技術密集程度遠遠高於其他國家，美國在高技術產品具有比較優勢，美國貿易模式符合 H-O 理論。

（四）里昂惕夫悖論的要素密集度顛倒解釋

要素密集度顛倒指一種商品在勞動豐裕的國家是勞動密集型產品，在資本豐裕的國家是資本密集型產品。一旦要素密集度顛倒發生，則要素均等化定理將不再成立，因此，H-O 理論也不再成立。

（五）里昂惕夫悖論的關稅政策解釋

對進口品徵收進口關稅可以減少進口，刺激國內進口替代品的生產。Travis 在 1964 年和 1972 年的研究中發現，美國受貿易保護最嚴密的產業就是勞動密集型產業，對勞動密集型產品徵收進口關稅是保護國內相關產業的有效方式，這不可避免地影響了美國的貿易模式，降低了美國勞動密集型產品的進口。

（六）里昂惕夫悖論的動態解釋

H-O 理論是從靜態角度考慮問題的，一些經濟學家（Posner, 1961；Vernon, 1966）認為一些動態因素對國際貿易模式有重要影響，如技術創新。Posner 在 1961 年提出技術差距理論，該理論認為美國作為科技最發達的國家，出口大量的高新技術產品。但是，當外國模仿者獲得新技術後，就憑藉其較低的勞動成本最終占領國外市場，甚至美國市場。Vernon 進一步發展了 Posner 的理論，於 1966 年提出生命週期理論。該理論將一般產品的生命週期分為新產品、成熟品和標準品三個階段，認為產品在不同階段的資本勞動比是不同的。美國出口的產品是處於新產品階段，生產過程比較依賴熟練勞動的投入，而當美國進口該種產品時，該產品已發展至標準化階段，生產過程更加依賴資本。

另外，還有一些關於里昂惕夫悖論的解釋弱化了比較優勢在貿易中的重要性。Linder Hypothesis 認為需求是促進貿易的更為關鍵的因素，具有相似需求的國家之間更容易產生貿易。比如，美國和德國同為發達國家，對汽車的需求量都很大，所以兩國都有龐大的汽車產業。然而，美國和德國並沒有為了獲取比較優勢而壟斷汽車行業，而是兩國互相貿易不同品牌的汽車（Linder, 1961）。

儘管學者們對里昂惕夫悖論進行了多維度的解釋，但是實證研究發現，國際貿易中各國貿易模式並非完全遵從 H-O 理論的描述。而且，關於里昂惕夫悖論的各種解釋也並非完美沒有漏洞的。

思考：

[5.20] 應該如何正確看待 H-O 模型及其結論？應該如何正確看待里昂惕夫悖論？

第六章 規模經濟、不完全競爭與國際貿易

從重商主義，到絕對優勢論和比較優勢論，到標準貿易模型，再到要素稟賦論，這些貿易模型和理論都對國際貿易的產生及發展做出了相應的闡釋，其思想和邏輯得到了大眾及學術界的普遍認可，每一個新理論新模型的提出都得益於前人的貢獻，也修正了前人的不足，但這並不意味著真實的貿易已經被完美解讀。因為這些理論和模型有自己嚴格的假設前提，脫離了由這些假設前提所構造的「理想」世界，他們的推論並不一定成立。然而，真實的世界總是更加錯綜複雜，要想真正瞭解真實的情況，必須逐一放鬆這些假設條件，直至呈現出最真實的狀況。

以要素稟賦論為例，其假設條件有12條之多（第五章），以至於無法很好地解釋里昂惕夫之謎中發現的一些真實的貿易現象。本章，我們嘗試放鬆其中的一些假設，觀察分析國際貿易會受到怎樣的影響，發生怎樣的變化。

第一節 規模經濟與貿易

一、規模報酬與規模經濟

規模報酬用來衡量在其他條件不變的情況下，各種生產要素按相同比例變化時所帶來的產量的變化情況。在之前的章節中，我們假定生產規模報酬不變。在現實生產中，還存在著另外的可能，比如，規模報酬遞增和規模報酬遞減。假設有兩種投入要素——勞動力（L）和資本（K），產出為Q，生產函數用 $Q = f(K, L)$ 表示。當兩種投入要素同時增加為原來的 λ 倍時，產出變為原來的 λ^α 倍（$\lambda > 1$, $\alpha > 0$），即 $\lambda^\alpha Q = f(\lambda K, \lambda L)$。產出變化隨著 α 的取值不同有三種情況：（1）當 $\alpha = 1$ 時，$\lambda^\alpha = \lambda$，即產出增加為原來的 λ 倍，規模報酬不變；（2）當 $\alpha > 1$ 時，$\lambda^\alpha > \lambda$，即產出多於原來的 λ 倍，即規模報酬遞增；（3）當 $0 < \alpha < 1$ 時，$\lambda^\alpha < \lambda$，即產出不足原來的 λ 倍，即規模報酬遞減。其中，規模報酬遞增的情況即為規模經濟。而規模報酬遞減的情況為規模不經濟。規模經濟指在產出的某一範圍內，當總的產出擴張時，平均生產成本在降低。這一概念由克魯格曼於1979年提出。

二、規模經濟與生產可能性邊界

如如圖6.1所示，在規模經濟條件下，生產可能性邊界為凸向原點的曲線。隨著

布產量的增加（從 A 點到 B 點到 C 點），布的生產規模越來越大，所以單位布的生產成本逐漸減少，也即需要犧牲掉的酒的產量越來越少（$W_A - W_B > W_B - W_C$），邊際轉換率遞減（$MRT_{C,W}^A > MRT_{C,W}^B > MRT_{C,W}^C$）。

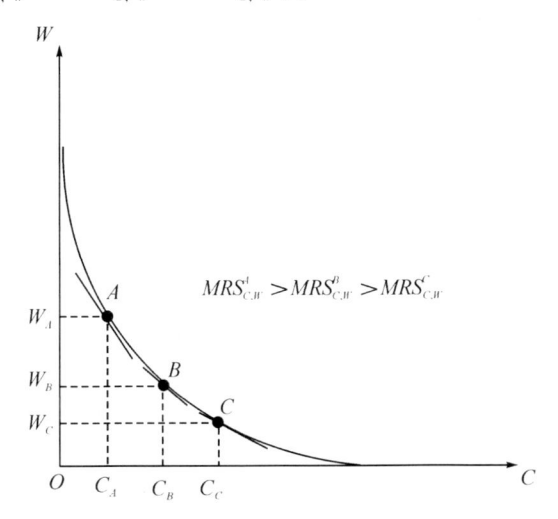

圖 6.1　規模經濟條件下的生產可能性邊界及邊際替代率

三、規模經濟和外部經濟

規模經濟或者規模報酬遞增與外部經濟不同。規模經濟或者規模報酬遞增是指由於企業內部生產規模擴大導致了平均生產成本降低，屬於企業內部範疇，所以也叫內部規模經濟。而外部經濟指由於行業規模擴大導致其中每個企業的平均生產成本均降低，屬於企業外部範疇，所以也成為外部規模經濟。外部規模經濟與企業集中所促進的基礎設施及配套服務的完善、專業化供應商隊伍的形成、知識外溢、技術擴散、勞動力市場共享等因素有關。

閱讀 6.1

經典的國際分工理論多以規模報酬遞減作為基礎假設條件，使很多人忽略了規模報酬遞增在國際分工形成、發展方面越來越重要的作用。另外，人們對大型企業形成壟斷的恐懼，使人們對以規模經濟為基礎的、規模巨大的企業產生了敵意。同時，企業生產適度規模在短期內具有一定的相對不變性，企業生產規模調節與調節時間成正比，使追求短期利益的功利主義者對具有長期利益追求特徵的規模經濟和以規模經濟為基礎的國際分工、國際貿易不抱熱心。

然而，規模化已經成為現在經濟發展的重要方向之一。第一，技術的進步一直在推動著專用設備效率的提高，這提高了各種產品的年適度規模產量。例如，汽車生產企業的年適度規模產量已經由幾千、幾萬輛上升到了幾十萬、幾百萬輛；火力發電企業的年適度發電量已經由幾萬千瓦每小時上升到了幾千萬、幾億千瓦每小時……這一

切說明,技術進步不停止,規模經濟的長期發展就無止境。第二,現代企業的規模越來越大,以至於典型的世界標準的大企業都以百億、千億美元作為自己資本的計量單位,在國際貿易中,這種企業大型化主要表現為大型跨國公司在國際貿易總量、國際投資總量、國際企業管理水準、國際市場競爭水準等方面扮演的絕對重要的角色。第三,現在的市場競爭要素的培養、開發所需投資越來越大,一個世界馳名商標的培育常常需要企業銷售額的10%左右的投資;一個世界性、換代性、本質性新產品的開發常常需要幾百萬、幾千萬、幾億美元的風險投入,這些都極大地推動了企業的大型化發展。第四,在競爭越來越激烈的市場中,信息、管理分享經濟和大型企業多角化抗衝擊能力,已成為人們追求的重要目標,以至於企業規模化的市場穩定特徵成了企業規模經濟化的一個重要方面。

資料來源:寶貢敏,丕禪. 規模經濟下的國際分工與國際貿易 [J]. 國際貿易,1996(3):17-18.

四、規模經濟、貿易模式和貿易所得

假設兩個國家(本國(H)和外國(F)),兩種產品(布(C)和酒(W))。本國和外國的生產和消費完全一樣,即兩國有相同的生產可能性邊界和相同的社會無差異曲線。圖6.2(a)和6.2(b)分別展示了本國和外國的情況。封閉狀態下,本國和外國分別在組合點 A^H 和 A^F 處生產並消費,各自國內的均衡相對價格為 $\left(\frac{P_C}{P_W}\right)^H$ 和 $\left(\frac{P_C}{P_W}\right)^F$,各自實現效用水準 U_1^H 和 U_1^F,且 $\left(\frac{P_C}{P_W}\right)^H = \left(\frac{P_C}{P_W}\right)^F$,$U_1^H = U_1^F$。

由於存在規模經濟,對於兩個國家來說,專注於生產一種產品(即盡量最大化一種產品的規模)比同時生產兩種產品(從而任何一種產品的規模都有繼續擴大的空間)要更經濟。假定本國專門化生產布(布的最大化產量為 $MaxC^H$)而外國專門化生產酒(酒的最大化產量為 $MaxW^F$),則本國和外國的新生產組合點分別為 B^H 和 B^F。此時,若要同時消費兩種產品,兩國必須進行國際貿易。我們知道在封閉狀態下,兩國國內兩種產品的相對交易價格是一致的,即 $\left(\frac{P_C}{P_W}\right)^H = \left(\frac{P_C}{P_W}\right)^F$。根據之前學習的有關交易價格的知識,我們推得布和酒的相對交易價格應與本國及外國國內相對價格一致,$\left(\frac{P_C}{P_W}\right)^W = \left(\frac{P_C}{P_W}\right)^H = \left(\frac{P_C}{P_W}\right)^F$。貿易後,本國和外國的消費組合點分別為 C^H 和 C^F。本國出口布進口酒,外國出口酒進口布。本國的效用水準由 U_1^H 提高至 U_2^H,外國的效用水準由 U_1^F 提高至 U_2^F。兩國的福利水準都因國際貿易而改善了。

需要特別指出的是:第一,專業化生產模式的形成可能是由歷史原因造成的;第二,在規模經濟條件下,互利貿易並不要求參與貿易的兩國在各方面完全一致;第三,若規模經濟在很大的產出水準上仍然存在,則有可能導致完全壟斷或者寡頭壟斷。

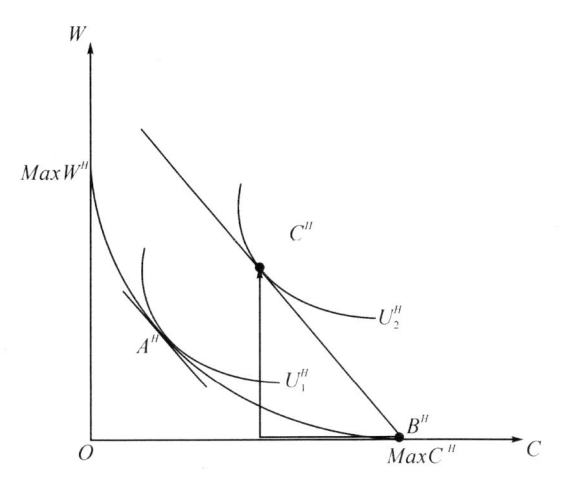

圖 6.2（a） 規模經濟與貿易（本國）

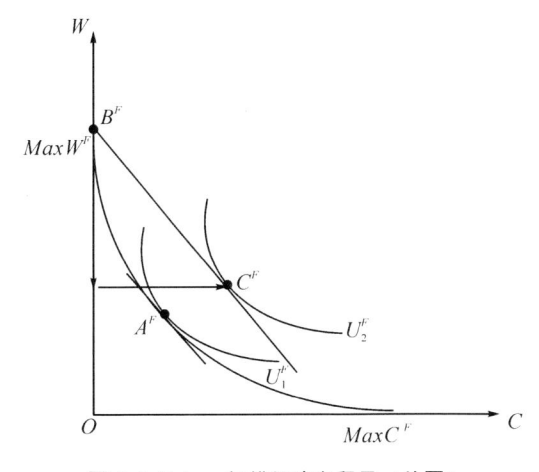

圖 6.2（b） 規模經濟與貿易（外國）

思考：

[6.1] 依據絕對優勢理論、相對優勢理論、標準貿易模型和要素稟賦論，如圖 6.2（a）和圖 6.2（b）中本國與外國分別是否有進行貿易的可能？為什麼？

[6.2] 試想一下，在真實世界中，本國和外國有可能發生國際貿易嗎［如圖 6.2（a）和圖 6.2（b）所示］？為什麼？

[6.3] 試畫圖分析本國專門化生產酒而外國專門化生產布的情況。

[6.4] 為什麼布和酒的相對交易價格與本國和外國國內的相對交易價格一致 $\left[\left(\dfrac{P_C}{P_W}\right)^W = \left(\dfrac{P_C}{P_W}\right)^H = \left(\dfrac{P_C}{P_W}\right)^F\right]$？除此之外，還有別的可行的相對交易價格嗎？為什麼？

[6.5] 如圖 6.2（a）和 6.2（b）中所示貿易是均衡的嗎？為什麼？

補充 6.1：關於外部及內部規模經濟的實例

假定某國的電腦行業最初有 10 家電腦公司，每個公司最初生產 100 臺電腦，所以整個行業的電腦生產量為 1,000 臺。現在假定該國的電腦行業擴張為原來的兩倍，即有 20 家電腦公司，每家公司仍然生產 100 臺電腦，所以整個行業的電腦生產量為 2,000 臺。如果每家公司的電腦生產成本由於行業規模的擴大而降低了，則存在外部規模經濟。換而言之，雖然每家電腦公司的規模不變，但其生產效率因為行業規模的擴大而提高了。

再假定行業產出固定在 1,000 臺電腦不變，但是電腦公司的數量減少為原來的一半，即 5 家電腦公司，也就是說現在每家電腦公司的產量是 200 臺電腦。如果電腦的生產成本下降了，則存在內部規模經濟。換而言之，電腦公司的生產效率隨著其規模的擴大而提高了。

外部規模經濟和內部規模經濟對於行業結構有不同的影響。外部規模經濟的行業裡存在很多小公司，而且市場是完全競爭的。相反的，內部規模經濟行業裡的大公司相對於小公司來講享有成本優勢，這導致了不完全市場競爭。

資料來源：Krugman, P. R., Obstfeld, M. International Economics Theory and Policy：International Trade ［M］. Beijing：Pearson Education Asia LTD And Qinghua University Press，2011：116-117.

第二節　不完全競爭與國際貿易

一、不完全競爭

不完全競爭有兩個主要特徵：（1）同行業中只有少數不多的幾家主要廠商；（2）各廠商的產品是不同質的。所以，每個廠商都把自己視為價格的決定者。

在國際市場上初級產品基本上是同質的（如，鐵礦石），但是，大多數製造產品都是差異產品（如，汽車）。消費者把差異產品視為不同的產品，差異產品間不能完全替代，比如，越野車與小轎車。大量差異產品的存在是行業內貿易或產業內貿易出現的重要原因，比如，美國既向日本出口汽車，又從日本進口汽車。簡單地理解，產業內貿易即同一行業的不同商品間的國際貿易。

閱讀 6.2

當代國際貿易中有相當大的比例是在不完全競爭市場上實現的，以完全競爭為假設前提的傳統國際貿易理論面對世界貿易的這種新格局解釋乏力。如果繼續採用完全競爭的假設，我們就不能正確地理解當代諸多貿易事件及貿易政策，就會喪失獲得貿易利益的一個重要渠道。

引發不完全競爭貿易的重要因素有：第一，規模經濟。在完全競爭市場上，存在

著眾多規模較小的企業，其相對市場份額均很小，不足以左右市場價格和形成壟斷。然而，當企業具有相當的經營規模時，完全競爭就被打破了。因為只有大公司才享有大規模生產的經濟效益，一家或幾家大公司隨即壟斷生產，規模經濟便自然而然生成了不完全競爭的因素。事實表明，一國往往傾向於出口那些在規模經濟下從事生產的大企業的產品。第二，進入壁壘。例如，對難以替代的關鍵性生產要素（如知識投入、技術專利、特定的自然資源、特殊的管理和銷售技能等）的佔有壟斷會構成市場進入的障礙，拒新企業於市場大門之外。政府出於國家戰略利益考慮而有意識地利用關稅、配額等進行人為干預、封閉市場，也會造成不完全競爭貿易的局面。第三，產品差異。在同類商品或服務中別具一格，以此吸引消費者並占領市場，這是企業生產經營中常用的一種非價格競爭手段。當運輸成本存在時，這種差異是地理性的；當人們偏好不同時，這種差異體現在產品自身的質量、功能、式樣等物理特性上，或表現在廣告、促銷產生的產品商標、品牌等心理形象上。第四，產銷集中。這是市場結構中最為明顯和突出的因素，它反應著市場壟斷的存在與否和高低程度。當生產、銷售和貿易集中在少數大公司手中時，往往就形成寡頭壟斷局面。當一國企業為出口進行聯合，組成卡特爾或企業集團，並受到政府的鼓勵和扶持時，就更是如此了。

資料來源：夏申. 論不完全競爭條件下的國際貿易［J］. 世界經濟，1993（12）：7－14.

二、產業內貿易指數

產業內貿易指數（IIT）用來衡量一國產業內貿易程度，其計算公式為：

$$IIT = 1 - \frac{|X - M|}{X + M} \tag{6.1}$$

其中，X 和 M 分別代表該國某一產業的出口值和進口值，分子中的兩豎線代表絕對值。產業內貿易指數的取值範圍為 0 到 1。當產業內貿易指數為 0 時，該產業僅進口或者僅出口產品，也即沒有產業內貿易。反之，當產業內貿易指數為 1 時，該產業內的進口值和出口值相當，也即產業內貿易指數達到最大。

產業內貿易指數有一個缺點，即其值大小跟產業的定義範圍相關。將產業的範圍定義的越大，該國就越有可能出口其中某些差異化產品並進口另外的差異化產品。儘管如此，產業內貿易指數在比較不同產業的產業內貿易程度或者同一產業在不同時期的產業內貿易程度時，還是非常有用的。

閱讀 6.3

2013 年 9 月，習近平在訪問哈薩克斯坦時提出共建「絲綢之路經濟帶」的設想，體現了中國希望提升同歐亞國家尤其是中亞國家雙邊關係的強烈意願。中亞國家作為「絲綢之路經濟帶」的核心區，加強中國同中亞各國的經貿合作便成為建設「絲綢之路經濟帶」的首要任務。

中國和中亞的雙邊貿易額從 1992 年的 4.6 億美元上升到 2013 年的 502 億美元，年

均增長率達到25%。中國對中亞五國出口的商品涉及的種類很多，既有高檔商品和高新技術產品，也有民眾消費的普通商品。而中亞五國向中國出口的商品主要以能源、礦產品和初加工產品為主，中國同中亞五國之間的貿易顯示了明顯的產業間貿易特徵，且這種貿易結構和特徵在短期內難以改變。隨著中亞各國的經濟發展和收入水準的提高，雙邊的產業內貿易也得到了一定程度的發展。而且具有很大的發展潛力和提升空間。

表6.1　中國同中亞五國1996—2013年六大行業產業內貿易指數平均值

行業代碼	行業	各行業IIT平均值				
		哈薩克斯坦	吉爾吉斯斯坦	塔吉克斯坦	土庫曼斯坦	烏茲別克斯坦
2	非食用原材料	0.011	0.034,1	0.246,7	0.236,6	0.074,1
3	礦物燃料、潤滑油及有關原料	0.148	0.258,7	0.050,7	0.029,7	0.207,7
5	未列明的化學品和有關產品	0.675,3	0.231,1	0.017,7	0.365,2	0.444,6
6	按原料分類的製成品	0.531,3	0.085,8	0.243,1	0.068,5	0.297,3
7	機械及運輸設備	0.043,3	0.036,2	0.004,1	0.000,1	0.049,8
8	雜項製品	0.002,2	0.001,4	0.016	0.027,6	0.006,5

表6.1展示了中亞5國同中國在1996—2013年間6大行業的產業內貿易指數平均值。哈薩克斯坦在第5、6類行業同中國之間的產業內貿易水準較高，且均超過了0.5，第6類行業在近些年甚至超過了0.9，表明中國和哈薩克斯坦在該行業的貿易中產業內貿易佔據絕對主導地位；吉爾吉斯斯坦在第3、5類行業同中國之間的產業內貿易水準較高；塔吉克斯坦在第2、6類行業同中國之間的產業內貿易水準較高；土庫曼斯坦在第2、5類行業同中國之間的產業內貿易水準較高；而烏茲別克斯坦則在第3、5、6類行業同中國之間的產業內貿易水準較高，且第5類行業在近些年超過了0.9，這也是烏茲別克斯坦產業內貿易總指數較高的主要原因；此外，中國和中亞五國在第7和第8類行業的IIT指數均低於0.05，說明中國和中亞各國在機械、運輸設備以及雜項製品的產業內貿易水準較低。以上分析表明中國和中亞各國的產業內貿易分佈在不同的行業，這可能是由該地區各國經濟發展水準和要素稟賦的差異造成的。

資料來源：馮宗憲，王石，王華. 中國和中亞五國產業內貿易指數及影響因素研究[J]. 西安交通大學學報（社會科學版），2016（1）：8-16.

思考：

［6.6］試列舉一些由不完全競爭引起國際貿易的實例。

［6.7］你知道的哪些行業比較容易進行產業內貿易呢？又有哪些行業比較容易進行產業間貿易呢？

第三節　動態技術差異與國際貿易

在之前的章節介紹的模型都假定技術水準是恒定不變的，但事實上，國家之間技術水準的動態差異本身就是產生國際貿易的重要因素。技術差異模型和產品週期模型對這樣的國際貿易進行了闡釋。

一、技術差異模型

經濟學家 Michael Vivian Posner（邁克爾·薇薇安·波斯納）於 1961 年提出了技術差異模型（Technological Gap Model），指出相當一部分貿易的基礎是新的生產工藝的引進和新產品的生產。在國際市場上，由於生產出新產品或採用了新生產工藝，創新國會擁有短暫的壟斷力量。這種壟斷力量通常是通過專利和產權的授予實現的。一般而言，創新國相對於別的國家而言是資本富裕型國家，勞動力成本較高。起初，創新國會大量出口該新產品。然而，受壟斷利潤的吸引，越來越多的國家開始模仿創新國進行生產。隨著模仿國生產者對該產品生產技術的掌握，借助其廉價勞動力的優勢，最終模仿國會占領國外市場甚至是創新國市場。而創新國生產者會繼續進行創新，新產品和新生產工藝的出現帶來新的技術差異和壟斷力量，創新國再次成為這些產品的出口國。

技術差異模型的缺點是，它沒有解釋技術差異的大小，也沒有解釋技術差異產生的原因或者差異是如何隨著時間消失的。

閱讀 6.4

對企業來說，創新到底是指什麼呢？獲得專利就是創新嗎？開發新產品就是創新嗎？如果獲得的專利並不能給公司帶來收益，如果新開發的產品投入生產後發現沒有市場，那它們是不是有意義的創新呢？

謝德蓀（2012），將創新分為兩大類，一類是科學創新，包括新的科學理論、產品和科技；另一類是商業創新，指創造新價值。他在書中將前者稱為「始創新」，後者又可進一步分為「流創新」和「源創新」。流創新關注的是改善現有的價值鏈，其戰略也都放在產品上，比如，降低生產成本、增加供應鏈效益、提高產品質量、創造產品的差異化、設計產品來迎合細分市場的需求等，這些都是流創新戰略，也是企業慣用的創新戰略。但是如果市場結構保持不變，這些戰略都會導致回報遞減，且因為原有競爭壓力仍然存在，流創新給企業帶來的優勢並不能持久，所以企業還是會面臨發展停滯。而源創新戰略因其針對市場的開拓而不是產品本身，需要建立一個強大的生態系統來實現新理念的價值，這種從無到有，建立一個生態系統的過程，正是創造新價值的過程。

蘋果公司（Apple Inc.）成立於 1976 年，首先開拓了美國的個人電腦市場。但在隨後二十年間，這一市場絕大部分（超過 80%）被 IBM、康柏、惠普等佔有，蘋果只有

不到10%的市場份額。1997年，董事會邀請喬布斯重返蘋果。喬布斯上任後把首要精力放在個人電腦整合及外觀設計上，並於1998年8月推出了iMac個人電腦，一時轟動個人電腦市場。在此期間，蘋果以流創新奪回了以前在個人電腦市場失去的地位，使它能夠獲得營運利潤。

蘋果在2001年1月推出了iTunes，主要目的是支持iMac用戶方便下載應用軟件。5月，蘋果開始經營蘋果專賣店支持iMac的銷售。同時蘋果與美國幾家主要唱片公司簽訂了合約，使iTunes成為唱片公司的網上銷售渠道。同年10月，蘋果推出了iPod，以源創新來推動一個新理念：隨時隨地享受你所有喜愛的音樂及讀物。iPod的設計美觀、輕便，而且操作簡單，得到了大量消費者的喜愛；同時，iPod的巨大成功還吸引了很多生產商及服務商，不僅有唱片公司，還有出版社、音響系統生產商、消費類電子產品生產商、零售商店等，消費者與商家的正向互動產生商機，使得iPod的生態系統越做越大。

之後直到2006年，蘋果都在致力於以流創新改進iMac及iPod產品線。2007年1月，蘋果推出了iPhone，以源創新推動了另一個新理念：隨時隨地與他人以電話或信息聯絡、聽你所喜愛的音樂及讀物、玩你喜愛的游戲。為了實現這一理念的價值，蘋果整合iPod的生態系統並引進AT&T公司及游戲軟件開發商來建立這一新理念的生態系統。iPhone如同一臺手提電腦，它的操作系統是開放式的，可接納由第三方根據它的操作系統的規格而開發的游戲、軟件等。所以，iPhone的用戶越多，圍繞在其周圍的游戲、軟件開發商也會越來越多。並且，2008年蘋果推出了App Store（蘋果應用商店）提供了一個軟件開發商與消費者互動的平臺，進一步使iPhone的價值變得更高。

之後蘋果主要致力於以流創新改進他的iMac、iPod及iPhone的產品線。2010年又推出的iPad（平板電腦），以源創新推動了另一新理念：在生活中可以隨時隨地得到個人文化娛樂的享受。為了實現這一理念的價值，蘋果整合iPhone及iMac的生態系統並引進好萊塢的電影及電視製作公司、媒體公司來建立這一新理念的生態系統。

蘋果作為全球高科技企業的代表，在影響公司發展的關鍵領域率先展開突破式的創新，直接影響了公司市值和銷售收入在創新體系實施後5至15年的變化。突破性的創新體系在實施5年後，蘋果公司十年間市值增長近100倍，銷售收入增長了近20倍，品牌價值長期穩居頭把交椅。

資料來源：根據搜狐財經 http://www.sohu.com/a/143246764_499131 整理。

二、產品生命週期模型

產品生命週期模型（Product Life-Cycle Model）由美國經濟學家 Raymond Vernon（雷蒙德·費農）於1966年發表的 *International Investment and International Trade in the Product Cycle*（《產品週期中的國際投資和國際貿易》）一文中提出，是技術差異模型的延伸，與技術差異模型相比，產品生命週期模型更加普遍化。產品生命週期模型指出，新產品通常需要高技能工人來生產。當新產品生產逐漸成熟並被大眾所接受，其生產變得標準化起來，此時大規模生產技術和低技能工人也可以生產出來該產品。於是，該產品生產的比較優勢就從原本的發達國家轉移到了欠發達國家，因為欠發達國

家的勞動力相對便宜。

　　圖 6.3 詳細闡釋了產品生命週期模型。從圖中可以看出，從創新國和模仿國的角度看，一個產品的生命週期分為 5 個階段：第一階段又稱為新產品階段（時間段為 OT_1），此階段產品僅在創新國生產和消費。第二階段又稱為產品增長階段（時間段為 T_1T_2），創新國產品生產增長很快，以滿足國內外不斷增加的需求。在這個階段，外國還沒有開始此產品的生產，所以創新國在國內和出口市場上擁有該產品的壟斷權。第三節段又稱為產品成熟階段（時間段為 T_2T_3），產品生產開始標準化，創新企業發現允許國內其他企業和國外企業生產該產品是有利可圖的，於是模仿國開始生產該產品以滿足國內消費。第四階段（時間段為 T_3T_4），既然產品開始標準化生產，不再需要高技能的投入，於是模仿國開始借助其低廉的勞動成本和其他成本，以低於創新國的價格在第三國銷售產品。此時，品牌競爭讓位於價格競爭，於是創新國該產品的產量下降。最後是第五階段（時間點 T_4 之後），模仿國以低於創新國內的價格開始在創新國銷售產品，創新國該產品的生產急遽下降甚至停產。第四和第五階段通常合稱為產品下降階段。產品生命週期因技術擴散、標準化生產以及更低的國外價格而結束，創新國開始新一輪的技術創新和新產品的生產。

　　我們將 OT_1 這段時間稱為需求時滯，即新產品第一次在創新國生產與模仿國消費者第一次需要這種新產品之間的時滯；我們將 OT_2 這段時間稱為模仿時滯，即新產品第一次在創新國生產與第一次在模仿國生產之間的時滯。

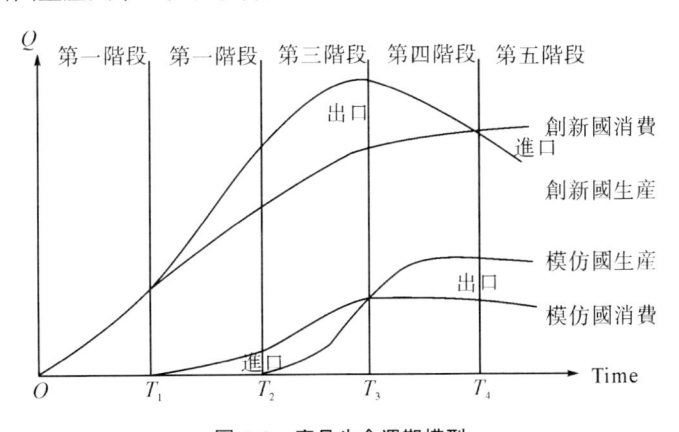

圖 6.3　產品生命週期模型

　　技術差異模型和產品生命週期模型將貿易歸因為工業化發達國家依據其相對富裕的生產要素（如高技能勞動力和高研發投入等）而發展的新技術。通過模仿和產品標準化，欠發達國家逐漸依靠其相對便宜的勞動力而獲取了產品生產的相對優勢。於是，我們可以說是國家間相對豐裕要素隨時間的改變引發了貿易。因此，技術差異模型和產品生命週期模型可以看作是 H-O 模型在技術動態變化世界裡的一個延伸，而非簡單地對 H-O 模型的替代，簡而言之，產品生命週期模型解釋了新產品和新生產工藝的動態相對優勢，而 H-O 模型解釋了靜態相對優勢。

思考：

[6.8] 試列舉一些實例來解釋技術差異與國際貿易之間的關係。

[6.9] 試列舉一些實例來解釋產品生命週期與國際貿易之間的關係。

第四節　新經濟地理理論與國際貿易

　　Paul Krugman（保羅·克魯格曼）在 Dixit & Stiglitz（1977）建立的壟斷競爭模型的基礎上，於1991年建立了新經濟地理理論的基本模型，該模型把空間地理因素納入了經濟學模型。不同於傳統貿易模型不考慮運輸成本的做法，新經濟地理模型以收益遞增和運輸成本相互作用為核心，構建了一般均衡模型，推進了此前的貿易理論，形成對國際貿易原因的新解釋。

　　傳統貿易模型忽略運輸成本的原因並不是因為成本很小，而是由於相對於傳統貿易模型考慮的大多數問題來說，運輸成本幾乎沒有分析的意義。儘管運輸成本限制了商品和要素價格的均等化，減少了貿易量，但並沒有改變傳統貿易模式的決定因素——比較優勢。在新經濟地理理論框架內，運輸成本的作用卻是不容忽視的。

　　新經濟地理理論主要研究運輸成本的存在如何影響廠商在空間的集聚或分離行為，廠商在空間中的位置選擇如何形成地區之間不同的集聚發展水準以及由此導致的貿易發生的不同方向。克魯格曼認為運輸本身有規模經濟，在兩地區模型中，如果運輸成本高，將在兩個地區都進行生產，如果運輸成本低，將在工資低的地區進行生產。具體來說，如果兩個地區之間存在著發達的運輸網絡，這意味著運輸成本可以降低，這促使生產集中在生產成本低的地區，以便實現規模經濟。

　　通過現代物流的發展，降低運輸成本和交易成本，可以促進國際貿易的產生和發展。比如，可以合理選擇運輸方式，整合市場資源，以降低運輸費用；或者可以運用信息技術，降低物流中間環節的費用與成本，以此來促進貿易。

閱讀 6.5

　　在中央鐵道部和重慶市政府的共同努力下，2011年3月19日「渝新歐」鐵路正式開通運行。「渝新歐」國際鐵路聯運大通道全長11,179千米，從中國出境後，要經過哈薩克斯坦、俄羅斯、白俄羅斯和波蘭，最後到達德國的杜伊斯堡。「渝新歐」鐵路不僅比水路運輸節省近30天，成本價格也僅為空運的1/5。

　　「一帶一路」倡議提出以來，中歐班列開行數量迅猛增長，截至2017年，「渝新歐」班列已累計開行1,130班。中國鐵路總公司統計顯示，2017年中歐班列開行數量較去年同期增加612列，增長158%，基本上每天一次班列發往歐洲。同時，重慶還在推進鐵空聯運，歐洲貨物通過「渝新歐」運抵重慶後，航空轉運至亞洲主要城市，實現運時與運價的平衡。周邊經重慶中轉出口比重已超過40%。

　　「渝新歐」線路的開通，使得中國西向開放的戰略有了便捷的安全的通道，改變了

過去中國對外開放的基本格局。搭載在中歐班列上的貨物品類日益豐富，從小商品和電子產品為主逐步豐富到紡織品、汽車及配件、機械裝備、家具等；從最初的單向營運，到現在的雙向營運，西班牙紅酒、波蘭牛奶、保加利亞玫瑰精油、德國汽車……越來越多的回程貨搭上了中歐班列國際列車，進入中國市場。

「渝新歐」開通後，重慶的進出口額呈梯度上升。尤其是在「渝新歐」開通的2011年，進出口額幾乎呈直線上升，GDP總值創造歷史新高，達到了10,011.37億元。隨著「渝新歐」回程班列的持續常態開行，重慶有望成為歐洲在整個中國貿易的分撥中心，而這些的實現都是與「渝新歐」的順利通車分不開的。「渝新歐」通道形成後，一方面為重慶成為世界筆記本電腦的重要生產加工基地奠定了基礎，另一方面，這條通道也使重慶成為中國西部的交通樞紐、物流中心和貿易中心。重慶的保稅區——西永綜合保稅區，兩路寸灘保稅港區以及2017年2月獲批設立的江津綜合保稅區——都會因「渝新歐」開通而得到大力發展。

資料來源：黎美玲. 探析渝新歐鐵路對重慶外貿經濟增長的促進作用［J］. 經貿實踐，2017（7）：50－52. 高鐵網 http://news.gaotie.cn/guoji/2017-05-14/397865.html 相關資料整理。

思考：

［6.10］試列舉一些實例來解釋運輸成本與生產空間集聚以及國際貿易之間的關係。

第五節　環境標準與國際貿易

環境問題一直以來都是受到廣泛重視的焦點問題，它不僅僅影響各國的經濟發展，同時也對人們的健康造成一定的影響。環境標準是為了維護生態平衡、保護人口健康以及保證環境質量，由權威部門制定和頒布的環境保護技術規範。每個國家的人群、社會以及生態等條件和水準都有所差異。所以，制定環境標準需要根據實際情況，在結合國家的科技水準、經濟實力和環境現狀的基礎上，對環境各個要素進行優化配置以形成環境保護技術規範。

環境標準會對國際貿易產生重要影響。如果沒有通過環境相關標準的認證，那麼產品將很難進入國際市場。在沒有環境標準的約束時，貿易價格並不能完全反應社會環境成本。在環境標準相對較低的國家，環境甚至成為一種要素稟賦來吸引污染企業，從而實現其在污染產品或行業中的比較優勢。環境標準能夠促使企業認識到環境元素在生產生活中的重要性，加大綠色環保產業的開發和形成，推廣環保產品，開發綠色能源，促進資源可持續發展，在一定程度上有利於貿易往來的可持續性。

經濟發展逐漸開始重視可持續性和穩定性，當今人們的消費心理和觀念不僅僅建立在以享樂和舒適為主要目的的基礎之上，更追求健康和自然，有意識地保護資源和節約資源，這在一定程度上有效減少了環境污染產品在貿易中的比重，對資源的掠奪性開發

起到了限制性作用。同時，新一代科學技術為企業帶來了新能源、新材料和新工藝，使資源消耗逐漸減少。隨著社會生產力逐漸發展，國際貿易中的資本密集型和勞動密集型產品終將被知識密集型和技術密集型產品所替代，國際貿易中的商品結構得以優化。

閱讀 6.6

隨著全球經濟的發展，世界上出現了一系列的環境問題，比如，氣候變化、臭氧層空洞、森林植被減少以及生物多樣性減少等。為此，世界各國達成了一系列的環境條約，如：蒙特利爾條約（1987），旨在緩解臭氧層變化；巴塞爾公約（1991），旨在控制污染物的跨國移動；京都議定書（1997），旨在緩解全球的氣候變化問題。為了保證環境條約的實施，政府制定了許多環境法規，並且借助於貿易政策來促進環境法規的實施。

傳統的經濟學家提出，環境法規的實施不利於自由貿易的發展和經濟增長。Panayotou（1999）指出，許多國家制定環境法規的目的並不是保護環境，而是進行貿易保護；Frankel（2003）指出，環境法規不但不會提高環境質量，而且還會造成貿易額和國民收入的低速增長。Kalt（1988）研究發現，從20世紀60年代末到70年代末，美國污染密集型產業的國際競爭力隨著環境標準的不斷提高而逐步喪失。Robinson（1988）發現環球資本每增加1%，就會使美國的貿易均衡值減少65億美元。他還檢驗了環境法規對美國污染產業國際競爭力產生的影響，指出環境法規降低了美國污染密集型產業中製造業的比較優勢，從而導致貿易模式的轉變——進口污染密集型的商品。

環境法規對國際貿易影響還體現在外商直接投資的轉移，這涉及兩個問題：鬆弛環境法規的國家能否吸引更多的外商直接投資；發展中國家是否會成為發達國家的「污染避難所」。學者們做了很多的實證研究，只有很少的證據支持「污染避難所」假說。同時也很少有證據證明，發達國家進行對外投資的動機是為了逃避嚴厲的環境法規。

環境保護主義者認為，貿易自由化帶來了商品的生產、消費和運輸的擴張，同時也引起了環境的進一步惡化。Dua和Esty（1997）指出，伴隨著全球貿易的自由化，各國會降低自己的環境標準以維持或增強競爭力，出現環境標準「向底線賽跑」的現象，進一步發生生態傾銷。Frankel（2003）指出，在開放經濟中，如果國內嚴厲的環境法規使企業的銷售量、投資等減少的話，企業就會在面臨國外競爭時失去競爭力。所以，國內生產者就會給政府施壓，以降低環境成本負擔。Barrett（1994）指出，當環境政策規定的污染消除成本很低時，就會引起生態傾銷。

環境保護的反對者認為環保措施在控制污染方面是無效率的，阻礙了自由貿易。Subramanian（1992）提出，大部分的環境問題不是由國際貿易引起的，環境問題主要來源於市場失靈和外部性。所以他建議，解決環境問題要從生產和消費水準進行干預，從而達到環境成本內部化。

國際貿易和環境法規的實施都是為了實現社會福利的最大化，隨著貿易和環境之間衝突的發生，忽視其中的任何一方面都是不合理的。要同時考慮貿易和環境因素，而且要避免雙重標準。如果國內環境政策並沒有歧視進口商品，那麼就不能把一國嚴厲的環境法規當作非關稅壁壘。同樣，當貿易措施有利於減少全球污染時才能被允許使用。

資料來源：韓軍偉. 環境法規對國際貿易的影響：國外研究綜述［J］. 國際經貿探索，2009（3）：71-75.

思考：

［6.11］試列舉一些實例來解釋環境標準與國際貿易之間的關係。

第七章 新新貿易理論

第一節 新新貿易理論及其發展

　　國際貿易理論隨著實踐的發展依次經歷了傳統貿易理論、新貿易理論和新新貿易理論三個發展階段。21世紀初誕生的新新貿易理論突破傳統貿易理論和新貿易理論以產業貿易為對象的研究範疇，將分析變量進一步細化到企業，從微觀層面解釋了貿易的發生及影響，從而開拓了國際貿易研究的新領域。

　　新新貿易理論有兩個分支，一個是以 Marc Melitz 為代表的學者提出的異質企業貿易模型（Trade Model with Heterogeneous Firms），另一個是以 Antras 為代表的學者提出的企業內生邊界模型（Endogenous Boundary Model of Firms）。

一、新新貿易理論的異質企業貿易模型

　　研究發現，在美國只有很小一部分企業從事出口，2000年在美國開工的550萬家企業中，出口企業只占4%，而且在這些出口企業中，排名前10%的少數企業卻佔有美國出口總額的96%（Bernard et al., 2007）。與非出口企業相比，美國的出口企業有很大的不同，表現為出口企業規模都相當大、生產率較高、支付較高的工資、使用更熟練的技術工人、更具備技術密集型和資本密集型特徵。另一項針對德國企業的研究發現，德國的出口企業和非出口企業同樣存在上述差異。針對法國、哥倫比亞、墨西哥、摩洛哥、臺灣等國家和地區的企業研究得出了類似結論。這些差異，加上國際貿易的成本，都會導致企業的異質性。

　　異質企業貿易模型解釋了國際貿易中企業的差異和出口決策行為。該模型引入企業生產率差異，探討異質企業如何從事國際貿易，貿易對企業的生產率增長和福利會產生哪些影響等。

　　在同一產業內部，不同企業擁有不同的生產率非常普遍，不同企業在進入該產業時面臨不可撤銷投資的初始不確定性也各不相同。進入出口市場也是有成本的，企業在瞭解生產率狀況之後才會做出出口決策。研究結果顯示生產率較高的企業能進入出口市場，而生產率較低的企業只能繼續為本土市場生產甚至退出市場。由此，國際貿易進一步使得資源重新配置，流向生產率較高的企業。產業的總體生產率由於資源的重新配置獲得了提高，這種類型的福利是以前的貿易理論沒有解釋過的貿易利得。具體來講，一個產業部門的出口貿易將會提高工資和其他要素價格，驅使生產率水準低的企業被迫退出市場。生產率水準高的企業將能夠承擔海外行銷的固定成本並開始出口，生

產率水準居於中游的企業將繼續為本土市場生產。利益分配將有利於那些生產率較高的企業，因為這些企業既為本土市場生產也為出口市場生產。而生產率低的企業的退出，使得整個產業的生產率得到提升。

新新貿易理論的異質企業貿易模型解釋了為什麼好的企業做國際貿易，而較次的企業做國內貿易這一現象。該理論認為，自由貿易可以提高產業生產率水準和社會福利，所以在政策上應促進自由貿易而不是實行貿易保護。

二、新新貿易理論的企業內生邊界模型

在國際市場上，企業需要解決兩個問題，一個是企業的國際化決策，即是繼續做一個本土的企業還是選擇進入國際市場，這在異質企業貿易模型中有所討論；二是企業的國際化進入策略，即以何種方式進入國際市場，是選擇以出口、FDI（Foreign Direct Investment，對外直接投資）還是以外包的形式？現實世界裡，很多出口企業的貿易行為並非發生在不同企業之間，而是發生在企業內部。這主要表現為跨國公司的母公司與國外子公司之間以及國外子公司之間在產品、技術、服務方面的交易活動。據統計，20世紀70年代，跨國公司內部貿易僅占世界貿易的20%，20世紀八九十年代上升至40%，而目前世界貿易總量的近80%為跨國公司內部貿易（王海軍，2009）。2002年的世界銀行投資報告表明，企業內部貿易已經占了全球貿易總量的1/3（呂連菊和闞大學，2011）。針對企業內部貿易現象，異質性貿易理論似乎解釋乏力。為此，部分學者基於Grossman & Helpman（1991）等經濟學家提出的「內生增長理論」（Endogenous Growth Theory），將國際貿易理論和企業理論結合在一個統一框架下，從而形成新新貿易理論的另一分支——企業內生邊界模型。

企業內生邊界模型探討了企業的異質性如何影響企業邊界、內部一體化（Internal Integration Strategy）和外部一體化戰略（External Integration Strategy）的實施，同時探索了企業的組織制度形式是如何影響貿易模式的問題。

Antras於2003年對美國進（出）口行業進行了實證分析，發現公司內部進（出）口占美國進（出）口的比例很大。在Antras和Helpman於2004年的研究中發現，一般而言，具有資本和技術密集型特徵的企業往往傾向於內部一體化，相應的貿易模式更多採用母公司與子公司之間或者子公司之間的內部貿易。Buckley & Casson（1976）和Rugman（1981）認為公司在其跨國經營活動中面臨各種市場障礙，為克服障礙、實現利潤最大化，跨國公司傾向於採用企業邊界內貿易，因為企業內部貿易有助於降低市場交易成本，保持技術或管理優勢的壟斷，減少企業對外部市場環境的依賴。將各種交易不經過外部市場而在公司所屬的各企業之間進行，形成內部市場，當內部化超越了國界，跨國公司便產生了。內部化的收益主要來源於如下六個方面：（1）統一協調的經濟效益；（2）有效差別價格的經濟效益；（3）消除買方市場不確定的經濟效益；（4）消除國際市場不穩定性的經濟效益；（5）保持技術優勢的經濟效益；（6）避免各國政府干預的經濟效益。而市場內部化的成本主要是資源成本、通信成本、國家風險和管理成本等。

第二節　新新貿易理論「新」在哪兒？
——傳統貿易理論、新貿易理論及新新貿易理論之對比

傳統貿易理論可追溯到 Adam Smith 的絕對優勢貿易理論（Absolute Advantage Trade Theory），之後經 David Ricardo 的比較優勢貿易理論（Trade Theory of Comparative Advantage）和 Heckscher-Ohlin 的要素稟賦理論（H-O 理論）等發展階段，其核心思想在於用技術的絕對或相對差異來解釋國際貿易的發生以及對貿易國雙方福利的影響，進而指出國際貿易模式應該是發達國家和發展中國家的垂直貿易。從 20 世紀 80 年代開始，以 Krugman 和 Brander 為代表的學者提出了規模經濟、不完全競爭和產品差異化假說，並建立了戰略貿易理論（Krugman，1979 & 1980）和壟斷競爭貿易理論（Brander & Krugman，1983），合稱新貿易理論（New Trade Theory），其對傳統貿易理論中的規模報酬不變、完全市場競爭和同質產品等假設提出了質疑，他們認為傳統貿易理論模型無法解釋現實國際貿易中發達國家間的產業內貿易占大多數的典型化事實。新新貿易理論與兩者對比主要有以下幾個方面的不同。

一、研究的貿易現象不同

傳統的國際貿易理論研究的貿易現象是不同產品之間的貿易，即產業間貿易，如中國向日本出口小麥，日本向加拿大出口汽車等。新貿易理論研究的貿易現象則是同一產業內同類產品之間的雙向貿易，即產業內貿易，如日本向美國出口汽車，美國也向日本出口汽車等。20 世紀 60 年代以來，大概有三分之二的國際貿易是發生在資源稟賦、技術水準和偏好都比較相似或相近的國家之間，產業間貿易占國際貿易的比重不足三分之一，而傳統的國際貿易理論不能解釋這種現象。

區別於傳統貿易理論和新貿易理論將產業作為研究單位，新新貿易理論將企業作為研究單位，考慮企業異質性以解釋更多新的企業層面的貿易現象和投資現象。考慮企業間的差異對於理解國際貿易至關重要，同一產業部門內部企業之間的差異可能比不同產業部門之間的差異更加顯著。傳統的國際貿易理論不能解釋企業間外包貿易和企業內貿易，因為它們可以發生在要素稟賦不同的國家，也可以發生在要素稟賦相似或相近的國家，新貿易理論則只是合理解釋了水準型產業內貿易，對於垂直型產業內貿易的解釋力不從心，而企業間外包貿易和企業內貿易主要是發生在垂直型專業化貿易範圍內。企業間外包貿易和企業內貿易的現象與傳統貿易理論以及新貿易理論之間的偏離，客觀上促進了新新貿易理論的產生。

另外，傳統貿易理論和新貿易理論不涉及企業的邊界問題，忽視了公司內貿易的國際維度。跨國公司在全球經濟地位的重要性與日俱增，企業國際化過程中越來越複雜的一體化戰略選擇以及中間投入品貿易在全球貿易中的份額不斷上升，都使得研究國際貿易和國際投資中企業的組織形式和生產方式選擇變得非常重要。企業如何在不同國家進行價值鏈分配，是通過 FDI 在企業邊界內進口中間投入品？還是以外包形式

從獨立供貨企業手中採購中間投入品？新新貿易理論較好地將產業組織理論和契約理論的概念融入貿易模型，在企業全球化生產這一研究領域做出了重大理論突破。

二、理論假設不同

第一，與傳統貿易理論和新貿易理論的宏觀國家層面和中觀產業層面的分析相比，新新貿易理論關注的是微觀企業層面。傳統貿易理論和新貿易理論都將企業視為彼此無差異的，至少在一個國家內部，每一個產業都被視為由同質的彼此無差異的企業組成，即企業同質化（Homogeneous）假設。新新貿易理論認為這顯然與經驗現象相悖，以 Helpman、Melitz 和 Yeaple（2004）為代表的一些經濟學家通過理論與實證研究發現，只有少數企業從事 FDI 和出口，通常是那些規模較大、生產率和工資水準較高、增長較快、更多地使用技能和資本要素的企業，且這些差異在從事 FDI 和出口活動開始之前就已經存在，即產業內存在大量的異質性（Heterogeneity）。

第二，傳統貿易理論和新新貿易理論的一個重要隱含假設是完全信息，在該假設下只要存在技術的差異，或者在技術相同而要素稟賦不同的情況下，或者是有規模經濟或存在產品差異的情況下，國際貿易就會自動實現。但實際上這些僅構成國際貿易的必要條件，這些貿易理論缺乏一個更加明確的微觀機制，新新貿易理論認為這顯然也與經驗現象相悖。新新貿易理論的兩個分支皆集中研究單個企業的選擇，一個研究企業的國際進入決策，另一個研究企業的國際化方式選擇。

三、理論核心不同

傳統貿易理論一般說來有兩個核心，即比較優勢理論和要素稟賦理論。比較優勢理論的基本模型是李嘉圖模型，其主要內容是各國之間勞動生產率的不同形成的比較優勢是國際貿易產生的唯一原因；要素稟賦理論的基本模型是赫克歇爾-俄林模型，其主要內容是各國之間的資源稟賦差異是產生國際貿易的唯一原因，新貿易理論的核心是準確地強調國際經濟中被傳統貿易理論忽略的兩個特徵，即規模經濟和不完全競爭，其主要內容是相當一部分國際貿易，特別是經濟特徵相似國家之間的貿易產生的原因主要是規模經濟，而不是國與國之間的資源稟賦上存在的差異。新新貿易理論的核心主要是異質企業模型和企業內生邊界模型，這在上文已詳細闡述。

四、貿易利益的來源與貿易政策傾向不同

在傳統貿易理論中，貿易利益來源於各國按照比較優勢原則實行的國際分工和專業化生產。各國應該出口在生產上具有比較優勢的產品，進口在生產上具有比較劣勢的產品，然後進行交換，這樣不僅可以增加世界的產量，也提高了貿易雙方的福利水準，因此，傳統貿易理論的貿易政策傾向是自由貿易。在新貿易理論中，貿易利益不僅來源於比較優勢，還來源於規模經濟、產品多樣化以及不完全競爭產業的競爭程度等。同時，新貿易理論指出，雖然存在著潛在貿易利益，但不完全競爭市場也產生風險，使一國經濟有可能不僅無法利用潛在的貿易利益，而且實際上會遭受損失。當貿易使得本國以遞增規模生產的行業和高度壟斷的行業收縮，而帶來的其他利益又不足

以彌補這種收縮帶來的損失時，貿易使本國受損。因此，新貿易理論主張政府干預，在一定程度上傾向於保護貿易政策。而在新新貿易理論中，貿易利益則來源於低生產率企業收縮甚至退出市場，高生產率企業進入出口市場，從而使得資源重新配置，從低生產率企業流向生產率高的企業，產業的總體生產率由於資源的重新配置獲得了提高。如果生產率增長得足夠高，那麼一國稀缺要素的實際收入甚至也可能有所提高。貿易自由化的實施也增加了一國的進口並因此損害了國內的銷售和利潤，但高生產率企業擴大的出口銷售和利潤將遠遠大於這些損失。總體上來說，貿易提高了一國總體的福利水準。因此，新新貿易理論的貿易政策傾向是自由貿易。

第三節　新新貿易理論的價值

　　新新貿易理論開啟了國際貿易研究新領域。其貢獻主要表現在三個方面：第一，新新貿易理論是對傳統貿易理論的補充，尤其是對新貿易理論的補充。新新貿易理論在壟斷競爭模型的基礎上放鬆了企業同質的假定，從異質企業角度提出了貿易的新觀點，從而在方法上取得了突破。第二，新新貿易理論確立了新的研究視角。傳統貿易理論和新貿易理論從國家和產業層面研究貿易的產生及其影響，而新新貿易理論是從企業這個微觀層面來研究貿易的基本問題，使得國際貿易理論獲得了新的微觀基礎和新的視角。第三，新新貿易理論有可能為其他的經濟學科，特別是空間經濟學帶來新的影響。空間經濟學的基礎來自於國際貿易理論，新貿易理論通過引入區位因素，從而產生了「新經濟地理」理論，如果在新新貿易理論引入空間因素，也許將會產生「新新」經濟地理理論。

第四節　新新貿易理論的局限性

　　儘管新新貿易理論的體系正在逐漸完善，但其較為嚴格的假設前提仍然導致瞭解釋力的局限性，其今後的發展至少還需注意以下幾方面的問題：（1）無論是異質性企業理論還是內生邊界理論，都假定無摩擦的自由貿易環境，而這種假定在現實世界幾乎是不存在的，那如何將關稅和補貼等貿易壁壘和貿易政策等行為量化為企業國際化決策的影響因素呢？（2）新新貿易理論認為企業異質性決定了貿易的類型和模式，進而決定了貿易的福利分配。而如果異質性企業大量存在，則市場更可能處於壟斷競爭的狀態，那麼如何將壟斷這一普遍現實納入到模型中來解釋貿易模式的變化呢？（3）內生邊界模型強調企業組織形式對貿易模式的影響，並解釋了公司內部貿易大量存在這一現象，但是沒有闡釋企業是如何平衡企業內部貿易與外部市場交易的，企業內部貿易在減少交易成本的同時，是否又會增加其他成本，譬如管理成本？如果有，那麼如何衡量這些新的成本？（4）到目前為止，尚無一種理論將異質性企業模型和內生邊界模型結合起來，實際上，企業的組織形式與勞動生產率、技術和工人之間存在非

常普遍的聯繫，這些因素共同作用於企業的貿易模式選擇。

第五節　新新貿易理論的政策啟示

　　新新貿易理論從企業的異質性入手說明了貿易的好處，蘊涵著豐富的政策啟示：(1) 對於落後的國家和地區來講，應積極參與國際國內分工，提高對外開放水準，這有利於提高行業生產率水準，充分發揮優勝劣汰效應。因此，無論是中央政府，還是地方政府，推動出口導向和對外開放政策都非常重要，將有利於本地的經濟發展。(2) 新新貿易理論找到了一條提高生產率的新路徑，在不提高單個企業生產率水準的情況下，一國仍然可以通過貿易和開放來提高一個產業甚至全國的生產率水準。(3) 除了企業的自我選擇，企業的出口決策也同樣會受到企業所處環境的影響，比如，政策的變化會影響企業的出口決策，貿易政策可以通過激勵企業有意識地促進生產率提高而發揮積極作用。除了像出口補貼、稅收優惠等一般常用的出口促進措施外，改善基礎設施，提高信息溝通效率，促進企業集群等也都是很好的貿易政策選擇。如果存在「出口中學」(Learning by Exporting) 效應，效果會更好。如果存在出口溢出效應，非出口企業也能跟著出口企業學習如何出口。

　　但是，新新貿易理論也表明，自由貿易可能會給落後國家和地區帶來負面的衝擊和影響：(1) 市場開放可能對落後國家和地區某些產業的發展帶來不利影響。例如，一些技術含量高且對地區未來經濟發展頗為關鍵的產業，可能由於外部高效率企業的進入而衰退，所以在引進外部企業的同時，還應考慮這些企業對本地區相關產業的帶動效應。(2) 自由貿易導致了資源的重新配置，使利潤和市場份額向高生產率企業轉移，這可能導致資源過度壟斷而造成整體市場效率的損失。(3) 如果貿易僅發生在部分地區，這可能會拉大地區內部的差距，固化地區分工。例如，中國的沿海和內地，由於受區位等因素的影響，沿海企業更易獲得貿易帶來的好處，而內陸企業則更傾向於滿足國內市場，這也是地區差距形成的重要原因。

閱讀 7.1

　　將企業異質性假設引入貿易理論而發展起來的異質性企業貿易理論是近十幾年來國際貿易最為重要的理論進展。該理論針對傳統貿易理論的企業同質性基本假定無法充分解釋現實這一事實，在新貿易理論的基礎上形成的。

　　有關企業異質性的來源或者成因的研究很多，從總體看，這些研究結論大體可分成幾類：一是主要強調貿易成本在決定異質性企業分類中的作用。它基本上是在 Melitz (2003) 首創的模型的基礎上進行各方面的擴展，用以研究不同的宏觀經濟問題，主要集中強調貿易成本的生產率效應。二是關注勞動力市場與異質性企業行為的關係，認為勞動技能的差異性、各企業支付工資水準的不同以及同一企業對具有不同特徵的工人支付工資水準的不同是企業異質性的主要來源。三是認為企業異質性是長期內部知識和能力累積的結果，主要強調企業核心知識和能力累積在決定企業異質性方面的作

用。此外還有研究是從企業所具有的稟賦的差異、企業生產的產品的多樣化程度、市場對企業產品的需求和開放程度、企業的規模差異等方面闡述企業的異質性原因。

資料來源：王海軍．新新貿易理論綜述、發展與啟示［J］．經濟問題探索，2009（12）：50-54．

思考：

[7.1] 試闡述傳統貿易理論、新貿易理論和新新貿易理論的聯繫與區別。

[7.2] 試闡述傳統貿易理論、新貿易理論和新新貿易理論各自的優缺點。

[7.3] 結合實例，談談傳統貿易理論、新貿易理論和新新貿易理論的應用。

第八章　經濟增長與國際貿易

促進經濟增長的動力源總體來講有兩個：生產要素投入增多和技術進步。兩者或者獨立作用於經濟，或者同時發生。在產品生產過程中，無論是生產要素的投入還是技術的採用都不是單一的，而是各司其職共同完成生產的。以麵包生產為例，一個完整的麵包被生產出來，投入的生產要素主要有水、麵粉、糖、烤箱、電等，能夠影響麵包生產質量和數量的不僅有烘焙技術，還有烤箱設計技術和烤箱應用技術等。生產要素投入增加可以是單一的某種生產要素的增加，也可以是多種生產要素同時增加；技術進步可以發生在某一生產部門，或同時發生在多個生產部門。這些不同的變化對經濟的影響會有什麼不同呢？經濟增長與國際貿易之間有什麼聯繫呢？經濟增長必然會導致貿易規模擴大嗎？本章就來解答這些問題。

第一節　生產要素增加與經濟增長

為了簡化分析過程，我們假設一國（本章以勞動富裕型國家為例）只有兩種生產要素：勞動（L）和資本（K），兩種產品布（C）和酒（W），其中布為勞動密集型產品，酒為資本密集型產品。另外，為簡單起見，我們假定兩種產品的生產是成本遞增且規模報酬不變的。

生產要素的增加主要有以下兩種情況：一是只有一種生產要素增加。此情形有兩種可能：（1）勞動增加，資本不變，此時資本與勞動的比值變小；（2）資本增加，勞動不變，此時資本與勞動的比值變大。二是兩種生產要素同時增加。這時又有三種情況：①資本與勞動的比值不變；②資本與勞動的比值變大；③資本與勞動的比值變小，具體情況如圖8.1所示。其中，K_0 和 L_0 分別為初始狀態的資本存量和勞動力存量，K_1 和 L_1 分別為增加投入後的資本存量和勞動力存量，$\left(\frac{K}{L}\right)_0$ 和 $\left(\frac{K}{L}\right)_1$ 分別為生產要素增加前後的資本與勞動之比。下面在成本遞增條件下對各種變化情況如何影響經濟增長逐一進行分析。

```
生產要素增長
├─ K和L同時增長
│   ├─ 僅L增長，所以K/L減少 → $\left(\frac{K}{L}\right)_0 > \left(\frac{K}{L}\right)_1$
│   └─ 僅K增長，所以K/L增加 → $\left(\frac{K}{L}\right)_0 < \left(\frac{K}{L}\right)_1$
└─ K或者L同時增長
    ├─ K/L不變 → $\left(\frac{K}{L}\right)_0 = \left(\frac{K}{L}\right)_1$
    ├─ K/L增加 → $\left(\frac{K}{L}\right)_0 > \left(\frac{K}{L}\right)_1$
    └─ K/L減少 → $\left(\frac{K}{L}\right)_0 < \left(\frac{K}{L}\right)_1$
```

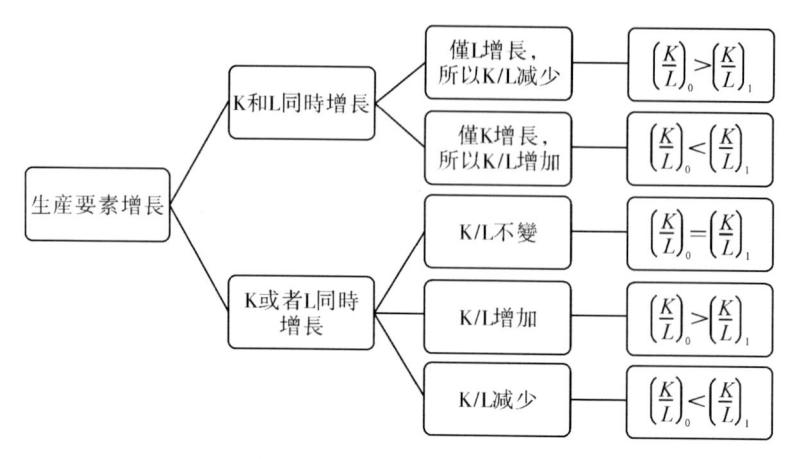

圖 8.1　要素增長的幾種情況

一、資本與勞動同時增加，且資本勞動比不變

資本與勞動同時增加，且保持資本與勞動之比不變，即 $\left(\frac{K}{L}\right)_0 = \left(\frac{K}{L}\right)_1$。假定增加後的資本和勞動分別是原有資本與勞動的兩倍，即 $K_1 = 2K_0$，$L_1 = 2L_0$。這種情形類似於「複製」了一個一模一樣的國家，將「兩個國家」合併在一起，可以得到兩倍於原有數量的產品。如圖 8.4 所示，PPF_0 為初始狀態的生產可能性邊界，此時產品布和酒的最大產量分別為 $MaxC_0$ 和 $MaxW_0$。將 PPF_0 向右（上）平移得到 PPF_1，即為生產要素投入增加後新的生產可能性邊界。此時布和酒的最大產量分別為 $MaxC_1$ 和 $MaxW_1$，且 $MaxC_1 = 2 MaxC_0$，$MaxW_1 = 2 MaxW_0$。另外，假定 $\left(\frac{P_C}{P_W}\right)_0$ 為產品布和酒的初始相對價格，C_0 和 W_0 為與此價格相對應的產品生產組合。由於「複製」的國家與原國家情形完全一樣，所以產品價格未受影響，即生產要素投入增加後的相對價格與初始相對價格相同 $\left(\frac{P_C}{P_W}\right)_1 = \left(\frac{P_C}{P_W}\right)_0$。$C_1$ 和 W_1 為新的產品生產組合。根據以上分析，我們可以推知 $C_1 = 2 C_0$ 和 $W_1 = 2 W_0$。

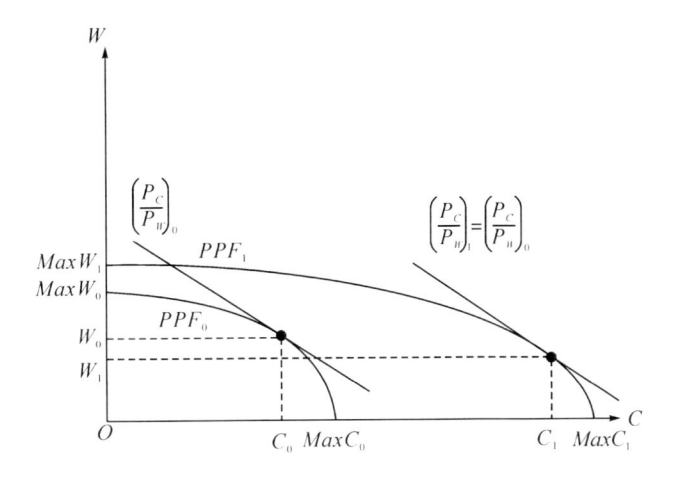

图 8.2　K 和 L 同时增长且 K/L 保持不变时的生产改变

思考：

[8.1] 如果上述要素增长情况发生在资本富裕型国家，结果会怎样？
[8.2] 如果生产要素投入不是原来的两倍，而是 n 倍（n>2），结果会怎样？
[8.3] 如果成本不变或者成本递减，则上述要素增长情况会怎样影响生产？

二、资本增加，劳动力不变

资本增加而劳动力保持不变，所以资本劳动比变大，即 $\left(\frac{K}{L}\right)_0 < \left(\frac{K}{L}\right)_1$。如图 8.3 所示，$PPF_0$ 为初始状态的生产可能性边界，此时产品布和酒的最大产量分别为 $MaxC_0$ 和 $MaxW_0$。已知酒为资本密集型产品，可用资本的增加有利于产品酒的生产，所以当该国专业化生产酒时，酒的产量有明显提高，$MaxW_1 > MaxW_0$。而布为劳动密集型产品，对资本的需求相对较少，即便可用资本有显著增加，囿限于产品自身特点，其最大产量仅有少量增加（从 $MaxC_0$ 到 $MaxC_1$），无法像产品酒一样有大幅度提高。另外，假定 $\left(\frac{P_C}{P_W}\right)_0$ 为产品布和酒的初始相对价格，C_0 和 W_0 为与此价格相对应的产品生产组合。理论上来讲，资本劳动比的增加将导致资本与劳动力相对价格的降低，即 $\left(\frac{r}{w}\right)_0 > \left(\frac{r}{w}\right)_1$，由此会带来成品相对价格 $\left(\frac{P_C}{P_W}\right)$ 的改变。由于这种情况非常复杂，为避免过于复杂的分析给大家带来更多理解上的困扰，我们仅分析最简单的情况，要素相对价格和产品相对价格保持不变，即 $\left(\frac{r}{w}\right)_0 = \left(\frac{r}{w}\right)_1$，$\left(\frac{P_C}{P_W}\right)_1 = \left(\frac{P_C}{P_W}\right)_0$。$C_1$ 和 W_1 为新的产品生产组合。我们发现资本密集型产品酒的产量有所增加，而劳动密集型产品布的产量有所减少，即 $C_1 < C_0$，$W_1 > W_0$。为什么会产生这样的结果呢？假设资本的增量为

ΔK，那麼調整後的可用生產要素數量分別為 $K_1 = K_0 + \Delta K$，$L_1 = L_0$。我們知道增加的資本會被優先分配到資本密集型產品的生產中去（即酒產品），然而酒產品的生產需要資本與勞動的配合，那麼與 ΔK 相配合的勞動力來自哪裡呢？只能靠犧牲掉部分勞動密集型產品布的產量來實現，假設產品布的產量減少量為 ΔC，相應分別釋放出資本 ΔK_C 和勞動 ΔL_C，由於布為勞動密集型產品，所以 $\Delta K_C < \Delta L_C$。由布產品生產釋放出的資本和勞動為產品酒所用，所以酒的產量增加 ΔW。改變後新的產量組合為 $C_1 = C_0 - \Delta C$，$W_1 = W_0 + \Delta W$。

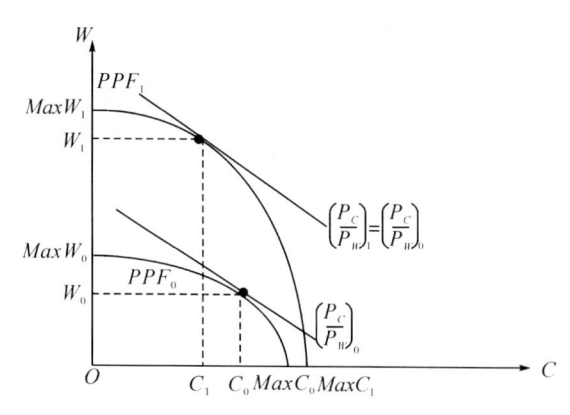

圖 8.3　K 增長，L 保持不變，K/L 增加時的生產改變

思考：

[8.4] 如果上述要素增長情況發生在資本富裕型國家，結果會怎樣？

[8.5] 如果成本不變或者成本遞減，則上述要素增長情況會怎樣影響生產？

[8.6] 為什麼可用勞動力不變，勞動密集型產品布的最大化產量也會小幅度增加，即 $MaxC_0 < MaxC_1$？

三、勞動力增加，資本不變

勞動力增加而資本保持不變，所以資本勞動比變大，即 $\left(\frac{K}{L}\right)_0 > \left(\frac{K}{L}\right)_1$。如圖 8.2 所示，$PPF_0$ 為初始狀態的生產可能性邊界，此時產品布和酒的最大產量分別為 $MaxC_0$ 和 $MaxW_0$。已知布為勞動密集型產品，可用勞動力的增加有利於產品布的生產，所以當該國專業化生產布時，布的產量有明顯提高，$MaxC_1 > MaxC_0$。而酒為資本密集型產品，對勞動的需求相對較少，即便可用勞動力有顯著增加，囿限於產品自身特點，其最大產量僅有少量增加（從 $MaxW_0$ 到 $MaxW_1$），無法像產品布一樣有大幅度提高。另外，假定 $\left(\frac{P_C}{P_W}\right)_0$ 為產品布和酒的初始相對價格，C_0 和 W_0 為與此價格相對應的產品生產組合。理論上來講，資本勞動比的減少將導致資本與勞動力相對價格的提高，即 $\left(\frac{r}{w}\right)_0$

$< \left(\frac{r}{w}\right)_1$，由此會帶來成品相對價格 $\left(\frac{P_C}{P_W}\right)_0$ 的改變。由於這種情況非常複雜，為避免過於複雜的分析給大家帶來更多理解上的困擾。我們僅分析最簡單的情況，要素相對價格和產品相對價格保持不變，即 $\left(\frac{r}{w}\right)_0 = \left(\frac{r}{w}\right)_1$，$\left(\frac{P_C}{P_W}\right)_1 = \left(\frac{P_C}{P_W}\right)_0$。$C_1$ 和 W_1 為新的產品生產組合。我們發現勞動密集型產品布的產量有所增加，而資本密集型產品酒的產量有所減少，即 $C_1 > C_0$，$W_1 < W_0$。為什麼會產生這樣的結果呢？假設勞動力的增量為 ΔL，那麼調整後的可用生產要素數量分別為 $K_1 = K_0$，$L_1 = L_0 + \Delta L$。我們知道增加的勞動力會被優先分配到勞動密集型產品的生產中去（即布產品），然而布產品的生產需要資本與勞動的配合，那麼與 ΔL 相配合的勞動力來自哪裡呢？只能靠犧牲掉部分資本密集型產品酒的產量來實現，假設產品酒的產量減少量為 ΔW，相應分別釋放出資本 ΔK_W 和勞動 ΔL_W，由於酒為資本密集型產品，所以 $\Delta K_W > \Delta L_W$。由酒產品生產釋放出的資本和勞動為產品布所用，所以布的產量增加 ΔC。改變後新的產量組合為 $C_1 = C_0 + \Delta C$，$W_1 = W_0 - \Delta W$。

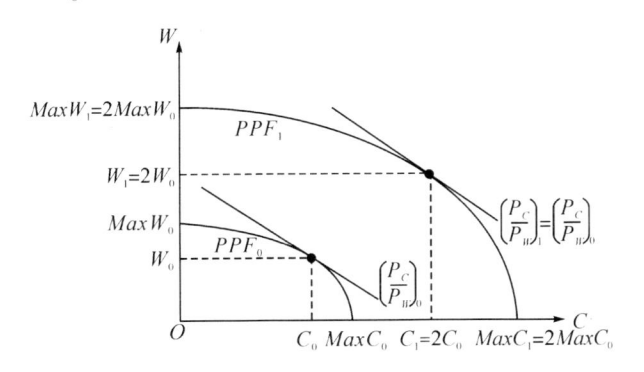

圖 8.4　K-保持不變，L 增長，K/L 減少時的生產改變

思考：

[8.7] 如果上述要素增長情況發生在資本富裕型國家，結果會怎樣？

[8.8] 如果成本不變或者成本遞減，則上述要素增長情況會怎樣影響生產？

[8.9] 為什麼可用資本不變，資本密集型產品酒的最大化產量也會小幅度增加，即 $MaxW_0 < MaxW_1$？

總結上文第二和第三種情況，可以得出結論：在要素和商品價格不變的情況下，一種生產要素的數量增加而另一種要素的數量保持不變，其結果是密集地使用前者進行生產的產品數量將增加，而密集使用後者進行生產的產品數量將絕對減少。這就是雷布津斯基定理，由經濟學家 Tadeusz Rybczynski（塔德烏什·雷布津斯基）於 1955 年提出。

四、資本和勞動同時增加，且資本勞動比提高

資本和勞動同時增加，且資本增加的幅度更大一些，就會導致資本勞動比提高，

即 $\left(\dfrac{K}{L}\right)_0 < \left(\dfrac{K}{L}\right)_1$。這種情況的分析與上文第二部分的內容相似，只不過由於可用勞動更多了，所以勞動密集型產品布最大產量的增加量與第二部分相比會相應變大，不過仍然小於資本密集型產品酒最大產量的增加幅度。如圖8.5（a）～（c）所示，PPF_0 為初始狀態的生產可能性邊界，此時產品布和酒的最大產量分別為 $MaxC_0$ 和 $MaxW_0$。PPF_1 為要素增加後的生產可能性邊界，此時產品布和酒的最大產量分別為 $MaxC_1$ 和 $MaxW_1$。PPF_1 相較於 PPF_0 要陡峭一些。另外，由於兩種要素的可用量都有所增加，所以兩者的單價都會不同程度的降低，新舊要素價格比有三種可能，$\left(\dfrac{r}{w}\right)_0 >$、$=$ 或 $< \left(\dfrac{r}{w}\right)_1$，從而導致新舊產品價格之比也有三種可能 $\left(\dfrac{P_C}{P_W}\right)_0 >$、$=$ 或 $< \left(\dfrac{P_C}{P_W}\right)_1$。在實際生產中，兩種產品的產量有可能同時增加（如圖8.5（a）所示），也有可能酒的產量增加而布的產量不變（如圖8.5（b）所示）或減少（如圖8.5（c）所示）。

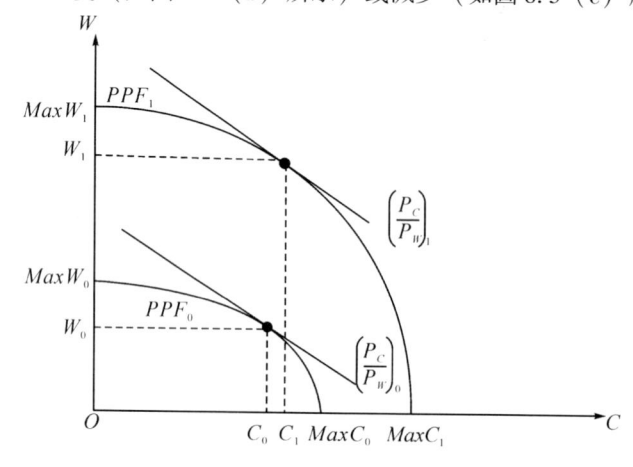

（a）布和酒的產量同時增加

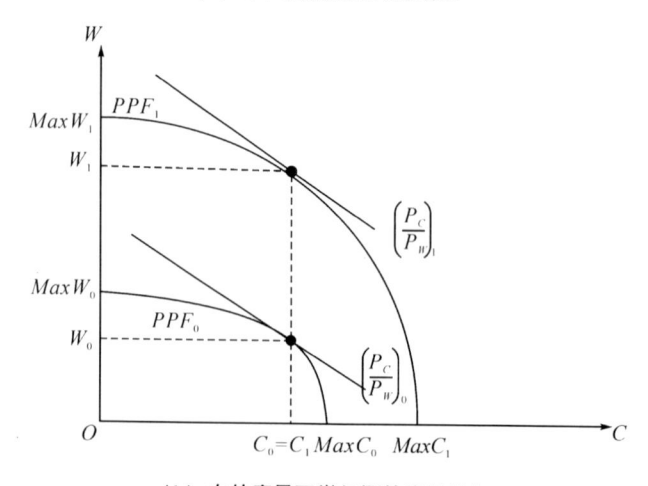

（b）布的產量不變但酒的產量增加

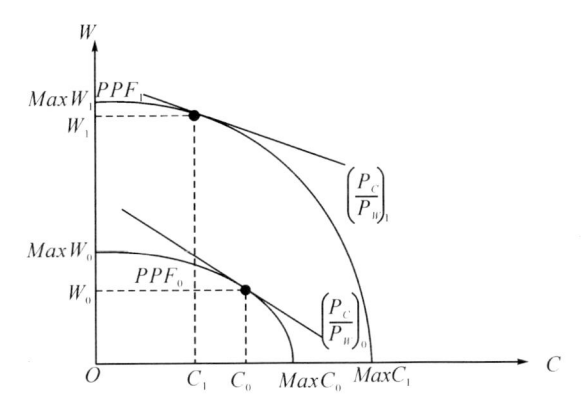

(c) 布的產量減少但酒的產量增加

圖 8.5　K 和 L 同時增長且 K/L 增加時的生產改變

思考：

[8.10] 如果上述要素增長情況發生在資本富裕型國家，結果會怎樣？
[8.11] 如果成本不變或者成本遞減，則上述要素增長情況會怎樣影響生產？
[8.12] 上述情況下，有沒有可能布和酒的產量同時減少呢？

五、資本和勞動同時增加，且資本勞動比降低

資本和勞動同時增加，但是勞動增加的幅度更大一些，就會導致資本勞動比降低，即 $\left(\frac{K}{L}\right)_0 > \left(\frac{K}{L}\right)_1$。這種情況的分析與上文第一部分的內容相似，只不過由於可用資本更多了，所以資本密集型產品酒最大產量的增加量與第一部分相比會相應變大，不過仍然小於勞動密集型產品布最大產量的增加幅度。如圖 8.6（a）-（c）所示，PPF_0 為初始狀態的生產可能性邊界，此時產品布和酒的最大產量分別為 $MaxC_0$ 和 $MaxW_0$。PPF_1 為要素增加後的生產可能性邊界，此時產品布和酒的最大產量分別為 $MaxC_1$ 和 $MaxW_1$。PPF_1 相較於 PPF_0 要平緩些。另外，由於兩種要素的可用量都有所增加，所以兩者的單價都會不同程度的降低，新舊要素價格比有三種可能，$\left(\frac{r}{w}\right)_0 >$、$=$ 或 $< \left(\frac{r}{w}\right)_1$，從而導致新舊產品價格之比也有三種可能 $\left(\frac{P_C}{P_W}\right)_0 >$、$=$ 或 $< \left(\frac{P_C}{P_W}\right)_1$。在實際生產中，兩種產品的產量有可能同時增加（如圖 8.6（a）所示），也有可能布的產量增加酒的產量不變（如圖 8.6（b）所示）或減少（如圖 8.6（c）所示）。

■ 國際貿易

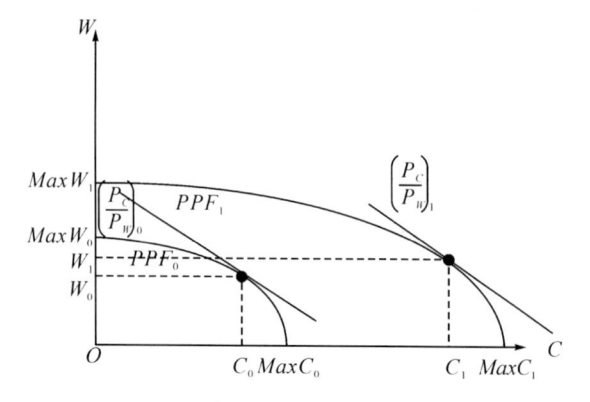

(a) 布和酒的產量同時增加

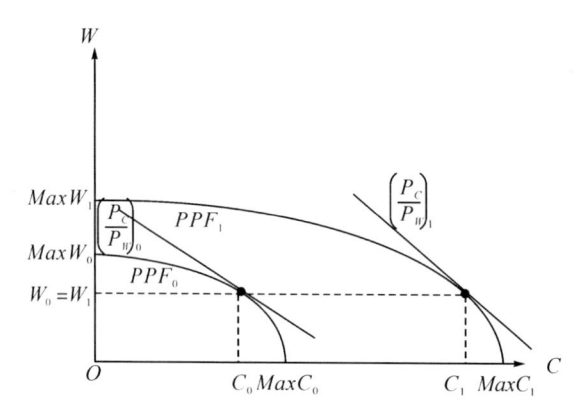

(b) 布的產量增加但酒的產量不變

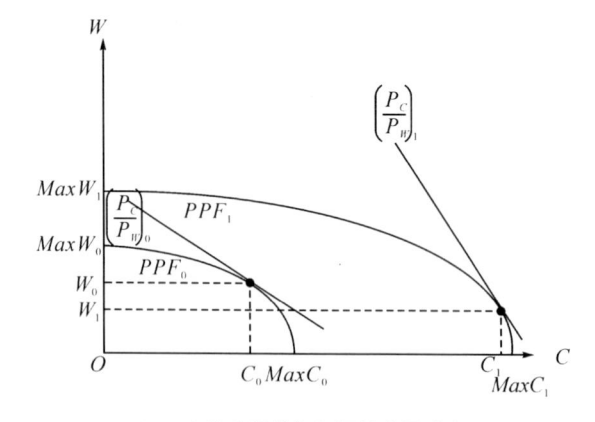

(c) 布的產量增加但酒的產量減少

圖 8.6　K 和 L 同時增長且 K/L 減少時的生產改變

118

思考：

[8.13] 如果上述要素增長情況發生在資本富裕型國家，結果會怎樣？
[8.14] 如果成本不變或者成本遞減，則上述要素增長情況會怎樣影響生產？
[8.15] 上述情況下，有沒有可能布和酒的產量同時減少呢？

閱讀 8.1

一國（特別是中小國家）的某一初級產品行業異常繁榮，而導致其他行業衰落的現象，被稱作「荷蘭病」。

1947 年，為了降低成本和分擔風險，兩大世界石油巨頭皇家殼牌和埃克森美孚合資成立了 NAM 公司，該公司隨即在北海沿岸鑽探尋找油氣。1959 年，在荷蘭北海東岸的格羅寧根，發現了當時世界上規模最大的天然氣田。1960 年，荷蘭對外公布這一重大發現，並於 1963 年開始正式投產。至 20 世紀 70 年代初期，格羅寧根大氣田能夠滿足歐洲當時 50%的市場需求。

當時荷蘭一躍成為歐洲天然氣市場的主要供給方，出口激增，國際收支出現順差，荷蘭盾大幅升值。一面是意外之財滾滾而來，另一面卻是其他工業行業，特別是傳統製造業不停地萎縮，使得本身具備一定製造業基礎的荷蘭，出現了所謂的「反工業化」現象。

更糟糕的是，在這場資源盛宴中，還出現了與先前荷蘭人奮力抗爭惡劣自然條件形象嚴重不符的「惰性危機」，即借助完善的、甚至是過度的社會福利體系逃避應當付出的勞動。1976 年荷蘭出抬《無勞動能力法》，使得殘疾金的福利待遇高於失業救濟金。在勞資雙方合謀之下，對殘疾人認定標準極度寬鬆，使得荷蘭「殘疾人」數目驟增，殘疾金領取者從最初的不到 20 萬人，到 1980 年達 66 萬人，1989 年達到高峰 100 萬人，占就業者的六分之一。

之所以有這麼多健康的人能得以安享「不需要工作的福利」，最重要的原因就在於出口天然氣的收入在當時能夠支撐高額的福利支出。然而，福利的狂歡注定是無法永遠持續的，天上掉下來的餡餅也有吃完的一天。到了 20 世紀 80 年代初，荷蘭出現了嚴重的經濟危機，經濟增長乏力，增長率長期低於 OECD 國家的平均水準，失業率高企，一度達到 12%，財政出現嚴重赤字，入不敷出，以至於 1990 年荷蘭首相呂貝爾斯驚呼：「荷蘭病來了！」

獲得更多的自然資源明明是件好事，為什麼最後卻淪為一場經濟災難？這個問題引起了諸多經濟學家的興趣。Corden 和 Neary（1982）認為假設一國經濟最初處於充分就業狀態，如果突然發現了某種自然資源或者自然資源的價格意外上漲，將會導致兩方面的後果：一是勞動力和資本轉向資源出口部門；二是可貿易的製造業部門就不得不花費更大的代價來吸引勞動力，製造業勞動力成本的上升，首當其衝受影響的是製造業的競爭力。同時，由於出口自然資源帶來外匯收入的增加，使得本幣升值，再次打擊了製造業的出口競爭力，這被稱為資源轉移效應。另外，自然資源出口帶來的收入增長，會加大對製造業的產品需求，但這時對製造業產品需求的增加卻是通過進口

國外同類價格相對更便宜的製成品來滿足的，這對本國的製造業來說又是一個災難。

這樣一來，製造業的衰落會導致人力資本的外流，這也意味著經濟活動中最具創造性和持續性因素的弱化。製造業除了自身是重要的經濟部門外，對一國經濟的整體發展還會產生強烈的正外部性，主要表現為對技術創新、組織變革和企業家培養的引領作用。而自然資源開採部門對於商業模式的創新、對於高素質人才的需求等均不旺盛，對其他經濟部門的外部性並不顯著，往往是本部門經濟一家獨大。所以，「荷蘭病」的典型表現就是在自然資源突然豐裕的情況下，即使服務業會有所繁榮，但製造業會逐步衰落，最終影響本國經濟的內生競爭力和長遠健康發展。

資料來源：孔昊.「荷蘭病」之殤［J］. 支點，2015（5）：106-111.

第二節　技術進步與經濟增長

技術進步可以提高生產效率，從而在不增加生產要素投入的前提下也能促進經濟增長。技術進步可分為以下三種類型：

一是勞動節約型技術進步（Labor-Saving Technical Progress）。這種技術進步促使生產中的資本要素的生產效率的增加大於勞動的生產效率的增加，在生產中由資本替代勞動。這相當於即便在資本與勞動的價格比（$\frac{r}{w}$）保持不變的情況下，每單位產出的資本與勞動投入比（$\frac{K}{L}$）會上升。換而言之，當產量不變時，每單位勞動力搭配更多的資本，或者說每單位資本需要更少的勞動力進行搭配，因而這種技術進步稱為勞動節約型的。

二是資本節約型技術進步（Capital-Saving Technical Progress）。這種技術進步使得生產中的勞動要素的生產效率的增加大於資本的生產效率的增加，在生產中由勞動替代資本。這相當於在資本與勞動的價格比（$\frac{r}{w}$）不變的情況下，每單位產出的資本與勞動投入比（$\frac{K}{L}$）下降。換而言之，產量不變時，每單位勞動力搭配更少的資本，或者說每單位資本需要更多的勞動力進行搭配，因而這種技術進步稱為資本節約型的。

三是中性技術進步（Neutral Technical Progress）。這種技術進步會促使勞動和資本的生產效率同比例增加。發生中性技術進步後，資本與勞動的價格比（$\frac{r}{w}$）不變，每單位產出的資本與勞動投入比（$\frac{K}{L}$）也保持不變，也就是說，生產過程中不會發生勞動替代資本或相反的情況，只是生產原有的產量現在只需要較少的勞動投入和較少的資本投入。

無論哪種類型的技術進步均有利於促進經濟增長，最終效果與技術進步的類型以

及技術進步作用於產品的程度有關。簡單起見，本章僅關注中性技術進步的情況。以勞動富裕型國家為例，當中性技術進步同時發生在兩種產品的生產上時，如圖8.7（a）~（c）所示，初始生產可能性邊界 PPF_0 會向右（上）移動至 PPF_1。在中性技術進步對生產的影響程度不能確定時，生產可能性邊界的移動有三種形式：圖8.7（a）展示了由 PPF_0 向右（上）平行移動至 PPF_1，說明中性技術進步對兩種產品有相同程度的影響；圖8.7（b）中 PPF_1 與 PPF_0 相比更加陡峭，說明中性技術進步對產品酒的影響比對產品布的影響程度更深一些；圖8.7（c）中 PPF_1 比 PPF_0 更加平坦，說明中性技術進步對產品布的影響比對產品酒的影響程度更深一些。

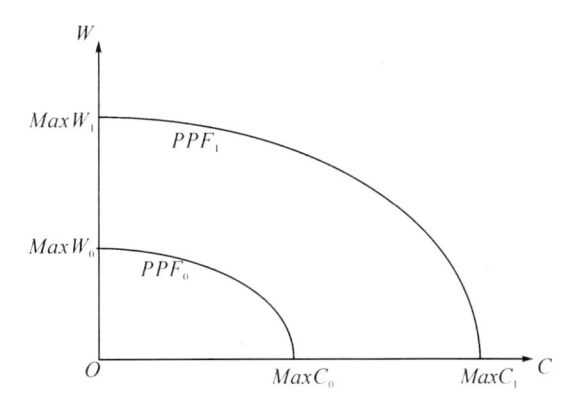

(a) 中性技術進步對布和酒生產有同等影響

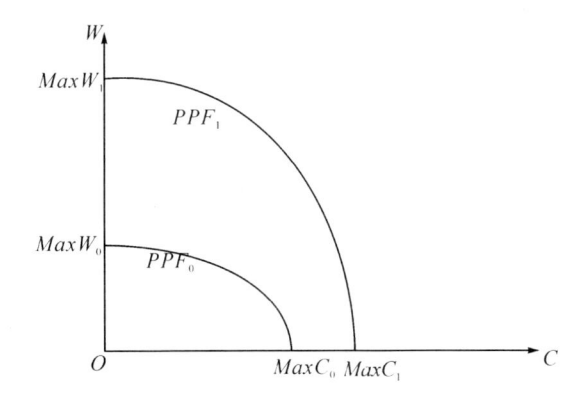

(b) 中性技術進步對酒生產的影響比對布生產的影響更強

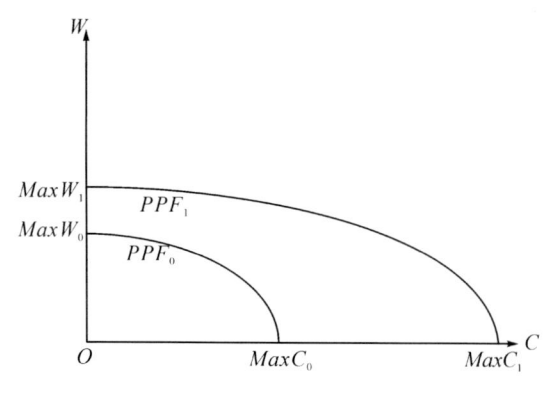

(c) 中性技術進步對布生產的影響比對酒生產的影響更強

圖 8.7 中性技術進步同時發生在布和酒生產中時對可能性邊界的影響

　　當中性技術進步僅發生在產品布的生產上時，產品布的最大產值增加，而產品酒的最大產值不變。如圖 8.8 所示，新的生產可能性邊界 PPF_1 比初始時的生產可能性邊界 PPF_0 要平坦一些。當中性技術進步僅發生在產品酒的生產上時，產品酒的最大產值增加，而產品布的最大產值不變。如圖 8.9 所示，新的生產可能性邊界 PPF_1 比初始時的生產可能性邊界 PPF_0 要陡峭一些。

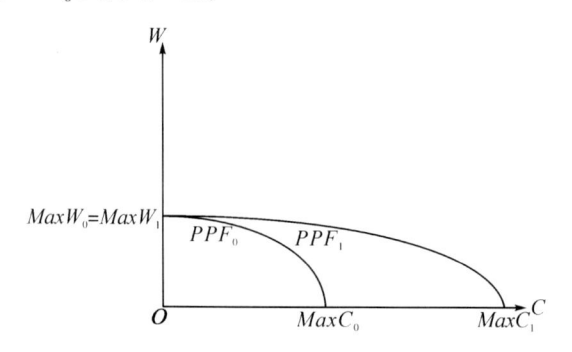

圖 8.8 中性技術進步僅發生在布生產中時對可能性邊界的影響

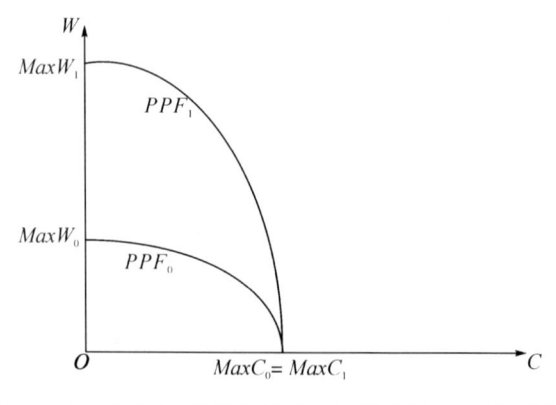

圖 8.9 中性技術進步僅發生在酒生產中時對可能性邊界的影響

思考：

[8.16] 假設該國的消費者偏好不變，即社會無差異曲線不變，請分析並找到中性技術進步前後圖 8.7（a）~（c），圖 8.8 和圖 8.9 中的新舊生產組合點以及國內均衡相對價格。

[8.17] 如果上文所述情況發生在資本富裕型國家，結果會怎樣呢？

第三節　經濟增長與國際貿易

一、經濟增長、消費改變與貿易規模

一國進（出）口什麼，進（出）口多少，不僅跟該國的生產有關，還跟兩個因素有密切關係：一是該國消費。如果消費者偏好發生改變，即便生產保持不變，該國的進出口結構也會發生變化。二是國際相對交易價格。保持一國生產可能性邊界及反應消費者偏好的社會無差異曲線不變，如果國際相對交易價格發生改變，則該國的進出口結構隨之改變。

不考慮消費對貿易模式的影響，單分析經濟增長對國際貿易模式的影響，如表8.1所示，主要可細分為 8 種組合情況。概括來講有：（1）~（2）當經濟增長的結果是出口產品的產量增加，從而出口量增加，而進口替代品的產量減少或者不變，從而進口量相應增加或不變時，貿易規模（即一國進出口總量）會由此擴張；（3）~（4）當經濟增長的結果是出口產品的產量減少，從而出口量減少，而進口替代品的產量增加或者不變，從而進口量相應減少或不變時，貿易規模會由此縮小；（5）~（6）當經濟增長的結果是出口產品和進口替代品的產量同時增加或減少，出口量和進口量呈相反方向變化時，貿易規模的改變是不確定的，有可能擴張、不變或減少，需視具體情況而定；（7）~（8）當經濟增長的結果是出口產品的產量不變，同時進口替代品的產量減少或者增加時，則出口量不變而進口量相應增加或者減少，因此貿易規模會相應擴張或者縮小。

表 8.1　　　　　　　　　　經濟增長對貿易模式的影響

	出口產品產量	進口替代產品產量	出口量	進口量	貿易規模
（1）	增多	減少	增加	增加	擴張
（2）	增多	不變	增加	不變	擴張
（3）	增多	增多	增加	減少	擴張/不變/縮小
（4）	減少	減少	減少	增加	擴張/不變/縮小
（5）	減少	不變	減少	不變	縮小
（6）	減少	增多	減少	減少	縮小
（7）	不變	減少	不變	增加	擴張
（8）	不變	增加	不變	減少	縮小

同樣的，不考慮經濟增長對貿易模式的影響，從消費變化的角度進行分析，也有 8 種組合情況，具體如表 8.2 所示。概括來講有：（1）~（2）當消費變化的結果是對出口產品的消費量增加，從而出口量減少，而對進口替代品的消費量減少或者不變，從而進口量相應減少或不變時，貿易規模會由此縮小；（3）~（4）當消費變化的結果是對出口產品的消費量減少，從而出口量增加，而對進口替代品的消費量增加或者不變，從而進口量相應增加或不變時，貿易規模會由此擴張；（5）~（6）當消費變化的結果是對出口產品和進口替代品的消費量同時增加或減少，出口量和進口量呈相反方向變化時，貿易規模的改變是不確定的，有可能擴張、不變或減少，需視具體情況而定；（7）~（8）當消費變化的結果是出口產品的消費量不變，同時進口替代品的消費量減少或者增加時，則出口量不變而進口量相應減少或者增加，因此貿易規模會相應縮小或者擴張。

表 8.2　　　　　　　　　消費變化對貿易模式的影響

	出口產品消費量	進口替代產品消費量	出口量	進口量	貿易規模
（1）	增多	減少	減少	減少	縮小
（2）	增多	不變	減少	不變	縮小
（3）	增多	增多	減少	增加	擴張/不變/縮小
（4）	減少	減少	增加	減少	擴張/不變/縮小
（5）	減少	不變	增加	不變	擴張
（6）	減少	增多	增加	增加	擴張
（7）	不變	減少	不變	減少	縮小
（8）	不變	增加	不變	增加	擴張

最後呈現的總效應，是由經濟增長和消費變化共同作用決定的，主要有 9 種情形，具體如表 8.3 所示。概括來講有：（1）~（2）當經濟增長促使貿易規模擴張，消費變化促使貿易規模擴張或者不變時，貿易規模最終會擴張；（8）~（9）當經濟增長促使貿易規模縮小，消費變化促使貿易規模不變或者縮小時，貿易規模最終會縮小；（4）~（6）當經濟增長對貿易規模沒有影響，消費變化促使貿易規模擴張、不變或縮小時，貿易規模最終會相應的擴張、不變或縮小；（3）&（7）當經濟增長與消費變化對貿易規模起相反的作用時，貿易規模最終有三種可能結果，擴張、不變或縮小，需具體情況具體分析。

表 8.3　　　　　　　　　經濟增長和消費變化對貿易規模的影響

	經濟增長的效應	消費變化的效應	總效應
（1）	擴張	擴張	擴張
（2）	擴張	不變	擴張
（3）	擴張	縮小	擴張/不變/縮小

表8.3(續)

	經濟增長的效應	消費變化的效應	總效應
(4)	不變	擴張	擴張
(5)	不變	不變	不變
(6)	不變	縮小	縮小
(7)	縮小	擴張	擴張/不變/縮小
(8)	縮小	不變	縮小
(9)	縮小	縮小	縮小

在分析經濟增長與國際貿易的關係時，大國和小國是有很大區別的。在國際貿易中，區分一個國家是大國還是小國，並不是從國土面積，政治或經濟實力上界定，而是從它的需求和供給上看。如果該國某商品的供給占世界市場該商品的大部分從而能對世界市場供給產生很大影響，則是該商品的供給大國；如果只占很小一部分從而對世界市場無明顯影響力，就是該商品的供給小國；同樣界定某商品需求大國和需求小國。下面分小國和大國兩種情況進行討論。

思考：

[8.18] 試分析圖8.1中所示各種要素增長形式對貿易模式的影響。

[8.19] 試分析圖8.7（a）～（c），圖8.8和圖8.9中各種中性技術進步對貿易模式的影響。

[8.20] 試舉一些關於貿易大國和貿易小國的實例。

二、經濟增長與國際貿易（小國情形）

為了簡化分析，也為了突出經濟增長與國際貿易之間的關係，我們接下來的分析中假定消費者偏好保持不變，即社會無差異曲線不變。同時，假定分析的小國既是所有產品的供給小國也是需求小國。

小國對國際市場價格沒有影響力，是國際市場價格的被動接受者，無論國內生產發生怎樣的改變，只要國際市場價格不變，其對外貿易時的交易價格就不會發生變化。

我們以技術進步帶來的經濟增長為例。假設勞動富裕型國家的資本密集型產品酒發生了中性技術進步，勞動密集型產品布的生產未發生技術改變。如圖8.10所示，PPF_0 和 PPF_1 分別為中性技術進步前後的生產可能性邊界；$\left(\dfrac{P_C}{P_W}\right)_0$ 和 $\left(\dfrac{P_C}{P_W}\right)_1$ 分別為中性技術進步前後的國際市場均衡相對交易價格，由小國假定可推知 $\left(\dfrac{P_C}{P_W}\right)_0 = \left(\dfrac{P_C}{P_W}\right)_1$；$A_0$ 和 B_0 分別為中性技術進步前的生產和消費組合點，A_1 和 B_1 分別為中性技術進步後的生產和消費組合點；作為勞動富裕型國家，根據要素稟賦理論，應出口勞動密集型產品布，進口資本密集型產品酒。X_0 和 M_0 分別為中性技術進步前的出口量和進口量，X_1 和 M_1 分別為中性技術

進步後的出口量和進口量。觀察比較得知，技術進步後，產品酒的產量增加，產品布的產量減少，出口量減少（$X_1 < X_0$），進口量也減少（$M_1 < M_0$），貿易條件保持不變，貿易規模縮小（$M_1 + X_1 < M_0 + X_0$），國民整體福利增加（效用水準由社會無差異曲線 U_0 轉變為右上方的 U_1），由於勞動力數量保持不變，所以人均福利隨之增加。

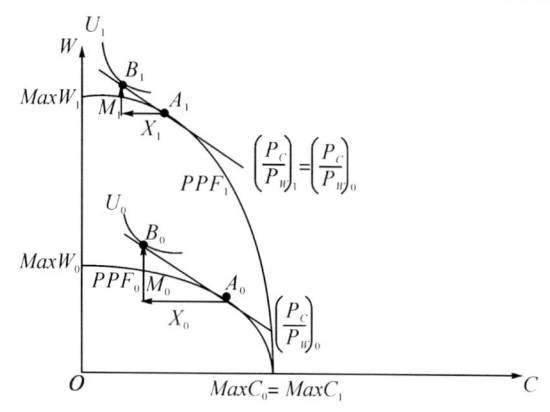

圖 8.10　僅酒生產發生中性技術進步時對國際貿易的影響（小國）

假設勞動富裕型國家的勞動密集型產品布發生了中性技術進步，資本密集型產品酒的生產未發生改變。如圖 8.11 所示，PPF_0 和 PPF_1 分別為中性技術進步前後的生產可能性邊界；$\left(\dfrac{P_C}{P_W}\right)_0$ 和 $\left(\dfrac{P_C}{P_W}\right)_1$ 分別為躍居第一 技術進步前後的國際市場均衡相對交易價格，由小國假定可推知 $\left(\dfrac{P_C}{P_W}\right)_0 = \left(\dfrac{P_C}{P_W}\right)_1$；$A_0$ 和 B_0 分別為中性技術進步前的生產和消費組合點，A_1 和 B_1 分別為中性技術進步後的生產和消費組合點。X_0 和 M_0 分別為中性技術進步前的出口量和進口量，X_1 和 M_1 分別為中性技術進步後的出口量和進口量。觀察比較得知，技術進步後，產品布的產量增加，產品酒的產量減少，出口量增加（$X_1 > X_0$），進口量也增加（$M_1 > M_0$），貿易條件保持不變，貿易規模擴張（$M_1 + X_1 > M_0 + X_0$），國民整體福利增加（效用水準由社會無差異曲線 U_0 轉變為右上方的 U_1），由於勞動力數量保持不變，所以人均福利隨之增加。

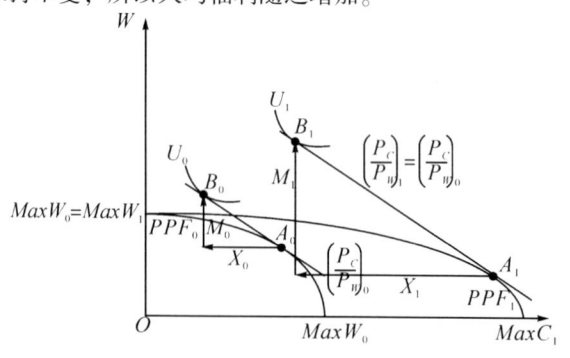

圖 8.11　僅布生產發生中性技術進步時對國際貿易的影響（小國）

思考：

[8.21] 國民整體福利增加，人均福利一定會增加嗎？為什麼？請舉例說明。

[8.22] 小國情形下，若是產品布和酒的生產同時發生技術進步會怎樣呢？

[8.23] 小國情形下，不考慮消費者偏好的變化，試分析本章第一節圖8.1提到的所有要素增長形式對國際貿易的影響。若是考慮消費者偏好的變化呢？

[8.24] 小國情形下，什麼樣的經濟增長對貿易規模沒有影響呢？可否舉例說明？

[8.25] 小國情形下，資本富裕型國家的經濟增長對國際貿易的影響有何不同？

三、經濟增長與國際貿易（大國情形）

我們接下來的分析中同樣假定消費者偏好保持不變，即社會無差異曲線不變。

大國對國際市場價格有影響力，供給大國的生產發生變化時會影響產品在國際市場上的供給，改變國際市場上的供給需求關係，從而引起國際市場上交易價格的改變。同樣的，需求大國的消費發生變化時會影響產品在國際市場上的需求，從而改變國際市場上的供給需求關係，引起國際市場上交易價格的改變。

假定我們分析的國家既是需求大國也是供給大國。我們仍然以中性技術進步帶來的經濟增長為例。假設勞動富裕型國家的資本密集型產品酒發生了中性技術進步，勞動密集型產品布的生產未發生改變。如圖8.12所示，PPF_0和PPF_1分別為中性技術進步前後的生產可能性邊界；$\left(\frac{P_C}{P_W}\right)_0$和$\left(\frac{P_C}{P_W}\right)_1$分別為中性技術進步前後的國際市場均衡相對交易價格；A_0和B_0分別為中性技術進步前的生產和消費組合點，A_1和B_1分別為中性技術進步後的生產和消費組合點。先不考慮價格變化，$\left(\frac{P_C}{P_W}\right)_0' = \left(\frac{P_C}{P_W}\right)_0$，技術改變後生產組合點由$A_0$轉變為$A_0'$，產品酒的產量由$W_0$增加為$W_0'$，產品布的產量由$C_0$減少為$C_0'$。換而言之，進口替代品產量增加，而出口產品產量減少。由大國假定可推知，進口替代品產量增加，則對國際市場上的進口需求減弱，因此國際市場上酒（進口替代品）價格將會下跌；而出口產品產量減少，則向國際市場上的出口供給相應減少，因此國際市場上布（出口品）價格將會上漲。綜合來看，產品布和酒的國際相對價格會提高，即$\left(\frac{P_C}{P_W}\right)_0 < \left(\frac{P_C}{P_W}\right)_1$。$X_0$和$M_0$分別為中性技術進步前的出口量和進口量，$X_1$和$M_1$分別為中性技術進步後的出口量和進口量。觀察比較得知，中性技術進步後，產品布的產量增加，產品酒的產量出口量增加（$X_1 > X_0$），進口量增加（$M_1 > M_0$），貿易條件改善，貿易規模擴大（$M_1 + X_1 > M_0 + X_0$），國民整體福利增加（效用水準由社會無差異曲線U_0轉變為右上方的U_1），由於勞動力數量保持不變，所以人均福利隨之增加。與小國情形相比，總福利與人均福利增加幅度更大（$U_1 > U_0'$）。

國際貿易

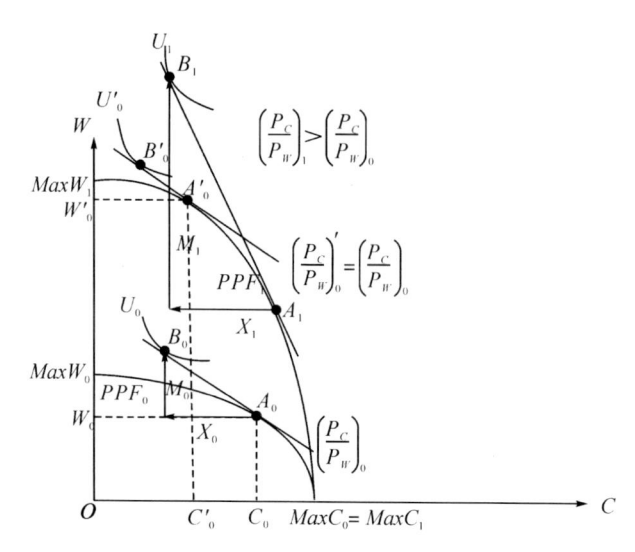

圖 8.12 僅酒生產發生技術中性進步時對國際貿易的影響（大國）

思考：

[8.26] 如圖 8.12 所示的中性技術進步狀況，有可能導致貿易規模縮小（$M_1 + X_1 < M_0 + X_0$）或者不變（$M_1 + X_1 = M_0 + X_0$）嗎？

假設勞動富裕型國家的勞動密集型產品布發生了中性技術進步，資本密集型產品酒的生產未發生改變。如圖 8.13 所示，PPF_0 和 PPF_1 分別為中性技術進步前後的生產可能性邊界；$\left(\dfrac{P_C}{P_W}\right)_0$ 和 $\left(\dfrac{P_C}{P_W}\right)_1$ 分別為中性技術進步前後的國際市場均衡相對交易價格；A_0 和 B_0 分別為中性技術進步前的生產和消費組合點，A_1 和 B_1 分別為中性技術進步後的生產和消費組合點。先不考慮價格變化，$\left(\dfrac{P_C}{P_W}\right)_0' = \left(\dfrac{P_C}{P_W}\right)_0$，技術改變後生產組合點由 A_0 轉變為 A_0'，產品布的產量由 C_0 增加為 C_0'，產品酒的產量由 W_0 減少為 W_0'，換而言之，出口品產量增加，而進口替代品產量減少。由大國假定可推知，出口產品產量增加，則對國際市場上的出口供給增加，因此國際市場上布（出口品）價格將會下跌；而進口替代品產量減少，則向國際市場上的進口需求相應增加，因此國際市場上酒（進口替代品）價格將會上漲。綜合來看，產品布和酒的國際相對價格會降低，即 $\left(\dfrac{P_C}{P_W}\right)_0 > \left(\dfrac{P_C}{P_W}\right)_1$。$X_0$ 和 M_0 分別為中性技術進步前的出口量和進口量，X_1 和 M_1 分別為中性技術進步後的出口量和進口量。觀察比較得知，技術進步後，產品布的產量增加，產品酒的產量減少，出口量增加（$X_1 > X_0$），進口量增加（$M_1 > M_0$），貿易條件惡化，貿易規模擴大（$M_1 + X_1 > M_0 + X_0$），國民整體福利增加（效用水準由社會無差異曲線 U_0 轉變為右上方的 U_1），由於勞動力數量保持不變，所以人均福利隨之增加。但與小國

情形相比，總福利與人均福利增加幅度要小一些（$U_1 < U_0'$）。如果價格改變幅度更大一些，比如降低到 $\left(\dfrac{P_C}{P_W}\right)_1'$ 的水準，則有可能出現國民總福利降低的情況（$U_1' < U_0$），稱之為貧困化增長。而使得國民總福利得以改善的經濟增長，我們稱為有利的增長。

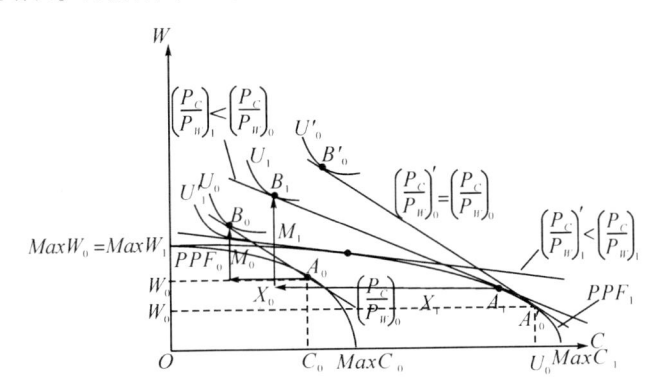

圖8.13　僅布生產發生中性技術進步時對國際貿易的影響（大國）

思考：

[8.27] 如圖8.13所示的中性技術進步狀況，有可能導致貿易規模縮小（$M_1 + X_1 < M_0 + X_0$）或者不變（$M_1 + X_1 = M_0 + X_0$）嗎？

[8.28] 大國情形下，若是產品布和酒的生產同時發生技術進步會怎樣呢？

[8.29] 大國情形下，不考慮消費者偏好的變化，試分析本章第一節圖8.1提到的所有要素增長形式對國際貿易的影響。若是考慮消費者偏好的變化呢？

[8.30] 大國情形下，什麼樣的經濟增長對貿易規模沒有影響呢？可否舉例說明？

[8.31] 大國情形下，資本富裕型國家的經濟增長對國際貿易的影響有何不同？

四、貧困化增長

貧困化增長的發生需要滿足以下五個條件：第一，該國必須是一個貿易大國，這樣其大幅度的出口擴張必然導致該國價格貿易條件的惡化；第二，經濟增長必須是偏向出口部門的；第三，該國經濟嚴重依賴對外貿易，貿易條件的大幅度惡化才有可能導致整個社會福利的絕對下降；第四，外國對本國出口商品的需求必須是缺乏彈性的，以致由出口供給擴大引起的出口價格下跌對國際需求的促進作用並不大，所以出口收入會降低。

閱讀8.2

徐豔（2014）認為中國紡織品出口滿足「貧困化增長」的前提條件：

1. 中國是紡織品出口大國

紡織品產業是中國重要的經濟社會支柱產業，為社會提供了大量的稅收、就業崗

位，擴大了出口、增加了人們的收入。中國是世界上最大的紡織品貿易國。中國紡織品出口額逐年增加並且占中國總出口的比重較大。作為貿易大國，中國紡織品出口數量變化將會影響世界紡織品價格的變化，如果中國紡織品產品出口大量增加，在需求變化不大的情況下，將導致供過於求，價格下降。

2. 紡織品產業增長偏向出口

中國紡織品產業的增長比較側重於對外貿易，出口對紡織品產業經濟增長具有較強的拉動作用，紡織品貿易額呈整體上升的趨勢。紡織品出口占中國出口總額的23%。

3. 國外對中國紡織品的需求價格彈性低

需求彈性表示，保持其他條件不變，一定時期內一種商品的需求量變動對於該商品的價格變動的反應程度或彈性。紡織品是一種典型的勞動密集型產品，同時也是一般生活用品，在經濟學理論中，被認為是需求價格彈性較低的產品。所以國際市場紡織品價格的下降對需求的拉動效應不大（戴勇等，2007）。

4. 紡織品產業對國際貿易依存度高

中國紡織品80%以上依靠出口，紡織品產業外貿依存度很高，其企業多以外向型為主。中國的紡織品出口份額占世界的20%以上，但主要停留在加工貿易的階段。低端出口產品的技術含量低，替代性強，而其對外貿易依存度卻高達70%以上。

以上分析表明，中國的紡織品出口滿足「貧困化增長」的四個前提條件，存在陷入「貧困化增長」困境的可能性。但是，以上四個條件並不必然造成貧困化增長。

資料來源：徐豔. 論中國紡織品出口潛存的「貧困化增長」[J]. 現代經濟信息，2014（19）：179-180. 戴勇，俞林，徐立清. 中國對外貿易「貧困化增長」的實證分析[J]. 商業時代，2007（16）：32-34，43.

第二部分
國際貿易政策

第九章　關稅

第一節　關稅的定義和分類

關稅是指進出口商品在經過一國關境時，由政府設置的海關向進出口商所徵收的稅收。其課稅主體是進出口商人，課稅客體是進出口貨物。

關稅具有強制性、無償性和固定性等特點。關稅的強制性主要體現在國家憑藉政治權力依法徵稅，納稅人必須依法納稅，否則將受到法律制裁。關稅的無償性是指國家取得的稅收收入，既不需要返還給納稅人，也不需要對納稅人直接支付任何報酬。關稅的固定性是指國家在徵稅之前就通過法律形式，預先規定了徵稅對象和徵收數額之間的數量比例，不經批准不能隨意改變。

按照不同的標準，關稅可劃分為不同的種類。表 9.1 列出了幾種常見的關稅劃分方式及種類。

表 9.1　　　　　　　　　　　　　關稅分類

分類標準	關稅分類
按商品流向分	進口稅、出口稅、過境稅
按徵收方法分	從量稅、從價稅、混合稅、選擇稅、滑準稅
按徵稅目的分	財政關稅、保護關稅
按差別待遇分	進口附加稅、差價稅、特惠稅、普遍優惠稅

一、按照商品流向分

按照商品流向分，關稅主要有進口稅、出口稅和過境稅三種。

1. 進口稅是進口國家的海關在外國商品輸入時，對本國進口商所徵收的關稅。

2. 出口稅是對本國出口的貨物在運出國境時徵收的一種關稅。徵收出口關稅會增加出口貨物的成本，不利於本國貨物在國際市場上的競爭。徵收出口稅的目的主要是：①增加財政收入；②限制重要原材料的大量輸出，保證國內供應；③提高以使用該國原材料為主的國外加工產品的生產成本，削弱其競爭能力；④抑制跨國公司在發展中國家低價收購初級產品。

3. 過境稅是一國對於通過其關境的外國商品徵收的關稅。徵收國既不是該商品的出口目的地也不是進口目的地。

二、按照徵收方法分

按照徵收方法分類，主要有從價關稅、從量關稅、混合關稅、選擇關稅和滑準關稅等。

1. 從價關稅

從價關稅依照進出口貨物的價格作為徵收關稅的標準。這裡的價格不是指成交價格，而是指進出口商品的完稅價格或海關價格（式 9.1）。

從價稅額＝應稅進出口貨物數量×單位完稅價格×適用稅率　　　　　　　（式 9.1）

以中國為例，進口貨物以海關審定的成交價格為基礎的到岸價格（即貨物的 CIF 價）作為完稅價格；出口貨物應當以海關審定的貨物售於境外的離岸價格（即貨物的 FOB 價），扣除出口關稅後，作為完稅價格。

2. 從量關稅

從量關稅依據進出口商品的數量、重量、容量、長度和面積等計量單位為標準來徵收關稅。它的特點是不因商品價格的漲落而改變稅額，計算比較簡單。從量關稅額的計算公式如下（式 9.2）：

應納稅額＝應稅進口貨物數量×關稅單位稅額　　　　　　　　　　　　　（式 9.2）

3. 混合關稅

混合關稅又稱為複合稅，是對同一商品既徵從量關稅又徵從價關稅的一種辦法。混合稅額的計算公式如下（式 9.3）：

應納稅額＝應稅貨物數量×關稅單位稅額＋應稅貨物數量×單位完稅價格×適用稅率

（式 9.3）

4. 選擇關稅

選擇關稅對同一種貨物在稅則中規定有從量、從價兩種關稅稅率。在徵稅時選擇其中徵稅額較多的一種關稅，也可選擇稅額較少的一種為計稅標準計徵。

5. 滑準關稅

滑準關稅又稱滑動關稅，是對某一商品按其市場價格標準分別制訂不同價格檔次的稅率而徵收的一種關稅。關稅稅率為比例稅率，隨著商品價格由高到低而由低到高設置。徵收這種關稅的目的是使該種商品，不論其價格高低，其稅後價格保持在一個預定的價格標準上。

三、按照徵收目的分

按照徵收目的，關稅可分為財政關稅和保護關稅兩種。

1. 財政關稅

財政關稅以增加國家財政收入為主，通常向由外國生產，國內消費需求大的產品徵收。徵收財政關稅的條件：①商品的進口需求缺乏彈性；②稅率不宜過高；稅率高到了完全禁止進口的程度，就是禁止性關稅。

2. 保護關稅

保護關稅為保護國內產業而徵收。儘管徵收財政關稅的同時也可以起到保護國內

產業的目的，但兩者目的不同，稅率也相應不同。

四、按照差別待遇分

按照差別待遇，關稅主要有進口附加稅、差價稅、特惠稅和普惠稅等幾種。

1. 進口附加稅

進口附加稅，是在徵收正常進口稅的基礎上出於某種特定目的而額外加徵的關稅，通常是臨時性的、出於某種特定目的而徵收的，比如，保持進出口平衡，阻止外國商品傾銷等。一般包括反傾銷稅、反補貼稅、緊急關稅、懲罰關稅和報復關稅等。

2. 差價稅

差價稅，又稱差額稅，是當本國生產的某種產品的國內價格高於同類進口商品的價格時，為削弱進口商品的競爭力而徵收，使得進口商品稅後價格至少與國內同類產品價格相等。差價稅通常為保護因價格管制而致使市場售價高於世界市場價格的商品而設，會根據商品的世界市場價格而變化。

3. 特惠稅

特惠稅，又稱優惠稅，對來自特定國家的進口商品給予特別優惠的低關稅或免稅待遇。有的是互惠的，有的是非互惠的。

4. 普惠稅

普惠稅是發達國家給予發展中國家或地區的出口商品（特別是製成品和半製成品）的普遍的、非歧視的、非互惠的一種關稅優惠待遇。

第二節　進口關稅的效應（小國）

本節以進口關稅為例，從價格、生產、消費、貿易和福利等多個角度分析徵收關稅對一個國家經濟的影響。

在分析關稅的影響時，大國和小國是有很大區別的。在國際貿易中，區分一個國家是大國還是小國，並不是從國土面積、政治或經濟實力上界定，而是從它的需求和供給上看。詳細內容請參見第八章第三節。

假設某小國進口某商品，如圖 9.1 所示，在封閉狀態下，該進口國商品的需求曲線和供給曲線分別為 D^W 和 S^W，均衡價格為 P^E，自由貿易時世界市場價格為 P^W，$P^E > P^W$。此時，該國國內的生產量和消費量分別為 QS^W 和 QD^W（$QS^W < QD^W$），國內消費多於國內生產的部分可以通過進口該商品來滿足，即進口量 $M^W = QD^W - QS^W$。若對進口品徵收從量關稅，則 1 單位進口商品的成本將會提高單位從量稅額 T。所以，進口商品的國內售價將會提高 T，在完全競爭市場假設前提下，國內生產的進口替代品的價格也會提高 T 以保持國內價格一致。綜上所述，商品在國內的稅後售價為 $P^T = P^W + T$，國內的生產量增加為 QS^T，消費量減少為 QD^T，進口量減少為 $M^T = QD^T - QS^T$。

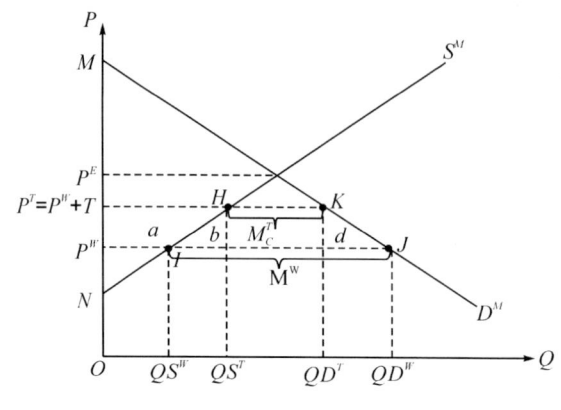

圖 9.1 進口關稅的效應（小國）

思考：

〔9.1〕圖 9.1 中世界價格可以高於國內均衡價格嗎，即 $P^E < P^W$？

〔9.2〕圖 9.1 中稅後價格可以高於國內均衡價格嗎，即 $P^E < P^T$？

一國的總福利是其所有成員福利的總和。本例中小國的總福利由三部分組成：生產者的福利、消費者的福利和政府的福利，分別由生產者剩餘、消費者剩餘和政府收入來衡量。

生產者剩餘。生產者出售每一單位商品的實際接受價格（即市場價格）高於所願意接受的最低價格的差額部分。如圖 9.2 所示，商品市場價格為 P_M，對應的市場供給量為 QS_M。生產者生產並出售第 1 單位的商品（QS_{1st}）所願意接受的價格為 P_1。根據生產者剩餘的定義，生產者通過生產並出售第 1 單位商品可獲得的生產者剩餘為 $PS_{1st} = P_M - P_1$。同理，生產者通過生產並出售第 2 單位商品（QS_{2nd}）可獲得的生產者剩餘為 $PS_{2nd} = P_M - P_2$。以此類推，每單位生產並銷售的商品的生產者剩餘均可被計算出來。生產者通過生產並出售最後 1 單位商品（QS_{Mth}）可獲得的生產者剩餘為 $PS_{Mth} = P_M - P_M = 0$。所以，當市場價格為 P_M 時，生產者通過生產並出售 QS_M 單位商品可獲得的生產者總剩餘為 $PS = PS_{1st} + PS_{2nd} + \cdots + PS_{Mth} = \int_1^M PS_{Mth} dM$，也即圖 9.2 中三角形 a 的面積。

生產者剩餘隨著市場價格的上升（下降）而增加（減少）。在圖 9.3 中，當市場價格為 P_0 時，生產者剩餘為區域（$a + b$）的面積。如果市場價格上升為 P_1，則生產者剩餘增加為區域（$a + b + c$）的面積；如果市場價格下降為 P_2，則生產者剩餘減少為區域 a 的面積。

消費者剩餘。消費者購買每一單位商品實際支付價格（即市場價格）低於所願意支付的最高價格的差額部分。如圖 9.4 所示，商品市場價格為 P_M，對應的市場供給量為 QD_M。消費者購買第 1 單位的商品（QD_{1st}）所願意接受的價格為 P_1。根據消費者剩餘的定義，消費者通過購買第 1 單位商品可獲得的消費者剩餘為 $CS_{1st} = P_M - P_1$。同

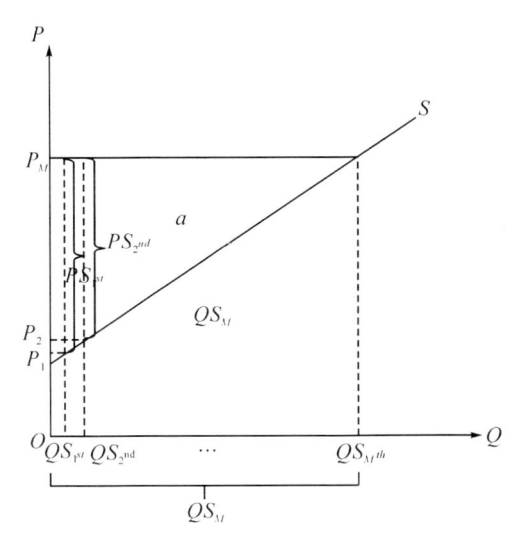

图 9.2　生產者剩餘

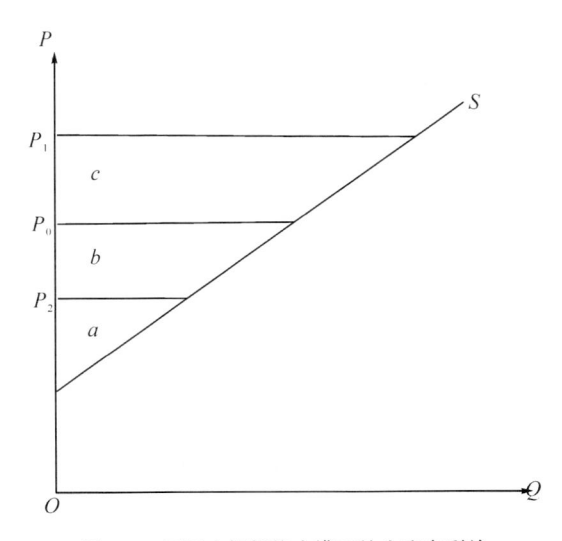

图 9.3　不同市場價格水準下的生產者剩餘

理，消費者通過購買第 2 單位商品（$QD_{2^{nd}}$）可獲得的消費者剩餘為 $CS_{2^{nd}} = P_M - P_2$。依此類推，消費者通過購買最後 1 單位商品（$QD_{M^{th}}$）可獲得的消費者剩餘為 $CS_{M^{th}} = P_M - P_M = 0$。所以，當市場價格為 P_M 時，消費者通過購買 QD_M 單位商品可獲得的消費者總剩餘為 $CS = CS_{1^{st}} + CS_{2^{nd}} + \cdots + CS_{M^{th}} = \int_1^M CS_{M^{th}} dM$，也即圖 9.4 中三角形 a 的面積。

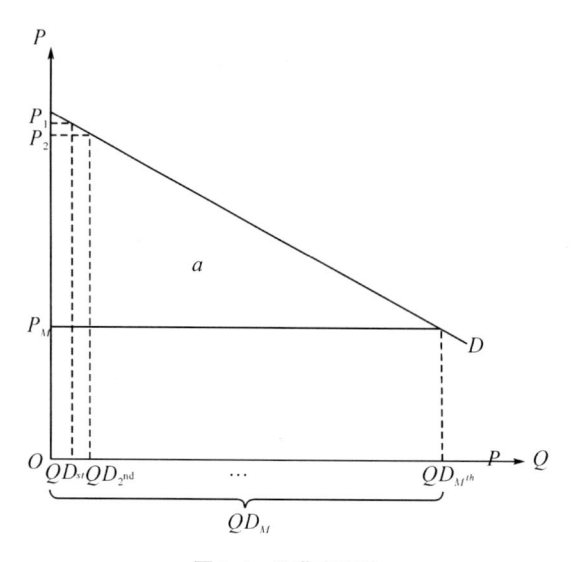

圖9.4 消費者剩餘

消費者剩餘隨著市場價格的上升（下降）而減少（增加）。在圖9.5中，當市場價格為 P_0 時，消費者剩餘為區域 ($a+b$) 的面積。如果市場價格上升為 P_1，則消費者剩餘減少為區域 a 的面積；如果市場價格下降為 P_2，則消費者剩餘增加為區域 ($a+b+c$) 的面積。

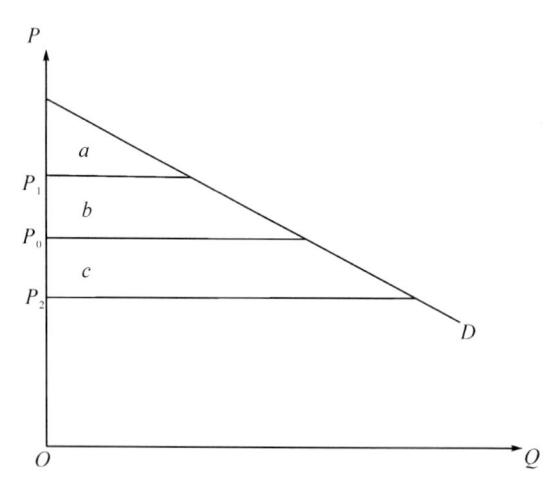

圖9.5 不同市場價格水準下的消費者剩餘

在圖9.5中，徵收關稅前商品的市場售價為 P^W，生產者剩餘為三角形 NIP^W 的面積，消費者剩餘為三角形 MJP^W 的面積，政府從此種商品進口中徵得的關稅額為 0；徵收關稅後商品的市場售價為 P^T，生產者剩餘為三角形 NHP^T 的面積，消費者剩餘為三角形 MKP^T 的面積，政府從此種商品進口中徵得的關稅額為進口量 M^T 與單位關稅額 T 的乘積，也即矩形 c 的面積。比較徵收關稅前後，不難發現，生產者剩餘增加了圖中梯

形 a 的面積，消費者剩餘減少了圖中區域 $(a+b+c+d)$ 的面積，而政府收入增加了圖中矩形 c 的面積。因此，徵收進口關稅使得該小國總福利減少了三角形 b 和三角形 d 的面積。

損失 $(b+d)$ 被稱為重負損失。經濟學中重負損失，又稱為無謂損失或淨福利損失，是由於商品或服務的均衡狀態未能達到或無法實現而導致的經濟效益損失。由於徵收進口關稅，圖 9.1 中小國的生產被「扭曲」，從而偏離了自由貿易時的生產量（由 QS^W 增加為 QS^T）。我們知道進口商品是一國具有比較劣勢的商品，進口替代品產量的增加會占用出口商品（即該國具有比較優勢的商品）的生產資源，導致生產資源的無效率分配，由此引發的福利損失為三角形 b 的面積，我們稱之為關稅的生產「扭曲」成本。同樣的，該國的消費也被「扭曲」，從而偏離了自由貿易時的消費量（由 QD^W 減少為 QD^T）。一方面，部分消費者因為關稅導致的高價而無法繼續負擔或者選擇不再負擔該商品的消費；另一方面，選擇繼續消費的消費者不得不支付更高的價格，由此導致的福利損失為三角形 d 的面積，我們稱之為關稅的消費「扭曲」成本。

小國的任何改變對世界市場均無影響力，所以即便小國對其進口商品徵收進口關稅，其貿易條件也不會改變。表 9.2 總結了關稅對小國的價格效應（即價格的改變）、生產效應（即生產量的改變）、消費效應（即消費量的改變）、貿易效應（即貿易量的改變）、貿易條件效應（即貿易條件的改變）以及福利效應（即總福利水準的改變）。其中福利效應考慮了生產者福利效應（即生產者剩餘的改變）、消費者效應（即消費者剩餘的改變）和政府收入效應（即政府收入的改變）。

表 9.2　　　　　　　　　　　進口關稅的效應（小國）

	徵收關稅前	徵收關稅後	改變量
價格效應	P^W	P^T	T
生產效應	QS^W	QS^T	$QS^T - QS^W$
消費效應	QD^W	QD^T	$QD^T - QD^W$
貿易效應	M^W	M^T	$M^T - M^W$
貿易條件			貿易條件不變
福利效應	三角形 NIP^W + 三角形 MJP^W	三角形 NHP^T + 三角形 MKP^T +矩形 c	$-(b+d)$
生產者剩餘	三角形 NIP^W	三角形 NHP^T	a
消費者剩餘	三角形 MJP^W	三角形 MKP^T	$-(a+b+c+d)$
政府稅收收入	0	矩形 c	c

思考：

[9.3] 如果小國對進口品徵收從價稅，請借助圖 9.1 分析表 9.2 中所列的各種關稅效應。

第三節　進口關稅的效應（大國）

大國與小國的主要不同之處在於大國國內發生的變化是可以影響國際市場的。假定所有其他條件與小國情形下相同，如果大國對每一單位進口商品徵收定量稅 T，則一開始如同小國一樣，大國國內商品單位售價由世界市場均衡價格 P^W 上升至稅後價格 P^T，進口量相應地由 M^W 減少為 M^T，這將會導致國際市場上該產品的進口需求量下降，出現供大於求的局面，則進口國會想要以更低的價格進口，而出口國亦想要降低價格以吸引國外消費者，價格的改變反過來又會影響兩國的生產量、消費量以及貿易量，直到實現新的均衡。圖 9.6（a）～（c）分別展示了達到新的均衡時，進口國、國際市場以及出口國各自的狀況。國際市場實現均衡時，出口供給量與進口需求量相等（$XS = MD$），與此對應的，出口供給價格，即出口國向國際市場的供給價格為 $P^{T,X} = P^W - T_2$；而進口需求價格，即進口國從國際市場的購買價格為 $P^T = P^W + T_1$，出口供給價格與進口需求價格之間的價格差剛好為進口國稅收 T，即 $P^T - P^{T,X} = T_1 + T_2 = T$。

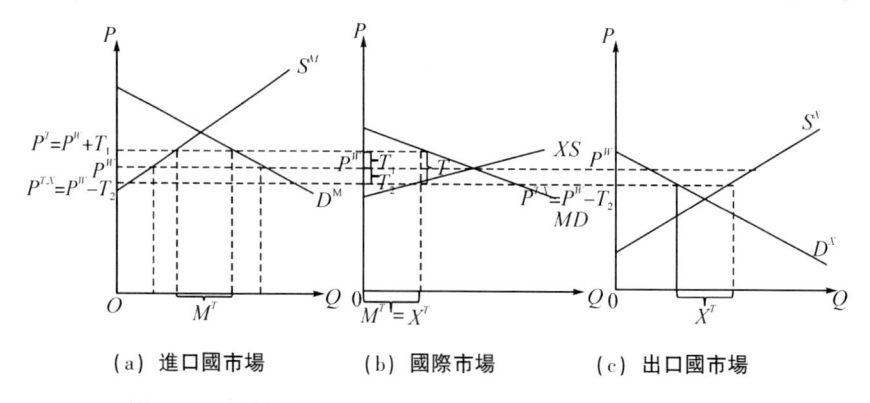

(a) 進口國市場　　(b) 國際市場　　(c) 出口國市場

圖 9.6　進口國、國際市場和出口國的稅後均衡（進口國為大國）

思考：

[9.4] 為什麼出口供給價格與進口需求價格之間的價格差剛好為進口國稅收 T？如果價差大於稅收 T 會怎樣？小於呢？

圖 9.7 進一步細化圖 9.6（a）以便分析大國徵收進口關稅後的各種效應。價格由 P^W 增加至 P^T，多了 T_1 部分；生產量由 QS^W 上升為 QS^T；消費量由 QD^W 下降為 QD^T；進口量由 M^W 下降為 M^T；政府稅收額為進口量與單位進口徵稅額之乘積 $M^T \times T$，即矩形 $(c+e)$ 的面積；生產者剩餘增加了梯形 a 的面積（由三角形 NIP^W 的面積增加為三角形 NHP^T 的面積）；消費者剩餘減少了區域 $(a+b+c+d)$ 的面積（由三角形 MJP^W 的面積減少為三角形 MKP^T 的面積）。綜上所述，因進口關稅大國總福利的改變量為區域 $[e-(b+d)]$ 的面積（如表 9.3 所示）。

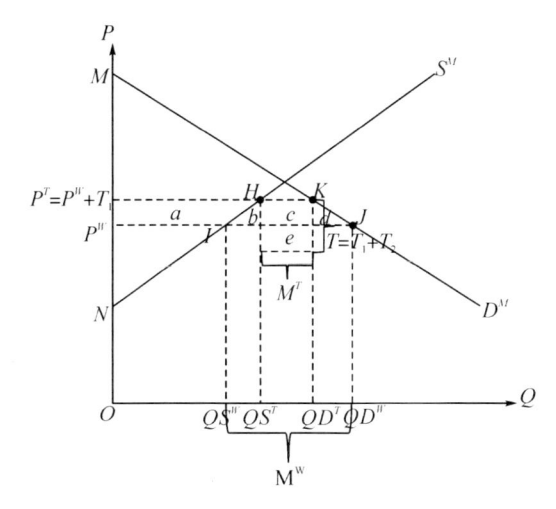

圖 9.7　進口關稅的效應（大國）

徵收進口從量稅後，大國的進口價格降低了 T_2，不考慮該國出口價格的變化，則其貿易條件得以改善。表 9.3 總結了關稅對大國的各種效應。

表 9.3　　　　　　　　　　進口關稅的效應（大國）

	徵收關稅前	徵收關稅後	改變量
價格效應	P^W	P^T	T_1
生產效應	QS^W	QS^T	$QS^T - QS^W$
消費效應	QD^W	QD^T	$QD^T - QD^W$
貿易效應	M^W	M^T	$M^T - M^W$
貿易條件			貿易條件改善
福利效應	三角形 NIP^W + 三角形 MJP^W	三角形 NHP^T +三角形 MKP^T +矩形 $(c+e)$	$e-(b+d)$
生產者剩餘	三角形 NIP^W	三角形 NHP^T	a
消費者剩餘	三角形 MJP^W	三角形 MKP^T	$-(a+b+c+d)$
政府稅收收入	0	矩形 $(c+e)$	$(c+e)$

思考：

［9.5］徵收進口關稅後，大國的重負損失是什麼？與徵稅前相比，大國總福利是增加了還是減少了？

［9.6］如果大國對進口品徵收從價稅，請借助圖 9.7 分析表 9.3 中所列的各種關稅效應。

與小國相比，大國徵收同樣的進口從量稅，國內價格上升幅度較小，生產量增加幅度、消費量減少幅度以及進口量減少幅度都較小，政府稅收較少。關於福利，大國福利改變情況視情況而定，可能增加、不變或減少。即便在遭受福利淨損失的情況下，

大國福利的減少量也小於小國。

思考：

[9.7] 既然小國徵收進口關稅會遭受福利淨損失，為什麼其還要徵收呢？

第四節　進口關稅的出口國效應

進口國對某進口商品徵收進口關稅會對該商品的出口國產生什麼影響呢？這要區分小國和大國兩種情形去分析。

一、小國情形

小國徵收進口關稅後，本國的價格和進口量等均會受到影響（詳情請見本章第二節），但由於小國在國際市場上沒有影響力，這樣的影響並不能傳遞到出口國家，所以出口國家不受小國徵收進口關稅的任何影響。

二、大國情形

若大國徵收進口關稅（其他條件相同），由本章第三節內容可知，國際市場上該商品的進口需求量會大大減少，最終壓低出口國的出口供給價格，在完全競爭市場假設條件下，出口國國內該商品的售價隨之下降。圖9.8細化了圖9.6（c）以便分析進口大國徵收進口關稅對出口國的影響：出口國內商品價格由 P^W 下降為 $P^{T,X} = P^W - T_2$，生產量由 QS^W 下降為 QS^T，消費量由 QD^W 上升為 QD^T，出口量由 X^W 減少為 X^T；生產者剩餘由三角形 NKP^W 減少為三角形 $NJP^{T,X}$，減少了區域 $(a+b+c)$ 的面積；消費者剩餘由三角形 MHP^W 增加為三角形 $MIP^{T,X}$，增加了區域 $(a+b)$ 的面積；綜上所述，出口國總福利減少了區域 c 的面積（如表9.4所示）。

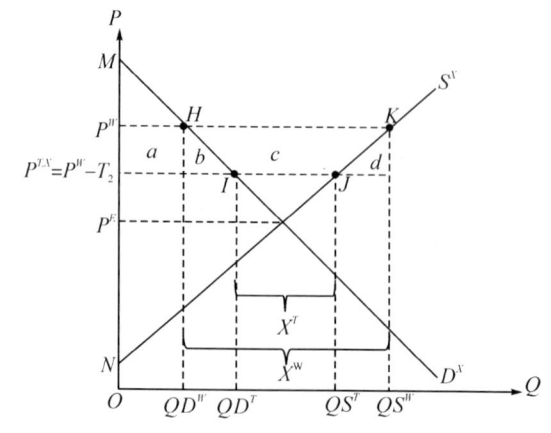

圖 9.8　進口關稅的出口國效應（大國）

大國徵收進口從量稅後，導致出口國的出口價格降低了 T_2，不考慮出口國進口價格的變化，則其貿易條件惡化。表 9.4 總結了大國徵收進口關稅對出口國的各種效應。

表 9.4　　　　　　　　進口關稅的出口國效應（大國）

	徵收關稅前	徵收關稅後	改變量
價格效應	P^W	P^T	$-T_2$
生產效應	QS^W	QS^T	$QS^T - QS^W$
消費效應	QD^W	QD^T	$QD^T - QD^W$
貿易效應	X^W	X^T	$X^T - X^W$
貿易條件			貿易條件惡化
福利效應	三角形 NKP^W + 三角形 MHP^W	三角形 $NJP^{T,X}$ + 三角形 $MIP^{T,X}$	$-a$
生產者剩餘	三角形 NKP^W	三角形 $NJP^{T,X}$	$-(a+b+c)$
消費者剩餘	三角形 MHP^W	三角形 $MIP^{T,X}$	$(a+b)$
政府稅收收入	N/A	N/A	N/A

思考：

[9.8] 請嘗試分析從價進口關稅的出口國效應。

第五節　名義和有效關稅保護率

一國徵收進口關稅的主要目的除了增加財政收入外，就是增加進口商品在該國的成本，降低其競爭力，以保護國內相關行業的發展。徵收進口關稅對本國相關行業的保護程度用名義關稅保護率和有效關稅保護率來衡量。

一、名義關稅保護率

名義關稅保護率用關稅導致進口品價格的增長百分比來衡量（式 9.4）。

$$名義關稅保護率 = \frac{商品的稅後價格(P_{after\ tariff}) - 商品的稅前價格(P_{before\ tariff})}{商品的稅前價格(P_{before\ tariff})} \times 100\%$$

（式 9.4）

我們用一個例子來說明名義關稅保護率。假定徵稅前一臺電腦的單價為 1,000 美元，其中，零部件中央處理器（CPU, Central Processing Unit）的單價為 500 美元，零部件液晶屏（LCD, Liquid Crystal Display）的單價為 200 美元。同時假定一國對電腦徵收 10% 的從價進口關稅，對 CPU 徵收 10 美元的從量進口稅，對液晶屏徵收 5% 的從價進口關稅。徵稅後，電腦、CPU 和液晶屏的單價分別增加為 1,100 美元（1,000 美元×

(1+10%))、510 美元（500 美元+10 美元）和 210 美元（200 美元×（1+5%））。

$$名義關稅保護率(電腦) = \frac{1,100 - 1,000}{1,000} \times 100\% = 10\%$$

$$名義關稅保護率(CPU) = \frac{510 - 500}{500} \times 100\% = 2\%$$

$$名義關稅保護率(液晶屏) = \frac{210 - 200}{200} \times 100\% = 5\%$$

思考：

[9.9] 關稅的名義保護率與從價稅之間有什麼關係？

二、有效關稅保護率

與名義關稅保護率關注商品徵稅前後售價的增長幅度不同，有效關稅保護率衡量關稅對商品增加值（Value-Added，VA）的影響程度（式9.5）。

$$有效關稅保護率 = \frac{商品的稅後價值增值(VA_{after\ tariff}) - 商品的稅前價值增值(VA_{before\ tariff})}{商品的稅前價值增值(VA_{before\ tariff})} \times 100\% \quad （式9.5）$$

仍然用上面電腦的例子來做解釋。假定國內電腦生產商進口 CPU 和液晶屏這兩樣零部件進行電腦生產，因為 CPU 和液晶屏是進口品，不能算在國內生產商的價值增值部分。所以，徵稅前國內電腦生產商的價值增值部分為 300 美元（（1,000-500-200=300）美元），徵稅後國內電腦生產商的價值增值部分為 380 美元（（1,100-510-210=380）美元）。

$$有效關稅保護率(電腦) = \frac{380 - 300}{300} \times 100\% \cong 26.67\%$$

有效關稅保護率的另一個計算公式為：

$$g = \frac{t - \sum_i a_i t_i}{1 - \sum_i a_i} \quad （式9.6）$$

其中，g 代表關稅對最終產品的有效保護率，a_i 為徵稅前中間產品 i 的價值在最終產品中的占比，t_i 為中間產品 i 的從價稅率，t 為最終產品的從價稅率。同樣以電腦為例，電腦的從價稅率為 $t = 10\%$，CPU 和液晶屏在電腦價值中的占比分別為 $a_{CPU} = \frac{500}{1,000} \times 100\% = 50\%$，$a_{液晶屏} = \frac{200}{1,000} \times 100\% = 20\%$，兩者的從價稅率分別為 $t_{CPU} = 2\%$，$t_{液晶屏} = 5\%$。

$$g_{電腦} = \frac{10\% - 50\% \times 2\% - 20\% \times 5\%}{1 - 50\% - 20\%} \cong 26.67\%$$

運用公式 9.6 計算得出的電腦有效關稅保護率與公式 9.5 計算的結果是完全一致的。相對來講，名義關稅保護率對消費者來說比較重要，因為其表明了徵收後最終商

品價格的漲幅；而有效關稅保護率對生產者來說比較重要，因為其衡量了關稅對國內進口替代品生產的真正保護程度。

思考：

[9.10] 在電腦的例子中，如果只有 CPU 是進口的，那麼關稅對電腦的有效保護率是什麼？如果只有液晶屏是進口的呢？如果 CPU 和液晶屏都不是進口的呢？

[9.11] 有效關稅保護率是大於、等於還是小於名義關稅保護率呢？

閱讀 9.1

觀察有關國家發展的歷史，那些達到一定對外貿易體量的貿易大國，非農產品進口關稅不可能始終處於較高水準，到了一定階段必然會通過協議或自主的方式，進行大幅度減讓。這是工業化規律的內在反應，也是貿易大國為其自身發展所必須採取的措施。這是因為一個貿易大國，尤其是出口大國，它必然是一個產業大國，其工業化水準已經達到了一定的水準，產業已具備國際競爭力，維持較高的關稅水準已無必要，反而會阻礙其在經濟全球化中獲取相關利益。

1978—1992 年，是中國改革開放的初期。中國以自主關稅減讓，表達了中國對推進對外貿易的態度。1985 年中國對關稅稅則進行全面修訂，大範圍、大幅度地降低了進口關稅稅率，總共降低了約佔當時總稅目數 55% 的 1,151 個稅目的進口關稅稅率，主要集中在以下領域：一是對不能供應或短期內無法迅速發展的材料、原料等降低了關稅稅率，如當時中國生產技術和生產能力有限，無法大量供應的鋼鐵盤條，而這又是生產其他工業品所必需的，因此將鋼鐵盤條稅率從 35% 降低到 15%；二是對於受制於技術條件，中國無法生產的新型材料、新技術產品、信息傳輸設備以及中國無法生產的機械設備、儀表、機床、儀器等，大幅降低了進口關稅稅率；三是對於能夠支持發展中國家發展的餐料、物料、食品等大幅降低了進口關稅，如香蕉是周邊發展中國家當時主要的出口農產品，中國將這些熱帶水果的進口關稅稅率由 25% 下降至 12%。此後，經過幾年的小幅度調整，至 1992 年年初，中國的關稅總水準已經大幅度下降至 47.2%。而中國的對外貿易額，也由 1985 年的 696 億美元翻了近兩番，達到 1992 年的 1,655.3 億美元。

1992—2001 年，是中國改革開放快速推進的時期，也是中國由外向型經濟向開放型經濟轉變的時期。這一時期，中國總共連續進行了八次大幅度的自主降稅，重點對中國不能自主生產的先進技術產品、國內需要長期由國際市場供應的原材料、國內具有較強競爭力的商品、國內大量出口的商品等進行了降稅，將關稅總水準由 1992 年年初的 47.2% 大幅降低到了 2001 年年初的 15.3%。這一時期，隨著關稅的大幅度下降，中國的對外貿易額，也由 1992 年的 1,655.3 億美元增長至 2001 年的 5,096.5 億美元。

2001—2012 年，是中國改革開放跨越式發展時期。加入 WTO 後，中國嚴格遵循加入議定書承諾和 WTO 的相關要求，大幅降低關稅稅率，完善關稅制度。至 2007 年，中國關稅總水準下降至 9.8%，非農產品平均關稅稅率下降至 8.9%，農產品平均關稅稅率仍保持 15.2%。至 2010 年，中國加入 WTO 的降稅承諾已經全部履行完畢。中國

對外貿易額也由 2001 年的 5,096.5 億美元，增長至 2007 年的 21,765.7 億美元，於 2009 年成為全球第二大貿易國，2011 年成為全球第一大出口國，2013 年首次超越美國成為全球第一大貿易國。

資料來源：李鋼，葉欣. 新形勢下中國關稅水準和關稅結構的合理性探討 [J]. 國際貿易問題，2017（7）：3-16.

第十章　出口補貼

第一節　出口補貼的含義

出口補貼是一國政府為了鼓勵某種商品的出口而對該商品給予的直接或間接補助，以降低出口商品的價格，增加其在國際市場的競爭力。

直接補貼是指政府在商品出口時，直接付給出口商的現金補貼。其目的是為了彌補出口商品的國際市場價格低於國內市場價格所帶來的損失。有時候，補貼金額還可能大大超過實際的差價，這已包含出口獎勵的意味。

間接補貼是指政府對選定商品的出口給予財政稅收上的優惠。如退還或減免出口商品所繳納的銷售稅、消費稅、增值稅、所得稅等國內稅；免徵出口稅；對出口商品實行延期付稅、減低運費、提供低息貸款、實行優惠匯率以及對企業開拓出口市場提供補貼；對進口原料或半製成品加工再出口給予暫時免稅或退還已繳納的進口稅等。其目的仍然在於降低商品成本，提高其國際競爭力。

第二節　出口補貼的效應（小國）

假設某小國出口某商品並對其進行直接出口補貼，每出口 1 單位商品出口商可獲得價值為 S 的出口補貼。如圖 10.1 所示，在自由貿易條件下，小國接受國際市場價格 P^W，此時生產量、消費量以及出口量分別為 QS^W、QD^W 和 X^W。出口補貼後，每出口 1 單位商品出口商實際可獲 $P^S = P^W + S$，在完全競爭市場條件下，國內售價必然同樣上升為 P^S，否則國內生產商將沒有任何動力在國內銷售該商品，導致國內消費者的需求無法得以完全滿足。

進行出口補貼後，隨著國內價格的提升，該商品的生產量增加至 QS^S；消費量減少至 QD^S；出口量增加為 X^S；生產者剩餘由三角形 NJP^W 的面積增加為三角形 NKP^S 的面積，增加了區域 $(a+b+c)$ 的面積；消費者剩餘由三角形 MIP^W 的面積減少為三角形 MHP^S 的面積，減少了區域 $(a+b)$ 的面積；政府的補貼支出為出口量 X^S 與單位出口補貼額 S 的乘積，即區域 $(b+c+d)$ 的面積。綜上所述，出口補貼政策使得小國總福利減少了三角形 b 和三角形 d 的面積，即無謂損失。其中三角形 b 的面積是出口補貼對消費的扭曲造成的福利損失，三角形 d 的面積是出口補貼對生產的扭曲造成的福利損失。

國際貿易

因為小國對國際市場沒有影響力,所以小國國內的價格變化並不會引起國際市場上的價格變化。換而言之,在其他條件不變的前提下,小國的貿易條件不受影響。表 10.1 總結了出口補貼對小國的各種效應。

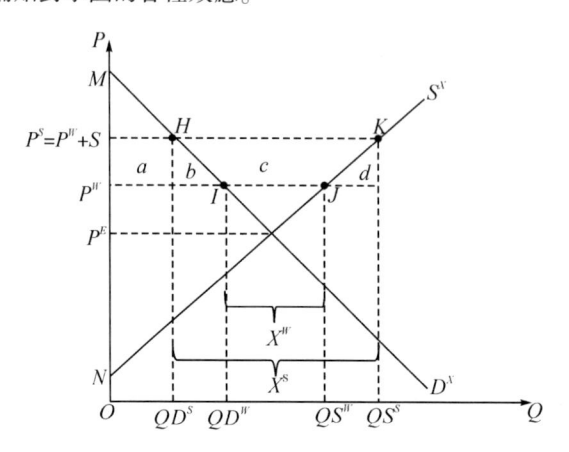

圖 10.1 出口補貼的效應（小國）

表 10.1　　　　　　　　出口補貼的效應（小國）

	出口補貼前	出口補貼後	改變量
價格效應	P^W	P^S	S
生產效應	QS^W	QS^S	$QS^S - QS^W$
消費效應	QD^W	QD^S	$QD^S - QD^W$
貿易效應	X^W	X^S	$X^S - X^W$
貿易條件			貿易條件不變
福利效應	三角形 NJP^W + 三角形 MIP^W	三角形 NKP^S + 三角形 MHP^S − 矩形 $(b+c+d)$	$-(b+d)$
生產者剩餘	三角形 NJP^W	三角形 NKP^S	$(a+b+c)$
消費者剩餘	三角形 MIP^W	三角形 MHP^S	$-(a+b)$
政府補貼支出	0	$-(b+c+d)$	$-(b+c+d)$

思考：

［10.1］小國國內的均衡價格（P^E）會高於國際市場價格（P^W）嗎？為什麼？

［10.2］考慮到無謂損失,為什麼小國還要實施出口補貼政策？

第三節　出口補貼的效應（大國）

其他條件不變，將小國改為大國。大國政府對單位出口進行價值為 S 的出口補貼後，一開始同小國一樣，大國國內售價上升，直接導致國內生產量的增加和消費量的減少，於是出口供給量增加，國際市場上出現供過於求的不均衡現象，國際市場隨之進行調節，直至達到新的均衡狀態，即出口供給量與進口需求量相等（$X^S = M^S$）。圖 10.2（a）～（c）分別展示了出口國、國際市場及進口國實現新的均衡時的狀況。新的均衡實現時，國際市場上的出口供給價格和進口需求價格分別為 $P^S = P^W + S_1$ 和 $P^{S,M} = P^W - S_2$，兩者的價差恰好為單位出口補貼額 $P^S - P^{S,M} = S_1 + S_2 = S$。

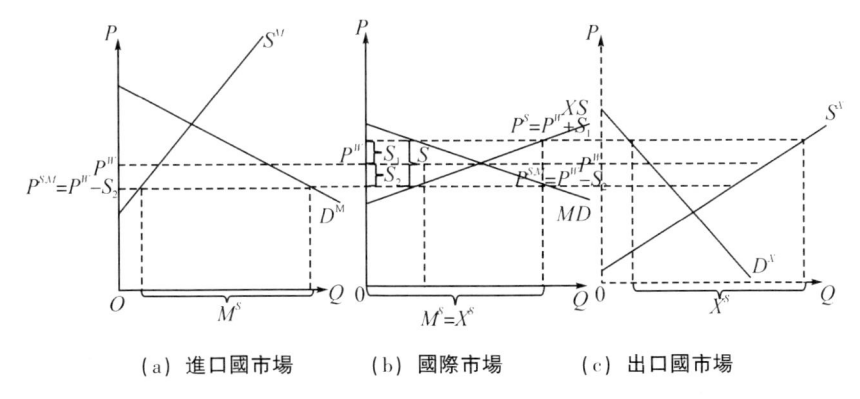

（a）進口國市場　　（b）國際市場　　（c）出口國市場

圖 10.2　補貼後均衡狀態下進口國、國際市場和出口國狀況（大國）

思考：

［10.3］為什麼出口供給價格與進口需求價格之差剛好為單位補貼額（$P^S - P^{S,M} = S$）？如果前者大於後者呢？小於呢？

圖 10.3 展示了圖 10.2（c）的細節以便分析出口補貼前後大國各變量的變化情況：國內售價由 P^W 上升到 $P^S = P^W + S_1$，上升幅度小於小國情景（$S_1 < S$）；生產量由 QS^W 上升到 QS^S，消費量由 QD^W 下降到 QD^S，出口量由 X^W 增加到 X^S，改變幅度均小於小國情景；生產者剩餘由三角形 NJP^W 的面積增加為三角形 NKP^S 的面積，增加了區域（$a + b + c$）的面積，增加幅度小於小國情形；消費者剩餘由三角形 MIP^W 的面積減少為三角形 MHP^S 的面積，減少了區域（$a + b$）的面積，減少幅度小於小國情形；政府的補貼支出為出口量 X^S 與單位出口補貼額 S 的乘積，即矩形（$b + c + d + e + f + g + h$）的面積，補貼額多於小國情形。綜上所述，出口補貼政策使得大國總福利減少了區域（$b + d + e + f + g + h$）的面積，即無謂損失。另外，由於進行出口補貼後，大國出口量增多，導致該出口商品的國際市場價格降低，如果不考慮該國進口商品的價格，則大國的貿易條件惡化。

表 10.2 總結了出口補貼對大國的各種效應。

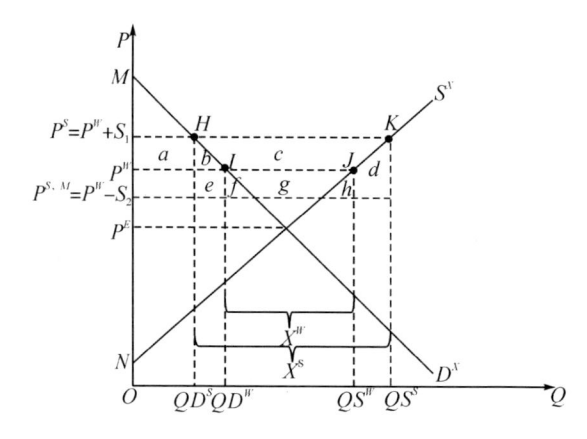

圖 10.3 出口補貼的效應（大國）

表 10.2　　　　　　　　　出口補貼的效應（大國）

	出口補貼前	出口補貼後	改變量
價格效應	P^W	P^S	S_1
生產效應	QS^W	QS^S	$QS^S - QS^W$
消費效應	QD^W	QD^S	$QD^S - QD^W$
貿易效應	X^W	X^S	$X^S - X^W$
貿易條件			貿易條件惡化
福利效應	三角形 NJP^W +三角形 MIP^W	三角形 NKP^S +三角形 MHP^S -矩形 $(b+c+d+e+f+g+h)$	$-(b+d+e+f+g+h)$
生產者剩餘	三角形 NJP^W	三角形 NKP^S	$a+b+c$
消費者剩餘	三角形 MIP^W	三角形 MHP^S	$-(a+b)$
政府補貼支出	0	$-(b+c+d+e+f+g+h)$	$-(b+c+d+e+f+g+h)$

第四節　出口補貼的效應（進口國）

出口國實施出口補貼會對進口國產生怎樣的影響呢？我們仍然需要區分大國和小國兩種情況。

一、小國情形

如果小國為了鼓勵某商品出口而對其進行出口補貼，小國國內會發生一系列變化（詳見本章第二節內容）。由於小國沒有國際影響力，這些變化對國際市場並未產生任

何影響，所以也不會影響到進口國。

二、大國情形

大國實施出口補貼，由本章第三節分析可知，國際市場上商品的出口量會增加，最終導致該商品進口國的進口價格下降，在市場完全競爭假設前提下，其國內售價隨之降低。圖 10.4 細化了圖 10.2（a）以便分析大國實施出口補貼時對進口國的各種影響：國內價格由 P^W 下降為 $P^{S,M} = P^W - S_2$，生產量由 QS^W 下降為 QS^S，消費量由 QD^W 上升為 QD^S，進口量由 M^W 上升為 M^S；生產者剩餘由三角形 NHP^W 的面積減少為三角形 $NIP^{S,M}$ 的面積，減少了梯形 a 的面積；消費者剩餘由三角形 MKP^W 的面積增加為三角形 $MJP^{S,M}$ 的面積，增加了梯形 $(a+b+c+d)$ 的面積；綜上所述，進口國總福利增加了區域 $(b+c+d)$ 的面積。由於大國實行出口補貼，進口國的進口品價格下降，如果不考慮該進口國的出口品價格，則其貿易條件得以改善。

表 10.3 總結了大國實行出口補貼對進口國的各種效應。

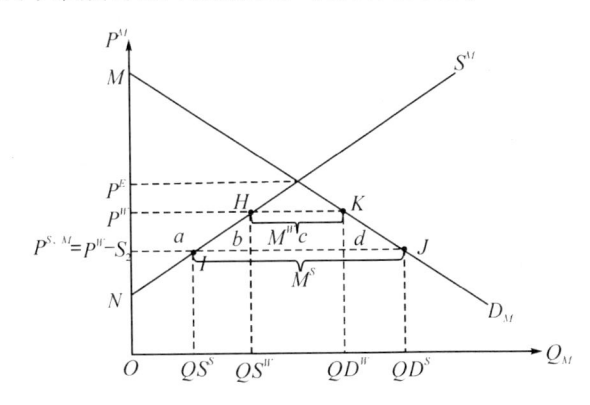

圖 10.4 出口補貼的進口國效應（大國）

表 10.3　　　　　　　　出口補貼的進口國效應（大國）

	出口補貼前	出口補貼後	改變量
價格效應	P^W	$P^{M,S}$	$-S_2$
生產效應	QS^W	QS^S	$QS^S - QS^W$
消費效應	QD^W	QD^S	$QD^S - QD^W$
貿易效應	M^W	M^S	$M^S - M^W$
貿易條件			貿易條件改善
福利效應	三角形 NHP^W +三角形 MKP^W	三角形 $NIP^{M,S}$ +三角形 $MLP^{M,S}$	$b+c+d$
生產者剩餘	三角形 NHP^W	三角形 $NIP^{M,S}$	$-a$
消費者剩餘	三角形 MKP^W	三角形 $MLP^{M,S}$	$a+b+c+d$
政府補貼支出	N/A	N/A	N/A

思考：

［10.4］為什麼出口國對其出口商品進行補貼後，進口國的貿易條件得到了改善？

閱讀10.1

2015年12月19日，世界貿易組織第十屆部長級會議取得歷史性成果，162個成員首次承諾全面取消農產品出口補貼，這是世界貿易組織成立20多年來在農業領域達成的最重要協定。出口補貼的主要使用者集中在少數發達國家和組織，據WTO資料顯示，農產品出口補貼主要由歐盟、瑞士、美國、南非等25個成員使用，約97%的出口補貼集中在歐盟、瑞士、美國和挪威，其中歐盟是全球最大的出口補貼使用者。取消農產品出口補貼最利好的對象是發展中國家行列的農產品出口國，能夠提升其農業生產者的收益。作為全球最大農產品進口國，取消發達國家農產品出口補貼於中國農產品貿易而言，既是發展機遇也是挑戰。

取消農產品出口補貼帶來的機遇有：（1）有利於消化國內農產品庫存。來自國家糧食局的數據顯示，2015—2016經濟年度，中國小麥、玉米、稻穀的預計庫存量分別達到8,957萬噸、9,061萬噸、4,560萬噸，庫存量高居世界之首。出口補貼取消後，國際農產品價格會逐漸趨於由供需平衡決定的市場價格，較之以前存在出口補貼的價格會有所上漲，進而導致中國的農產品進口成本上升，由此會相應減少進口農產品數量，轉而消費國內農產品，這對消化當前中國庫存農產品，尤其是消化中國糧食庫存量將會發揮明顯的積極作用。（2）有助於提升中國農產品出口競爭力。發達國家取消出口補貼，促使國際市場農產品價格趨於合理，在很大程度上提升了國內農產品的出口競爭力。開放公平的市場機制下，能夠促進國內更多農產品大量走出國門，獲得國際市場份額，增加農業生產者的收入。（3）有利於倒逼國內農產品優勢產業的培育與升級。隨著國際市場的健康調整，農產品價格趨於市場化，公平公正的市場環境有利於激發國內農業產業的活力，增加其創新發展的動力，提高其發揮出口優勢的主動性，對於促進中國農產品產業鏈條的優化升級、培育中國農產品出口競爭優勢具有積極作用。

取消農產品出口補貼同時帶來了挑戰：（1）減損了國內消費者福利。因為存在對國內環境污染、食品安全等問題的擔憂，目前很多消費者都青睞於國外進口農產品。隨著城鄉居民消費意識和能力的轉變提升，國內市場對高檔進口農產品已形成一定的剛性需求，因此，取消發達國家出口補貼而引起的農產品價格上升導致消費者不得不以更高的價格購買進口農產品，減損了國內剛性需求者的福利。（2）增加了以進口農產品為原料的加工企業的生產成本。國內農產品存在缺乏優質、專用品種供應等結構性矛盾，中國進口農產品部分原因是為了調劑餘缺，解決國內農產品需求短板，由於這種結構性短缺矛盾的存在，致使國內很多以短缺農產品品種為生產原料的企業不得不依賴於國外市場。因此，發達國家取消出口補貼導致的價格上漲對中國一些企業並不是利好消息，將增加企業原材料的生產成本。

資料來源：馬林靜，韓秀申. WTO全面取消農產品出口補貼對中國農產品貿易的影響及對策［J］. 對外經貿，2016（4）：4-7.

第十一章　非關稅貿易壁壘

　　非關稅貿易壁壘是指通過非關稅手段來限制商品或服務進（出）口的貿易壁壘。簡而言之，非關稅壁壘就是除進（出）口關稅外的國際貿易障礙。第十章的出口補貼就是非關稅貿易壁壘的一個例子。除此之外，還包括綠色壁壘、技術壁壘、反傾銷壁壘、許可證和配額壁壘、通關環節壁壘、進口禁令、進口產品歧視、出口限制、關稅延遲、海關貨物估價規則、裝運前檢驗、原產地規則等妨礙貿易的形式。本章將探討分析綠色壁壘、技術壁壘和反傾銷壁壘三類被有關國家用得最多的非關稅壁壘以及其他幾種非關稅壁壘。同時，本章還總結了非關稅壁壘的特點以及發展中國家應對非關稅壁壘的措施。

第一節　綠色壁壘、技術壁壘和反傾銷壁壘

一、綠色壁壘

　　綠色壁壘以保護地球上的自然資源、生態環境和人類健康為名，通過制定一系列較為苛刻的環保標準，達到對來自國外的產品或服務加以限制的目的。《關貿總協定》第二十條規定，為保護人類、動植物的生命及健康，為保存有限的天然資源，允許對貿易進行限制。在之後的世界貿易組織規則中也允許各成員國建立自己的衛生、安全、環境等方面的標準，限制不符合該國標準的產品進口。因此，一些國家在不能運用關稅等貿易保護措施限制國外產品進口時，就會運用綠色壁壘，從環保方面制止或限制某些產品進口。

閱讀 11.1

　　《實施衛生與植物衛生措施協議》（以下簡稱《SPS 協議》）是世界貿易組織管轄的一項多邊貿易協議，是對《關貿總協定》第 20 條第 2 款的具體化。根據《SPS 協議》的有關規定，WTO 成員有權採取措施以保護人類、動植物的生命和健康。具體來講，《SPS 協議》允許以下目的的措施。

　　1. 保護 WTO 成員領土內的動物或植物的生命或健康免受蟲害或病害、帶病有機體或致病有機體的傳入、定殖或傳播所產生的風險；

　　2. 保護 WTO 成員領土內的人類或動物的生命或健康免受食品、飲料或飼料中添加劑、污染物、毒素或致病有機體所產生的風險；

3. 保護 WTO 成員領土內人類的生命或健康免受動物、植物或動植物產品攜帶的病害或蟲害的傳入、定居或傳播所產生的風險；

4. 防止或控制 WTO 成員領土內有害生物的傳入、定居或傳播所產生的其他損害。

SPS 措施具體包括：所有相關的法律、法令、法規、要求和程序，特別是最終產品標準；工序和生產方法；檢驗、檢疫、檢查、出證和批准程序；各種檢疫處理，包括與動物或植物運輸有關的或與在運輸過程中為維持動植物生存所需物質有關的要求；有關統計方法、抽樣程序和風險評估方法的規定；與食品安全直接有關的包裝和標籤要求等。

根據《SPS 協議》，WTO 成員制定和實施 SPS 措施必須遵循科學性原則、等效性原則、與國際標準協調一致原則、透明度原則、SPS 措施的一致性原則、對貿易影響最小原則、動植物疫情區域化原則等。因此，缺乏科學依據，不符合上述原則的 SPS 措施均構成貿易壁壘。

例如，某國僅以從來自另一國的個別批次產品中檢測出不符合《SPS 協議》的污染物為由，全面禁止從該國進口該類產品，違反了《SPS 協議》關於 SPS 措施的實施要基於必要且對貿易影響最小的原則，構成了貿易壁壘；某國以另一國的個別農場或地區發生動植物疫情為由，全面禁止從該國進口所有的動植物及其產品，違反了《SPS 協議》的區域化原則，構成了對貿易的變相限制；某國對進口的三文魚的檢疫要求嚴於對該國產品的檢疫要求，或嚴於進口的可能感染了與三文魚相同疾病的其他魚類的檢疫要求，從而限制或禁止三文魚的進口，違反了《SPS 協議》的一致性原則，構成了貿易壁壘。

資料來源：張凌．《SPS 協定》對中國農產品出口的影響及政策研究［J］．河南省政法管理幹部學院學報，2003（4）：148-151. 慧聰網 http：//info．biz．hc360．com/2004/03/24082222042.shtml 和找法網 http：//china．findlaw．cn/jingjifa/caishuifa/cszs/swzs/50869_2.html 整理。

閱讀 11.2

自 1995 年以來，中國茶葉出口一直保持較穩定的增長。但是近年來，發達國家和地區以保護健康為由，增加茶葉中農藥殘留的檢測種類，提高茶葉中農藥殘留限量標準。以歐盟為例，自 2000 年 7 月 1 日起開始實施新的更為嚴格的茶葉農殘標準後，又陸續出抬新的茶葉農殘標準，2003 年的茶葉農殘新標準更是達到了 193 項；2006 年，日本實施了食品中含有農藥、獸藥和飼料添加劑殘留限定標準的「肯定列表制度」；2007 年，歐盟茶葉委員會公布歐盟及德國茶葉新農藥殘留標準，增加了啶蟲脒等 10 個農殘項目，並更新了其他 10 個農殘項目的新限量。

綠色壁壘不斷加高，已經成為中國茶葉出口的主要障礙。浙江某公司成立於 2004 年，註冊資本 200 萬元，是一家以茶葉為主業、多種商品兼營的綜合性進出口貿易公司，所銷售的對象主要是中國內地、歐盟、南美、中東等地區市場。2005 年起公司開始自營出口，年出口茶葉 8,000 餘噸，但由於受到綠色貿易壁壘的影響，2006 年茶葉的出口情況卻不容樂觀，銷售量只有 3,500 餘噸，比 2005 年下降了一半還多，各地區

市場上消費者的需求也因此而受到了影響。

資料來源：王勇. 浙江某公司應對綠色貿易壁壘案例［J］. 企業改革與管理，2012（11）：34-35.

二、技術壁壘

技術壁壘通過制定嚴格的技術標準，包括嚴格的產品准入條件和一系列的技術認證制度等，對進口商品加以限制。根據 WTO《技術性貿易壁壘協議》（簡稱《TBT 協議》）的有關規定，WTO 成員有權制定和實施旨在保護國家或地區安全利益、保障人類、動物或植物的生命或健康、保護環境、防止詐欺行為、保證出口產品質量等的技術法規、標準以及確定產品是否符合這些技術法規和標準的合格評定程序。以電器產品為例，歐盟採納 IEC（International Electro Technical Commission，國際電工委員會）標準，美國則實施 UL（Underwriter Laboratories Inc.，保險商實驗所）標準。其他如家具、玩具等產品也有各種各樣的技術標準。

閱讀 11.3

美國「能源之星」計劃

「能源之星」（Energy Star）計劃是美國能源部（DOE）和環保署（EPA）聯合推出的一項重要節能環保計劃，通過選購高能效產品，從而節省能源費用和保護環境。從 2010 年開始，美國就不斷加強「能源之星」相關法規的制定和更新工作。「能源之星」雖是自願性要求，但在節能管理與能效標準方面，是全球影響最廣泛的認證計劃，目前已被加拿大、日本、歐盟、澳大利亞等諸多國家引進。「能源之星」已成為能源相關產品節能和能源效率的標杆，在歐盟制定 ErP/EuP 指令的實施措施或其他國家制定能效法規及標準時，都是主要的參考之一。一般來說，「能源之星」產品為市場上能效在前 25% 的產品。貼上了「能源之星」標籤的產品，就標誌著它已經達到了美國 DOE 和 EPA 認可的能耗標準，消費者主要依據該標誌來選購節能產品，同時，依據聯邦政令，此類產品還可獲得政府的優先採購。

技術專利壁壘成影響 LED 產業發展障礙

近年來，中國燈具產業蓬勃發展，生產規模迅速擴大，成為與家電並駕齊驅的重點出口產品。LED 照明產品作為燈具的領跑者強勢崛起，同時也成為各國技術法規和標準的「靶心」。

中國 LED 照明產品的出口優勢主要源於較低的產品價格，而高端市場的份額較小，技術專利的壁壘已成為影響國內 LED 企業發展的一大障礙。目前全球 LED 產業的技術專利基本被日本、美國、韓國和德國的幾家行業巨頭所壟斷。到 2013 年年底，中國大陸 LED 領域共申請專利 36,595 項。中國專利主要集中在封裝、應用和驅動方面，三者分別占全部專利申請量的 42%、41% 和 8.5%，而外延芯片和襯底方面相對較少。與全球的情況相比，尤其是在外延芯片方面，專利僅占全部專利數量的 7%。

从专利类型上看，在中国企业提交的专利中，实用新型和外观设计专利申请占比较大，而发明专利却是短板。在发明专利中，产业链上游芯片、原材料等领域则更是有所欠缺。近年来，在LED行业的研发及生产中，中国企业申请了大量的专利，但这些专利主要分布在光源封装、背光显示、灯具设计等方面，集中于LED产业链的中下游。

在对外贸易中，国外一些机构或团体已把知识产权作为重要的贸易保护手段，如美国国际贸易委员会对中国LED企业发起的「337调查」，就是利用知识产权纠纷，阻止或限制中国企业或其产品进入美国市场最重要的手段之一。美国国际贸易委员会一旦就涉案产品发出普遍或者有限排除令，相关企业生产的涉案产品将无法出口到美国市场。

未来中国LED企业要想进入高端产品领域和巩固市场份额，强化自主研发是不可逾越的环节。如何突破行业技术难点和专利壁垒已经成为国内企业不得不面对的重点问题。

资料来源：根据中国TBT研究中心China TBT Research Center http：//tbt. testrust. com/news/detail/16200. html 整理。

三、反倾销壁垒

反倾销壁垒是指进口国以产品存在倾销为由，为削弱产品在进口国市场的竞争力而采取的限制进口的手段。WTO的有关协议明确了各成员国一些法律的合法性，允许各成员国采取反倾销措施。于是各成员国纷纷研究和制定相应的法律法规，以合法有效地开展反倾销调查。例如，在反倾销法律法规方面，美国制定了诸多法律，除了《反倾销法》外，还有《购买美国产品法》、《综合贸易法》、「超级301条款」等。日本立法也规定，在倾销产品已经进口、已经危害了国内产业或形成威胁的情况下，必须采取反倾销措施。由于反倾销被普遍认为是合理、合法的措施，因而已被众多发达国家用来阻止发展中国家产品的进入，甚至一些发展中国家也纷纷仿效，对发展中国家产品出口产生巨大阻碍。

阅读11.4

改革开放以来，中国经济迅速发展，出口贸易额激增。据商务部统计，中国出口额从1978年的97.45亿美元增长到2015年的22,749.49亿美元，年平均增长率为5.41%。2009年，中国的出口额首次超过美国，排名世界第一。至今，中国连续7年出口位列全球第一，已经成为一个世界贸易大国。随着中国产品在全球所占市场份额的不断扩大，中国与贸易伙伴国之间的贸易摩擦越来越多，其中最为突出的就是中国产品频繁遭遇贸易伙伴国的反倾销调查。根据WTO反倾销调查报告，从1995年WTO成立至2015年，全球一共发起了4,757起反倾销立案调查，其中针对中国出口产品的反倾销立案调查达1,052起，占反倾销案件总数的22.11%，中国已经连续20年成为全球遭遇反倾销最多的国家，远远超过第二名韩国的349起。

谢建国和章素珍（2017）采用1995—2014年美国对中国反倾销案例HS编码六分位数据，对反倾销对中国出口产品质量的影响进行了研究。研究结果发现，反倾销调

查對中國出口產品的質量產生了較大的負面影響，反傾銷調查造成後續三年產品質量分別下降了 4.3%、2.73% 和 2.15%，徵收反傾銷稅和肯定性裁決對裁決後第一年出口產品的質量產生的負面影響最大，雖然反傾銷對出口產品質量的負面影響在隨後年份逐漸得到了緩和，但是這種負面影響仍然不可小覷。研究結果同時顯示，否定性裁決對涉案產品的質量提升有一定的促進作用。這一結果表明，是潛在反傾銷威脅而不是反傾銷本身促進了企業產品質量的提升。這提醒我們，當遭遇反傾銷時要積極應對申訴國的反傾銷調查，而不能一味地消極迴避，以避免反傾銷裁定成立後對中國出口產品質量升級不可逆的負面影響。

資料來源：謝建國，章素珍. 反傾銷與中國出口產品質量升級：以美國對華貿易反傾銷為例［J］. 國際貿易問題，2017（1）：153-164.

第二節　非關稅貿易壁壘的其他形式

一、許可證和配額

許可證和配額是最常見的直接限制進（出）口的工具。許可證制度要求一個國家通過特設機構對清單中所列的進（出）口商品頒發對外貿易許可證，以此來達到控制或者限制清單所列商品的進（出）口的目的。

許可證形式多樣，主要有進口許可證和出口許可證。進口許可證是一國政府頒發的對某些商品進入其境內的授權憑證。由於某些進口會對國內市場造成衝擊，所以政府會對該國的進口品種及數量進行一定的限制。按照有無限制，進口許可證可分為公開一般許可證和特種進口許可證。公開一般許可證的主要作用是進行進口統計，其對進口國別或地區等沒有限制，進口商只要填寫此證，即可獲準進口。特種進口許可證是指進口商必須向政府有關當局提出申請，經政府有關當局逐筆審查批准後才能進口。根據有無配額，進口許可證又可分為有定額的進口許可證和無定額的進口許可證。有定額的進口許可證即先規定有關商品的配額，然後在配額的限度內根據進口商申請發放許可證；無定額的進口許可證主要根據臨時的政治或經濟需要發放。

出口許可證是一國有關當局簽發的准許出口的許可證件，是一國對出口貨物實行管制的一項措施。一般而言，某些國家對國內生產所需的原料、半製成品以及國內供不應求的一些緊俏商品實行出口許可證制，以滿足國內市場消費者的需要，保護民族經濟。

二、通關環節壁壘

通關環節壁壘（Customs & Administrative Entry Procedures）表現形式多樣，譬如：（1）進口國有關當局在進口商辦理通關手續時，要求其提供非常複雜或難以獲得的資料，甚至商業秘密資料，從而增加進口產品的成本，影響其順利進入進口國市場；（2）通關程序耗時冗長，使得應季的進口產品（如，應季服裝、農產品等）失去最佳貿易機會；（3）對進口產品徵收不合理的海關稅費；等等。

通關環節壁壘的其他常見形式有指定通關口岸、實行海關最低限價、增加監管手續、進行嚴格的商品檢查、增加海關執法任意性、增加費用負擔、拖延通關時間等。表 11.1 列舉了幾種較常見的通關環節壁壘措施。

表 11.1　　　　　　　　有關國家採取的通關環節壁壘措施

國家	案例	通關環節壁壘形式
阿根廷	2005 年 9 月，阿根廷對原產於中國、馬來西亞等地的紡織服裝、玩具及鞋類產品要求必須通過布宜諾斯艾利斯、馬德普拉塔等 14 個指定關口報關。	指定通關口岸。
哥倫比亞	2005 年 7 月 1 日，哥倫比亞稅務和海關總局發布規定，對來自中國的鞋類、紡織品、電池、顯示器、榨汁機、電熨斗等要求強制提前 15 天報關；2005 年 7 月 7 日，哥倫比亞海關和稅務總局做出決定，對來自中國和巴拿馬的海關稅號第 50 章至 64 章全部商品實行通關限制，通過空運進口的上述商品只能在波哥大海關辦理通關，通過海運進口的上述商品只能通過巴蘭基亞海關通關。	實行海關限價；指定通關口岸。
巴西	2005 年 12 月，巴西對從中國進口的鞋類產品實施灰色通道管理，以查處貨證不符和低價報關等現象。	加緊監管尺度。
阿爾及利亞	阿爾及利亞要求從中國進口的所有商品必須送至海關總署審價，並提高對中國產品的開箱檢查率。	增加監管手續。
塞內加爾	2005 年 9 月，塞內加爾將服裝、布、鞋、電視四類中國商品的報關最低限價提高至原先限價的三倍。	實行海關限價。
菲律賓	2005 年 8 月，菲律賓對從中國進口的輪胎等產品不再按進口商提供的進口價格徵收關稅，代之以菲律賓駐中國廣州商務和投資中心提供的產品參考價作為徵稅基礎。而該參考價普遍高於實際進口價格，加重關稅負擔。	實行海關限價。
韓國	2000 年開始，韓國對芝麻等 18 種農產品實行不透明的通關前稅額審查制度，延長相關產品的通關時間，阻礙中國農產品對韓國出口。2003 年 7 月起，韓國大幅提高對進口農產品的抽檢率。該措施針對的農產品主要來自中國。	實行海關限價；加緊監管尺度。
土耳其	2004 年 4 月，土耳其海關設立「紅色通道」，專門用於檢查來自中國的 28 類商品，並對部分商品進行「二次檢查」。土耳其海關不僅大幅提高開箱檢查比例，土耳其海關人員在檢查中國商品時還經常出現故意部分卸貨、拒絕當場檢查等情況，以此拖延通關時間，增加進口商成本。	執法任意性；拖延通關時間。
俄羅斯	2004 年，俄羅斯對中國服裝、家電等產品規定較高的海關最低限價，並規定自中國進口的經鐵路運往莫斯科及莫斯科州的產品必須在指定的 13 個鐵路站收貨和辦理通關手續。2005 年，俄羅斯對進口商的身分進行嚴格監督。	指定通關口岸；實行海關限價；增加監管手續。

表11.1(續)

國家	案例	通關環節壁壘形式
美國	美國海關要求出口商對輸入美國的紡織品、服裝、鞋等商品提供超出正常通關需要的相關信息。有關信息提供手續繁瑣，而且費用高昂。美國海關還延長結稅期。在結稅期內可能要求額外信息以對商品歸類並確定原產地。如無法在結稅期內保留進口商品以便最終確定關稅，美國海關將徵收相當於貨值100%的罰金。	增加監管手續；增加費用負擔；拖延通關時間。

資料來源：吳昊. 小心通關環節壁壘［J］. 中國海關，2006a（12）：44-45. 吳昊. 貿易壁壘中的「軟刀子」——通關環節壁壘的解析及應對措施［J］. WTO經濟導刊，2006b（11）：46-47.

三、進口禁令

進口禁令指超出WTO規則相關例外條款（如GATT第20條規定的一般例外、第21條規定的安全例外等）規定而實施的限制或禁止進口的措施。

閱讀11.5

據俄新社2015年7月2日消息，聯合國糧食與農業組織及經濟合作與發展組織聯合發表的報告中稱，俄羅斯食品進口禁令導致的食品進口國結構改變，或將對俄羅斯乃至全球貿易產生影響。

2014年8月，針對包括歐盟各國在內的向其實施制裁的國家，俄羅斯出抬了為期一年的食品進口禁令，肉類、香腸、魚類、蔬菜、水果和奶製品都在禁運之列。6月25日，俄政府將該禁令的有效時間延至2016年8月5日，牡蠣和貽貝幼體的進口被解禁，但禁止進口任何種類的奶酪，也加強了對無乳糖奶製品進口的限制。

報告中稱：「禁令的主要結果是貿易流的轉移，俄羅斯轉而向那些不在禁令範圍內的國家進口大部分食品，尤其是南美洲國家。進口結構的改變或將對俄羅斯的貿易、生產和消費產生長期影響，甚至會波及全球市場。」

報告中特別以南美洲國家為例，南美洲在俄羅斯食品進口禁令出抬前是俄羅斯牛肉的主要供應國，而現在又擴大了其他食品在俄羅斯市場上的份額。阿塞拜疆、白俄羅斯、中國、以色列、塞爾維亞、土耳其等國食品的份額也得到了擴大。

與此同時，歐盟和美國在通往俄羅斯市場的大門關閉後，擴大了對亞洲國家的出口，而此前為亞洲輸入食品的主要是南美洲國家。

資料來源：根據環球網 http://finance.huanqiu.com/cjrd/2015-07/6828946.html 整理。

四、進口產品歧視

政府採購中對進口產品的歧視可分為以下兩種情況。

1. WTO《政府採購協議》的簽署方之間所採取的對進口產品的歧視措施。《政府採購協議》是一個諸邊協議，即只有簽署了該協議的成員方受協議規則的約束。該協議

規定，協議的簽署方必須保持政府採購的透明度，並給其他成員在參與政府採購方面同等的待遇。實踐中，一些 WTO 成員方往往以不太透明的採購程序阻礙外國產品公平地參與採購。例如，某國法律規定在政府採購中實施國內優先原則；對採購該國產品予以某些特殊優惠；制定複雜的採購程序，使國外產品無法公平地參與採購競標；以「國家安全」為由武斷地剝奪外國產品參與採購的機會。

2. 非 WTO《政府採購協議》的簽署方之間採取的對進口產品的歧視措施。在各國自願對外國開放該國政府採購的領域中，也會存在對進口產品的歧視。這些歧視措施在實踐中主要表現為違反最惠國待遇原則，對不同國家的產品採取差別待遇，從而構成對特定國家產品的歧視。

閱讀 11.6

2008 年，美國通過了肉製品需要標示原產地（COOL）的管理規定。加拿大和墨西哥認為該項規定對各自出口到美國的肉製品構成了歧視，違反了關貿總協定（GATT）以及技術貿易壁壘（TBT）相關規定，分別於 2008 年 12 月 1 日和 17 日，向世貿組織（WTO）提出申訴。2012 年 6 月 29 日，世貿組織裁決美國原產地標示規定違反世貿規定。隨後，美國對其原產地標示規定（COOL）進行修改。2014 年，美國農業部高層聲稱，原產地標示在滿足美國現有法律要求情況下，將符合世貿規定。2014 年 11 月 28 日，美國就「美國原產地標示對進口產品構成歧性裁決」進行申訴。2014 年 12 月 12 日，墨西哥政府再次就美國原產地標示規定提出上訴。2015 年 5 月 18 日，世貿組織再次駁回了美國對「美國原產地標示對進口產品構成歧視裁決」的申訴。2015 年 11 月份世界貿易組織裁決，加拿大和墨西哥可就美國的 COOL 徵收 10 億美元報復關稅。加拿大和墨西哥準備對包括葡萄酒和冷凍橙汁在內的美國產品徵收報復性關稅。鑒於此，12 月 18 日美國當時的總統奧巴馬簽署聯邦預算法案，廢除肉類產品「原產地標示規定」（COOL）。

資料來源：根據國家質量監督檢驗檢疫總局 http：//www. aqsiq. gov. cn/xxgk_13386/tzdt/gzdt/201505/t20150525_ 440367. htm 和 Food Safety News http：//www. food-safetynews. com/2015/12/usda-ends-cool-enforcement-with-presidents-signature-on-omnibus-bill/#. WQCJqVKB2Hq 整理。

五、出口限制

出口限制是指國家為控制商品出口而實施的一系列措施。出口限制的商品通常包含戰略物資、先進技術、國內短缺物資、文物和古董以及「自動」限制出口的商品等。出口限制的手段主要有出口限額、出口價格管理、出口品質管制、出口許可證和出口結匯管制等。表 11.2 列式了幾種主要出口限制措施。

表 11. 2 主要出口限制措施一覽表

出口限制的形式	出口限制的含義
出口禁止	絕對禁止出口。

表11.2(續)

出口限制的形式	出口限制的含義
出口配額	確定出口數量的最高額度。
出口許可證	以許可證的形式由政府主管機構定奪是否允許出口。
出口稅	以關稅或費用形式對出口徵收稅費,以提高出口產品的價格。
最低出口價格	確定出口產品的最低價格,以提高出口產品價格,其作用與出口稅相當。
自願出口限制	自願出口限制是由政府施加的對其某些產品在某一特定時期向某一特定國家出口的量的限制。
出口卡特爾	出口卡特爾是指企業之間為統一出口價格、控制出口數量、割分出口市場而達成的一種協議或安排。
國有貿易	國有貿易是指國家(政府)出資設立的或經營的貿易企業所從事的具有強烈行政色彩的貿易活動。這些企業通常擁有進出口特權,具有排他性和壟斷性。

資料來源:蔣榮兵. 國際貿易出口限制的分析研究 [J]. 國際貿易問題,2012(5):119-127.

第三節 非關稅壁壘的特點

與通常的關稅壁壘相比,非關稅壁壘最大的不同是具有不透明性和不確定性,主觀隨意性很大,一旦國家相關部門認為產品有某種嫌疑或不符合相關要求,就會馬上採取措施限制進(出)口。非關稅壁壘主要具有以下幾個明顯的特點。

第一,非關稅壁壘具有更大的靈活性和針對性。關稅措施,如稅率的確定和關稅徵收的辦法都是透明的,(進)出口商可以比較容易地獲得有關信息。關稅措施的制定、調整往往需要通過一定的法律程序,比如,關稅稅率的變更是需要經過一定的法律程序的,因此關稅措施具有一定程度的延續性和穩定性。而非關稅措施的制定與實施,大多是採用行政程序,制定起來比較迅速,程序也比較簡單,便於隨時針對某國和某種商品採取或更換相應的限制進(出)口措施,從而較快地達到限制進(出)口的目的。

第二,非關稅壁壘的保護作用更為強烈和直接。關稅措施是通過徵收關稅來提高進(出)口商品成本和價格,進而削弱其競爭能力的,因而其保護作用具有間接性。而一些非關稅措施,如,環保標準、技術標準等,如果產品達不到規定的標準就可以直接禁止進(出)口,這樣就能快速和直接地達到限制進(出)口的目的。

第三,非關稅壁壘的保護方式具有隱蔽性和歧視性。一般來說,非關稅壁壘的檢驗標準非常複雜,大多建立在高科技基礎上,並且還具有不確定性,從而使受害的一方難以做出準確判斷和提出指控依據。另外,關稅措施的歧視性也較低,它往往要受到雙邊關係和國際多邊貿易協定的制約。而一些非關稅措施則往往透明度差、隱蔽性強,掌握在發達國家手中的非關稅壁壘具有很強的針對性,著重限制發展中國家的生命線型的產業,導致發展中國家的原本符合公平競爭原則的比較優勢消失殆盡,從而

喪失其競爭力。因此，發達國家的產品比較容易進入發展中國家的市場，而發展中國家的產品卻因難以達到發達國家的種種標準而受到歧視性待遇，常常被拒之門外。

第四，非關稅壁壘具有形式上的合法性。非關稅壁壘形成的原因大多是因為WTO在一定程度上承認了這些措施存在的合理性。許多國家都制定了有關法律和法規，如，環保立法、技術標準法規和反傾銷法等，來為這些非關稅壁壘提供法律支持。比如，綠色貿易壁壘以保護世界資源環境和人類健康為名，實行貿易限制和制裁措施，這就抓住了人們關注生態環境和生活質量的心理，給自己披上了合法的外衣。

第四節　非關稅壁壘對發展中國家的影響及發展中國家的應對措施

一、非關稅壁壘對發展中國家的影響

聯合國貿發會議（UNCTAD）2016年發布的最新數據指出，由於非關稅壁壘在當前全球貿易中的普遍性，發展中國家每年損失約230億美元，這一數額相當於發展中國家每年出口收入的十分之一。貿發報告中顯示，隨著全球貿易中關稅已降至歷史低點，非關稅限制措施的大規模實行已成為制約全球貿易更快發展的主要因素。伴隨著許多國家中產階層的擴大，人們普遍對產品提出了更安全、更清潔的要求，因而需要政府推出更多非關稅限制措施對產品質量加以保障。

由於發展中國家在設備、技術和專業知識等方面的相對缺乏，非關稅貿易壁壘在很大程度上增加了發展中國家的生產成本和貿易成本。據估計，歐盟的衛生與植物衛生措施（SPS）導致了低收入國家在出口行業遭受約30億美元的損失，損失的金額約等於低收入國家與歐盟農產品貿易總額的14%。

二、發展中國家的應對措施

客觀來看，非關稅壁壘對保護環境和人類健康、促進經濟可持續發展有重要作用，其還將長期存在。發展中國家必須適應這種國際貿易環境，學習別國貿易經驗，靈活運用國際規則，不斷提高企業產品在國際市場上的競爭力，才能在非關稅壁壘的影響中站穩腳跟。

（一）創新技術，提高產品及服務質量

發展中國家應致力於深入研究與開發，提高技術水準，形成自主知識產權。同時，發展中國家應調整出口商品結構，提高出口產品的科技含量，從而提高產品競爭力。這不僅可以提高利潤，也是應對技術貿易壁壘的根本途徑。

（二）與國際標準接軌，積極參與國際合作

大力推進國際標準取代國家標準，使本國商品滿足國際標準。同時發展中國家也要加強和各國的技術交流，建立貿易雙方都適應的技術標準，從而降低貿易成本。

發展中國家應該積極參與國際合作，一方面增強在國際貿易環境中的影響力，另一方面有利於開拓新市場、促進市場多元化發展，避免產品出口過於集中。

(三) 充分瞭解進口國市場需求及當地政府政策

發展中國家應及時瞭解所在進口國市場對某種商品採取什麼樣的措施和政策以及當地制定的各種標準，對所在行業的最新動態以及消費者的最新需求充分把握，以減少非關稅壁壘的影響。

為了增強非關稅限制措施的透明度，聯合國貿發會議（UNCTAD）推出了一個數據庫，列出 56 個國家的非關稅措施，涵蓋了 80% 的全球貿易份額。該數據庫旨在幫助決策者快速查詢不同國別不同產品的非關稅限制措施的要求，從而幫助各地區政策制定者協調其法規和政策，以加速地區貿易的增長。

(四) 降低國內企業對外貿的依賴，擴大內需

發展中國家在發展外向型經濟的同時，應更加注重國內市場的開拓，以減少國民經濟增長對外貿的依賴，從根本上使得本國經濟健康發展。

(五) 維護國家正當權益

面對不合理的非關稅壁壘，發展中國家應在 WTO 法律框架下通過積極採取應對措施來保障自身權利，依靠各級政府、行業、企業的合力來維護國家的合法權益。

針對目前一些發達國家將嚴重破壞生態環境的生產和活動轉移到發展中國家的現象，發展中國家應該積極提出抗議，並及時向國際貿易組織反應，以此來維護發展中國家在國際貿易中的合理權益。

思考：

[11.1] 你還知道哪些非關稅壁壘？

[11.2] 討論非關稅壁壘的正反影響。

[11.3] 還有什麼有效的應對非關稅壁壘的措施？

第十二章　全球區域經濟一體化

　　全球經濟一體化和區域經濟一體化是世界經濟一體化的兩種基本形式。兩者從本質上講是一樣的，都是通過對生產要素、商品與服務進行跨越國界的配置，推動一定範圍的貿易自由化和經濟一體化。只是兩者合作的範圍和合作的方式有所不同。全球經濟一體化主要是通過在全球多邊貿易談判中削減各種關稅、非關稅壁壘，制定多邊貿易規則，實現世界範圍的貿易自由化和經濟一體化。區域經濟一體化主要是通過制定地區性的優惠貿易安排，建立經濟集團，實現集團成員之間的貿易自由化和經濟一體化。

第一節　全球區域經濟一體化組織

一、世界貿易組織（WTO）

　　世界貿易組織（World Trade Organization，WTO）成立於 1995 年，其前身是成立於 1947 年關貿總協定（General Agreement on Tariffs and Trade，GATT）。截至 2017 年，WTO 擁有 164 個成員，其中 117 個成員來自發展中國家或者單獨關稅區。WTO 是全球性經濟組織，總部設在瑞士日內瓦，成員貿易總額達到全球的 98%，有「經濟聯合國」之稱。

　　WTO 有 16 個所有成員均參與在內的多邊貿易協定和 2 個部分成員參與的復邊協定。WTO 協定旨在降低貿易壁壘，促進世界經濟增長。除了制定多邊和（或）復邊協定，WTO 還設立相關機構、提供相關法律以監督這些協定的實施和執行，同時，WTO 還負責解決因各成員國對協議的解讀和應用不同而導致的各種爭端。

　　理論上來講，WTO 的所有決定由所有成員國達成共識後共同做出。具體來講，WTO 的主要職能有以下部分。

　　1. 通過談判降低直至取消貿易壁壘，如進口關稅和其他貿易壁壘；協商監管國際貿易行為的準則，如反傾銷、反補貼、產品製造標準等；

　　2. 監督和管理 WTO 協定在貨物貿易、服務貿易以及知識產權貿易中的應用；

　　3. 監督和審核成員國的貿易政策，確保區域和雙邊貿易協定的透明性；

　　4. 解決成員國之間由於對 WTO 各協定的解讀和應用的不同而導致的爭端與矛盾；

　　5. 培養發展中國家政府官員處理國際貿易事務的能力；

　　6. 協助另外約 30 個非成員加入 WTO；

7. 開展經濟研究，收集並發布貿易數據以支持 WTO 的其他主要活動；

8. 向公眾宣傳 WTO 以及 WTO 的任務和活動。

WTO 自成立以來的一貫指導原則是追求對外開放，保證成員國之間的最惠國待遇和非歧視待遇，並承諾一切行為的透明度。在考慮了合理的例外情況和保持足夠靈活性的基礎上，對外開放不僅有利於可持續發展，提高人民福利水準、減少貧困，還能夠促進和平與穩定。當然，對外開放市場還需要同國內和國際政策合理結合，依據各成員國的需求和期望促進經濟增長和發展。

二、歐洲聯盟（EU）

歐洲聯盟（European Union，EU）成立於 1993 年，總部設在比利時首都布魯塞爾，其前身為成立於 1958 年的歐洲共同體（European Economic Community，EEC），德國、法國、義大利、荷蘭、比利時和盧森堡 6 國為創始成員。截至 2017 年有 28 個會員，24 種正式官方語言。28 個成員中的 19 個統一使用歐元（Euro）為官方貨幣，稱為歐元區。

EU 成員國之間摒除了邊界的圍限，成員國居民可以自由地在各成員國之間生活、工作和旅行。統一市場成了 EU 經濟發展的引擎，大部分貨物和服務在成員國之間可以自由流動，自由流動領域甚至擴大到能源、知識和資本市場，這有助於成員國從資源中獲取最大收益。

EU 是世界上一支重要的經濟力量。EU 人口占世界總人口的 7% 左右，而 2014 年其 GDP 卻是世界 GDP 的 17.1%。EU 於 2016 年的出版物《貿易》中指出 EU 約 34% 的 GDP 來自於對外貿易，EU 的貿易額在 1999 到 2010 年間增長了 1 倍。EU 是 59 個國家的最大貿易夥伴國，中國和美國的最大貿易夥伴國數量分別是 37 和 23。2014 年，EU 進出口額占世界進出口總額的 16.6%。

三、北美自由貿易區（NAFTA）

北美自由貿易協定（North American Free Trade Agreement，NAFTA）是由美國、加拿大和墨西哥 3 國組成的，於 1994 年 1 月 1 日正式生效，北美自由貿易區（North American Free Trade Area，NAFTA）即宣布成立。NAFTA 的目標在於消除美、加、墨三國之間的貿易和投資壁壘。《北美自由貿易協定》生效當年，墨西哥出口至美國的約一半出口品以及美國出口墨西哥的約三分之一出口產品的關稅被立即取消了。美加之間大多數貿易都是免稅的。

北美自由貿易區由兩個發達國家和一個發展中國家組成，它們之間在政治、經濟、文化等方面差距很大。因此，北美自由貿易區是通過垂直分工來體現美、加、墨三國之間的經濟互補關係，促進各方經濟發展的。北美自由貿易區的合作模式是美國和加拿大利用發達的技術和知識密集型產業，通過擴大對墨西哥資本密集型商品的貿易和資本的流動來獲得收益；而墨西哥利用廉價的勞動力優勢發展勞動密集型產業和製造業，並將產品出口到美國和加拿大，同時從美國和加拿大獲得投資和技術。

NAFTA 擴大了美國對加拿大和墨西哥的出口，使美國資本能夠無阻礙地進入墨西

哥的能源、金融和電信等產業和利用墨西哥的廉價勞動力。加拿大的收益包括擴大對美國和墨西哥的出口，並促進了對兩國的投資。而墨西哥的收益是擴大了進入美國和加拿大市場的機會，從兩國吸引了大量外資並引進了先進技術和管理經驗。

閱讀 12.1

NAFTA 正式生效以來，幾乎零關稅的貿易自由化極大地推動了美國、加拿大和墨西哥三國的市場融合，促進了相互之間的貿易。到 2016 年，美國和加拿大的雙邊貿易額增加到 5,492.4 億美元，為 1993 年的約 2.6 倍，加拿大貿易順差為 173.7 億美元；美國和墨西哥的雙邊貿易額增長到 5,278.2 億美元，為 1993 年的約 6.4 倍，墨西哥貿易順差為 658.9 億美元；加拿大和墨西哥的貿易額增長到 307.9 億美元，為 1993 年的約 9 倍，墨西哥貿易順差為 192.8 億美元。

NAFTA 生效以來，墨西哥在區域內的貿易增長最快，並且也處於較大的貿易順差狀態。美國和加拿大的貿易也有很大的增長，但貿易差額地位的變化不大，並且加拿大出口美國的多為資源性原材料產品，不會給美國製造業就業帶來影響。與此同時，自北美自貿區建立以來，美國對墨西哥的直接投資增長很快，同時墨西哥也吸引了較多的國外投資，將墨西哥作為面向美國市場的生產基地。因此，在 NAFTA 的三國關係中，加拿大和墨西哥對美國市場的依賴都大於美國對兩國市場的需要，尤其以墨西哥對美國市場的依賴為甚。

美國總統 Donald Trump（唐納德·特朗普）就任以來接連炮轟《北美自由貿易協定》，特朗普在總統競選中就聲稱 NAFTA 是「美國有史以來最糟糕的協定」，並承諾當選後重新談判或廢除協定。在正式就任美國總統的第三天（2017 年 1 月 22 日），特朗普就迫不及待地表示將在同加拿大和墨西哥領導人會面時商討重新談判的事宜。特朗普認為 NAFTA 對美國不公，大量的製造業轉移到了墨西哥，造成了美國就業機會的損失，同時移民和邊境安全議題也需要重新談判。故而，美國談判的訴求主要在兩個方面：一是在經濟關係上要使 NAFTA 條款對美國更為「公平」，留住美國製造業並帶來新的就業崗位；二是收緊對墨西哥的移民和邊境政策。

資料來源：李春頂．《北美自由貿易協定》的前途命運［J］．世界知識，2017（6）：46-47.

四、亞洲太平洋經濟合作組織（APEC）

亞洲太平洋經濟合作組織，簡稱亞太經合組織（Asia-Pacific Economic Cooperation，APEC），有 21 個成員，是亞太地區最具影響力的經濟合作官方論壇。1989 年 11 月 5 日至 7 日，於澳大利亞舉行亞太經濟合作會議首屆部長級會議，標誌著亞太經濟合作組織的成立。

APEC 致力於促進亞太地區平衡的、可持續的、包容的、創新的、安全的經濟增長，倡導自由開放的貿易，促進加速區域經濟和技術合作，營造有利的並可持續的商業環境，以此為區域人民創造更大的經濟繁榮。

APEC 已經成為亞太地區經濟增長的引擎，是亞太區內各地區之間促進經濟成長、

合作、貿易、投資的論壇，該組織為推動區域貿易投資自由化，加強成員間經濟技術合作等方面發揮了不可替代的作用。其 21 個成員擁有 28 億人口，2015 年 APEC 成員國的 GDP 總量約占世界 GDP 的 59%，同年，APEC 成員國的貿易總量約占世界貿易的 49%。APEC 極大地促進了區域內的經濟增長，實際 GDP 從 1989 年的 19 萬億美元增長到 2015 年的 42 萬億美元。在二十多年間，亞太地區居民的人均收入增長了 74%，上百萬居民脫離了貧困。

APEC 的一系列措施，比如，降低關稅和埋順成員國之間相關法規的差異等，使得亞太地區國家更加緊密地團結在一起，這為區域內成員帶來了經濟的繁榮。數據表明 APEC 將平均關稅由 1989 年的 17% 降到了 2012 年的 5.2%。在同一時期，APEC 的總貿易額的增長超過了 7 倍，超過世界其他國家，其中三分之二的貿易發生在成員國之間。

五、東南亞國家聯盟（ASEAN）

東南亞國家聯盟（Association of Southeast Asian Nations），簡稱東盟（ASEAN）。於 1967 年 8 月 8 日在泰國曼谷成立。印度尼西亞、馬來西亞、新加坡、菲律賓、泰國五國為創始成員國。它們共同簽訂了《東南亞國家聯盟成立宣言》，即《曼谷宣言》。隨後，文萊（1984 年 1 月 7 日）、越南（1995 年 7 月 28 日）、老撾（1997 年 7 月 23 日）、緬甸（1997 年 7 月 23 日）和柬埔寨（1999 年 4 月 30 日）先後加入東盟，共同組成了東盟十國。

ASEAN 各成員國總領土面積 440 萬平方千米，是世界總面積的 3%；總人口接近 6.4 億，占世界人口的 8.8%。2015 年，ASEAN 各成員國總的名義 GDP 增長到超過 2.8 萬億美元。如果把 ASEAN 看成一個整體，那麼它是世界排名第 6 的經濟體，前 5 位分別是：美國、中國、日本、德國和英國。

ASEAN 是亞洲一體化合作的平臺，成員國協同亞洲其他非成員國一起解決區域內爭端和問題，促進區域的統一、繁榮和可持續發展。在 ASEAN 宣言中，對其目標是這樣描述的：

1. 本著平等和夥伴關係的精神，共同努力促進區域經濟增長、社會進步和文化發展，強化東南亞國家聯盟繁榮和平的基礎；

2. 處理成員國之間關係時，應尊重正義和法治，堅持聯合國憲章的原則，共同促進區域和平和穩定；

3. 促進成員國在經濟、社會、文化、技術、科技和管理等領域共同關心的問題上的積極合作和相互援助；

4. 在教育、職業、技術和行政領域以培訓和提供研究設施的形式互相幫助；

5. 促進成員國之間更有效地合作，更好地利用成員國的農業和工業，擴張成員國之間的貿易，研究國際商品貿易的問題，改善成員國的運輸和通信設施，改善人民生活水準；

6. 促進東南亞國家研究；

7. 同有相似目標的其他國際和區域組織保持緊密、互利的合作關係，開拓彼此之間更密切合作的各種途徑。

六、經濟合作與發展組織（OECD）

經濟合作與發展組織（Organization for Economic Co-operation and Development），簡稱經合組織（OECD），是由35個市場經濟國家組成的政府間國際經濟組織，成立於1961年，總部設在法國巴黎。

經濟合作與發展組織的前身為於1948年4月16日由西歐十多個國家成立的歐洲經濟合作組織。1960年12月14日，加拿大、美國及歐洲經濟合作組織的成員國等共20個國家共同簽署《經濟合作與發展組織公約》，決定成立經濟合作與發展組織。在公約獲得規定數目的成員國議會的批准後，《經濟合作與發展組織公約》於1961年9月30日在巴黎生效，經濟合作與發展組織正式成立。

OECD旨在共同應對全球化帶來的經濟、社會和政府治理等方面的挑戰，並把握全球化帶來的機遇，促進世界人民的經濟和社會福利。具體來講，OECD致力於協助世界各國政府：

1. 恢復對市場和促使市場發揮功能的機構的信心；
2. 重建健康的公共財政，作為未來經濟可持續發展的基礎；
3. 通過創新、環境友好的「綠色增長」戰略和新興經濟體的發展，促進新的增長源；
4. 確保各年齡層的人都擁有適應未來工作崗位的工作技能。

七、「金磚國家」（BRICS）

「金磚國家」（BRICS）引用了俄羅斯（Russia）、中國（China）、巴西（Brazil）、印度（India）和南非（South Africa）的英文首字母。2001年，美國高盛公司首席經濟師吉姆・奧尼爾（Jim O'Neill）首次提出「金磚四國」（BRIC）這一概念，特指新興市場投資代表。2010年南非（South Africa）加入後，其英文單詞變為「BRICS」，並改稱為「金磚國家」，其中，S為南非的英文首字母。

截至2016年，BRICS擁有世界43%的人口，其GDP總量占世界GDP的30%，其貿易總額占世界貿易額的17%。BRICS成員國均為世界領先發展中國家或者新興工業國家，均是G20（20國集團）成員國。5個成員國以經濟規模大、經濟發展速度快、對區域事務影響力大而區別於其他發展中國家。金磚國家遵循開放透明、團結互助、深化合作、共謀發展的原則和「開放、包容、合作、共贏」的金磚國家精神，致力於構建更加緊密、全面、牢固的夥伴關係。自2009年開始，BRICS成員國每年都會舉行正式峰會。2017年9月，中國在廈門主辦了BRICS第9次峰會。

八、「一帶一路」（B&R）

「一帶一路」（The Belt and Road，B&R）是「絲綢之路經濟帶」（The Silk Road Economic Belt）和「21世紀海上絲綢之路」（The 21st-Century Maritime Silk Road）的簡稱。「一帶一路」倡議是涉及60多個國家、40多億人口，涵蓋政治、貿易、能源、金融、安全等領域的綜合性倡議。

2013 年 9 月和 10 月出訪哈薩克斯坦和印度尼西亞時，中國國家主席習近平先後提出共建「絲綢之路經濟帶」「21 世紀海上絲綢之路」的倡議。2015 年多部委聯合發布了《推動共建絲綢之路經濟帶和 21 世紀海上絲綢之路的願景與行動》，這意味著「一帶一路」建設進入了實質性推進階段。

「一帶一路」建設的核心目標是實現中國與沿線國家間的互聯互通，長遠目標是實現跨越亞非歐大陸國家和地區的區域經濟一體化。推進「一帶一路」建設是經濟發展新階段中國對外開放的重大舉措，它標誌著中國的對外開放由過去的沿海開放擴大至全線開放，對外經貿合作夥伴由聚焦發達經濟大國轉向周邊國家和發展中國家，對外開放的動機由利用全球資源促進本國經濟增長轉向發揮本國資源優勢促進周邊和本國經濟的共同繁榮。

閱讀 12.2

根據中華人民共和國商務部《中國對外直接投資統計公報》，2013 年中國境內投資者共對全球 154 個國家和地區、5,090 家境外企業進行了直接投資，非金融類企業的累計投資額達到 901.7 億美元。2003—2013 年，中國對外直接投資的年均增速高達 49.24%，對「一帶一路」沿線國家直接投資的年均增速更是高達 58.07%，對獨聯體國家和中亞國家直接投資的年均增速達到 271.22% 與 180.95%。從 2013 年非金融類對外直接投資區域結構分佈看，對「一帶一路」沿線國家和地區的直接投資規模占中國對外直接投資總額的比例為 11.4%。其中，中國企業直接投資較為集中的國家和地區為東南亞、俄羅斯和中亞，占中國企業對外直接投資總額的比例分別為 4.71%、1.22% 和 1.03%。「一帶一路」沿線國家和地區是吸引跨國企業直接投資的熱點。2013 年世界外商直接投資吸收存量達到百億美元的 64 個國家中，43 個屬於「一帶一路」沿線國家。但同年，中國對「一帶一路」沿線國家的投資存量為 704.1 億美元，只占「一帶一路」國家和地區吸收外商直接投資存量的 1.58%。「較小占比」與「較快增速」構成了中國企業對「一帶一路」沿線國家和地區直接投資的兩大特徵，說明有較大的增長空間。推進「一帶一路」建設將有助於改善沿線國家和地區的投資環境，從而促進中國企業在該地區的投資。

2013 年在中國承包工程簽約排名前十位的國家中，有 9 個屬於「一帶一路」沿線國家。同年，中國在該地區承包工程完成營業額較多的國家為：沙特（5.88 億美元）、印度（5.28 億美元）、印尼（4.72 億美元）、巴基斯坦（3.7 億美元）、越南（3.59 億美元）、伊拉克（3.38 億美元）、哈薩克斯坦（2.92 億美元）和新加坡（2.81 億美元）。「一帶一路」沿線許多發展中國家基礎設施落後，經濟發展面臨基礎設施瓶頸。亞洲開發銀行估計，亞洲地區基礎設施每年需要的資金缺口高達 7,000~8,000 億美元。共建「一帶一路」將會促進中國的資金、技術和施工隊伍流向「一帶一路」沿線國家和地區，中國對外工程承包企業和國內建設材料和裝備製造企業將會在「一帶一路」建設中獲得收益。中國在海外建設的首條高鐵——土耳其安伊鐵路建成通車，帶動機電設備、鐵路通信等進入海外市場。中國路橋公司實施的肯尼亞蒙內鐵路，全部採用中國技術標準，邁出了「中國標準」走出去的關鍵一步。

2015年，中國企業共對「一帶一路」相關的49個國家進行了直接投資，投資額同比增長率為18.2%。2015年，中國承接「一帶一路」相關國家服務外包合同金額為178.3億美元，執行金額為121.5億美元，同比分別增長42.6%和23.45%。

資料來源：根據UN Comtrade Database 數據庫，中國新聞網 http://finance.chinanews.com/cj/2015/01-28/7014026.shtml，以及於津平和顧威（2016）等相關資料整理。

第二節　全球區域經濟一體化的趨勢

一、全球經濟區域一體化呈加速發展趨勢

受到全球金融危機和貿易保護主義衝擊的各國，為了擴大經濟發展空間，紛紛尋求跨國界合作。同時又鑒於世界貿易組織（WTO）談判難度比較高，各國把簽訂區域自由貿易協定作為推動貿易自由化的新選擇，以推動整個區域內投資、貿易和服務等領域的開放合作。區域性貿易協定（RTA）最開始的時候發展很緩慢，但從20世紀80年代末、90年代初開始進入了快速發展的時期，特別是進入21世紀以後，區域性貿易協定的數量以平均每年10個以上的速度增加。根據WTO的統計，1948年至1994年期間向關貿總協定（GATT）通報的RTAs只有123個，截至2015年年底，WTO會員間已通報的區域貿易安排有739個，而已經實施的區域貿易協定有541個。在全球範圍內，幾乎所有的WTO成員都參加了至少一個區域自由貿易協定，區域自由貿易協定所完成的國際貿易額占到全球貿易額的60%以上。

二、跨區域合作迅速發展

傳統的自由貿易協定主要是由像歐盟、北美、東盟等這樣天然地理毗鄰的國家之間締結的，近年來自由貿易更多地體現出了跨區域的特點。在所有WTO成員中，締結跨區域貿易協定的締約方已經從2003年的65個增加至2012年的155個；在已經實施的區域貿易協定中，跨區域協定的比例從10%上升至38.9%。比如，跨太平洋自由貿易協定，成員國來自亞洲、北美洲和大洋洲等地區；正在談判的跨大西洋貿易與投資夥伴關係協議（TTIP），囊括了美、歐兩大經濟主體；橫跨亞洲與大洋洲的區域全面經濟夥伴關係協定（RCEP）談判，談判方包括東盟10國、日本、韓國、澳大利亞、新西蘭、印度和中國。

三、自由貿易協定成為區域經濟一體化安排的主要形式

根據WTO對RTAs分類型的數量統計，區域經濟一體化協定主要分為關稅同盟（CU）、自由貿易協定（FTA）、經濟一體化協定（EIA）和優惠貿易協定（PTA）四種形式。在WTO分類統計的正在生效的398個RTAs（含重複統計）中，FTA為240個，經濟一體化協定為118個，關稅同盟為25個，優惠貿易安排為15個；所占比例分別為

60.3%、29.6%、0.06%和0.037%。20世紀90年代以來，FTA成了主流。大部分國家之間簽署的RTAs都為FTA或FTA & EIA，FTA或FTA & EIA占全部RTAs的90%。這是由於FTA和其他幾種類型相比具有明顯的優點。例如，FTA和CU相比具有較大的靈活性，它只要求簽署協定的成員國之間相互降低和取消關稅，而不要求對其他非成員國採取統一關稅政策。這樣就保證了各個國家的貿易政策的獨立性。

四、深度合作成為主流

以往的區域經濟一體化主要是以貨物貿易為主，聚焦在貨物貿易領域的關稅降低方面。在貨物貿易自由度已經相對較高的情況下，自由貿易協定在貨物貿易領域的可談判空間不大。目前，各國越來越多地將精力放在深化合作上，新一代區域貿易協定涵蓋了服務貿易自由化、農產品貿易自由化、投資自由化、貿易爭端解決機制、競爭政策、知識產權保護標準，甚至包括環境標準和勞工標準等超越WTO協定的內容。

五、區域經濟一體化由發達經濟體主導趨勢更加明顯

區域貿易協定談判在發達國家之間出現強強聯合的趨勢。在全球金融危機後，發達經濟體陷入了程度不等的麻煩，為應對國際經濟形勢變化及發展中國家的挑戰，維持全球經濟影響力，各發達經濟體對區域經濟合作的重視程度空前提高。比如，美歐之間的跨大西洋貿易和投資夥伴關係協定（TTIP）談判在2013年7月9日正式啟動，這將是世界上最大的北北型自由貿易區。同樣的故事也發生在歐盟，近年來歐盟加快了自由貿易協定的談判與簽署進程，越來越多的發展中國家也開始加入歐盟的自由貿易協定計劃。不難看出，發達經濟體借助其在技術、經濟、人力資源等方面的絕對優勢地位，在全球區域經濟一體化中可以輕而易舉的發揮主導作用。從近年來的談判議題也可以看到，發達經濟體主導的自由貿易協定標準更高、內容更廣，對國際貿易規則的制定影響也更加明顯。理所當然地，發達經濟體成為全球區域經濟一體化重要的推動力。

六、以南南合作為代表的發展中國家區域經濟一體化進程加快

近年來發達經濟體不同程度地出現了經濟增長放緩、消費不足的問題，使得發達國家的貿易保護主義有所抬頭，發展中國家要開拓發達國家市場的難度更大。在此情況下，越來越多的發展中國家將希望寄託於日益盛行的自由貿易區和區域經濟一體化上，並將其作為應對貿易保護主義的利器。一方面，發展中國家積極參與由發達經濟體主導的各種區域一體化協定。比如，中美洲各國與美國的自由貿易協定，也是希望能夠借助美國經濟之力獲得一定的發展機會；另一方面，更多的發展中國家開始重視與其他發展中國家的自由貿易區建設。比如，印度、巴西等11國簽訂了新興國家相互減免關稅的貿易協定；2011年下半年非洲大陸的三大組織——東南非共同市場、東非共同體和南部非洲發展共同體——啟動三方自由貿易區談判，成為加速整個非洲內部貿易與經濟一體化進程的標誌性事件。可以想像，在未來的日子裡，發展中國家之間的合作（也即南南合作）將會有更大的進展。

七、亞太地區成為自貿區建設的焦點

亞太地區集中了全球超過 40% 的人口和 60% 的經濟體量，而且相對於西方世界經濟的疲軟，亞太地區有中國、印度、東盟等經濟增長速度較快的幾個經濟體，是全球經濟比較活躍的地區。在出口和製造業受到金融危機衝擊後，亞太地區的自貿區建設明顯加速，各種區域經濟一體化合作協定不斷簽訂。比如，2012 年的東盟十國與中日韓等國啟動的 RCEP 協定（區域全面經濟夥伴關係協定），中日韓三國的 FTA 協定（自由貿易協定），都是這個地區區域經濟一體化合作的重要成果。此外還有東盟與中日韓的「10+1」「10+3」等以及中國推動的亞投行，都成了推動區域經濟一體化的重要力量。與此同時，一些亞洲國家在美歐主導的自由貿易區戰略佈局中也紛紛成為重要角色，進一步活躍了亞太地區的區域經濟合作。比如，歐盟與新加坡，歐盟與韓國已簽訂了自貿協定。歐盟正和日本、印度、泰國、越南等國進行自貿區談判。

閱讀 12.3

改革開放以來，中國從資本高度緊缺的國家，轉變為現在的這樣一個資本過剩的大國。產能過剩也是我們目前應該考慮的問題，到 2015 年下半年，國家發改委統計報告得出最少存在二十五個產業有產能過剩這一問題。「一帶一路」項目的目的就是把中國過剩的資本轉移到資本短缺的沿線國家中去，這不僅有利於國內的剩餘資本的輸出再利用，更加幫助了周邊資本短缺國家。中國雖然是發展中國家，但是毋庸置疑是當今世界最具建設基礎設施能力的國家，過關的技術水準完全可以滿足東南亞以及中亞的一些相對落後的國家對於基礎設施建設存在的大規模需求。我們可以利用現有的技術資金幫助域外國家，實現雙方的互惠互利。

中國國家主席習近平在 2013 年 10 月提出建立亞洲基礎設施投資銀行（簡稱為「亞投行」）的倡議，得到很多國家的積極回應，2015 年 12 月亞投行宣告正式成立。2015 年，中國企業共對「一帶一路」相關的 49 個國家進行了直接投資，投資額同比增長 18.2%。

以基礎設施建設為核心的「一帶一路」，如果沒有亞投行推動的話便無法順利實施，基礎設施建設需要巨大的資金投入，僅憑單個國家的能力很難完成。「一帶一路」沿線國家基礎設施相對落後，急需投資建設涵蓋鐵路、公路、航空、水運等的立體式交通走廊，打通包括水電、油氣、煤電、太陽能、風能等能源板塊，構建涉及電信、互聯網等的信息網絡一體化。亞投行作為一個多邊開放性的金融組織機構，主要投資方向就是基礎設施建設，因此「一帶一路」沿線必然屬於重點投資區域。

亞投行通過提供資金以及技術等方式使亞洲國家普遍受惠，履行了中國作為大國在區域和世界的責任。再者，亞投行成立以來就一直鼓勵使用人民幣，這一行為將極力地擴大人民幣跨境結算和貨幣互換的規模，使區域及國際貿易結算方式更多元、便捷。亞投行的初始註冊資金為 1,000 億美元，而中國的投入資金占將近百分之三十。所以，在選擇貨幣進行結算這個問題上，中國作為最大的股東擁有絕對的主導權，這對推動人民幣國際化相當有利。另外，亞投行成立的主要目的是在亞洲範圍內推進基

礎設施建設，促進亞洲各國的互聯互通，互惠互利，為亞洲一體化助力，對推動南南合作以及南北合作有重要作用。

資料來源：王欣瑩.「一帶一路」背景下的亞投行金融戰略分析［J］. 時代金融，2017（24）：34-35.

第三節　區域經濟一體化的影響

全球區域經濟一體化對世界經濟發展的影響，有積極有利的一面，也有消極不利的一面。下面從不同角度對其進行分析。

一、對貿易自由化的影響

對外實行貿易保護，對內實行自由貿易是區域經濟一體化的主要特點。一方面，區域經濟一體化是推進全球經濟一體化和實現全球貿易自由化的「營造物」。FTA 談判一般是雙邊談判或者參與國家有限的多邊談判，談判國家相對較少，更容易達成自由貿易的妥協。而且由於談判國家經濟實力相當或經貿利益互補性強，經濟合作的範圍與深度大大高於 WTO 的自由貿易相關做法，比如，農業、知識產權、技術標準等這類 WTO 多次談判卻無結果的領域，在自由貿易協定中往往得以實現。因此，自由貿易區的大量出現可為全球經濟一體化累積經驗，有助於加快貿易自由化進程。在全球經濟一體化不可能在短時期內實現的情況下，區域經濟一體化是一種務實的選擇。

另一方面，區域經濟一體化是推動全球經濟一體化、實現全球貿易自由化的「阻礙物」。FTAs 成員對外採取歧視性政策，給非成員方造成出口與投資的不公正待遇，這無疑人為製造貿易摩擦。特別是由發達國家主導的 FTAs，設置各種技術標準和勞動標準，使得貿易自由化困難重重。從這個角度來看，區域經濟一體化是一種新型的集團式貿易保護主義，與傳統的單邊貿易保護主義相比，其方式因為有了合法的外衣而變得更為隱蔽，因而其對全球貿易自由化的危害性更大。

二、對全球資本流動與產業結構優化的影響

自貿區的建立影響到資本、勞動力、技術、信息等生產要素的國際流動，進而帶來新一輪的產業結構優化調整。自貿區的建立，會產生投資轉移和投資創造效應。前者主要是因為自貿區成員的對外投資將會以各成員國為主，對非成員的投資減少，即使是區域內的投資，也會主要集中在環境更好、政策更優惠的成員國，促進其產業結構的優化升級。後者則主要是隨著自貿區的成立，區域內貿易壁壘被打破，對區域外的國家而言，通過在自貿區的某個成員國投資，可以有效規避整個自貿區其他成員的貿易壁壘，這無疑會大大增加投資。相應地，針對自由貿易區的投資增加，就意味著全球其他地區的投資可能會減少。

三、對全球經貿秩序與運行規則的影響

近年來，新興經濟體在全球經濟中獲得了更大的力量，對二戰後由發達國家主導形成的全球貿易和投資等規則產生了挑戰。發達國家為了延續其在國際貿易中的主導地位，在自由貿易區談判中，又開始發揮技術、資金等方面的優勢，試圖重新制定世界經貿合作規則。發達國家主導的自由貿易協定談判涉及的開放層次更高、市場准入更嚴，對國際經濟規則、法律的影響也要超過其他國家的自貿區。比如，歐盟主導的自貿區談判中不僅涉及傳統的貨物貿易，更是對知識產權、環境保護、勞動標準、農業等敏感領域進行規範，甚至對國有企業都提出規範要求，其涉及的範圍更廣、要求更嚴、標準更高。可以想像，隨著此類自貿區越來越多，將會對全球經貿秩序和運行規則產生深遠影響。

四、對全球經貿格局的影響

不同國家的經濟發展速度不同，發展水準不同，由不同國家主導的自貿區的影響也會不同。各國對區域內經濟依賴的加強和各區域對外合作談判能力的提升，必然會對全球經濟貿易格局產生深遠的影響。比如，北美自由貿易區、歐盟、亞太經合組織等區域經濟一體化組織的逐步形成與完善，徹底改變了世界經濟貿易往來的格局。區域合作的增強，還在相當程度上加劇了全球經濟發展的不平衡性，近年來南北經濟發展差異進一步擴大就是明顯例證。從長遠來看，地區發展不平衡還可能導致政治衝突。

第四節　發展中國家如何應對全球區域經濟一體化

對於發展中國家來說，全球區域經濟一體化是一把「雙刃劍」，它既給廣大發展中國家帶來追趕發達國家的新機遇，促進經濟發展；同時，也不可避免地對發展中國家的主權、文化、資源、生態和經濟發展帶來了很大風險和威脅。全球區域經濟一體化已成為經濟發展的必然趨勢。發展中國家要全面分析世界經濟、政治與社會發展趨勢，深刻研判全球區域經濟一體化引發的正反兩方面的影響，根據本國實際制定出相應的對策，更好地融入一體化，促進自身發展。

一、主動作為，積極應對

對發展中國家而言，與其坐等被全球經濟一體化的浪潮吞噬，不如主動作為、提前謀劃、勇敢面對機遇與挑戰。一方面，發展中國家應借助全球經濟一體化的發展機遇，充分利用國外資本、先進技術和管理經驗，同時在不斷引進外資時，要注重技術轉化，通過提升本國自主創新的能力，為本國經濟的發展創造條件。另一方面，發展中國家應樹立全球化發展戰略，加速本國民族工業的整合優化，支持並引導企業積極參與國內外市場競爭。通過培育和壯大本國的跨國公司，以國際視野配置和整合資本、人才、技術等方面的資源，以獲取全球化的最大利益。

二、加快適應全球經濟一體化規則

全球經濟發展以發達國家作為主導,發展中國家希望打破這一格局在短期之內是不現實的。因此,發展中國家唯有適應全球區域經濟一體化的游戲規則,在其框架下逐步完善國內經濟體制。通過不斷深化改革,逐漸培育競爭優勢,推動經濟發展,引導產業轉型升級。同時應從本國國情出發,遵循經濟發展規律,注重發展時序,切忌急於求成。

三、積極參與國際分工和國際貿易

由於廉價勞動力這一比較優勢的存在,大部分發展中國家的進出口貿易仍然集中於勞動密集型產業。未來,發展中國家應更加積極地參與國際分工合作,擴大對外貿易,在保持比較優勢和保護民族產業的同時,適時地實現經濟結構的調整,逐漸從勞動密集型產業向資本密集型產業轉移。同時,通過進出口貿易累積經濟發展需要的資本,利用全球產業調整的機會,促進本國產業結構優化升級,提升本國經濟自主性,提高抗風險能力。

四、加強風險防範意識,維護國家經濟金融安全

發展中國家要為經濟和貿易的順利運行提供可靠的法律保障,維護國家經濟的安全和可持續發展。一方面,要保護民族產業,立足內資,保持自身金融產業的健康發展;另一方面,要合理利用外資,建立有效的金融風險防範機制。合理控制外債規模,對短期資本的大進大出嚴加控制,防止對沖基金進行投機性炒作。

五、重視人才和創新

在信息社會和知識經濟時代,人的要素對經濟發展的作用越來越大,國與國之間的競爭最終將體現於人才的競爭。因此,發展中國家不僅要大力發展教育,還要通過「走出去,請進來」的方式,加快培育具有國際視野,熟悉國外經營環境和國際商業規劃的人才隊伍。注重創新型人才的挖掘與培養,注重技術和知識創新能力的提高,注重人力資本的續存,為本國經濟發展打下堅實的人才基礎。

隨著科學技術的高速發展和加速傳遞,發展中國家要在充分利用國外資本、先進技術和管理經驗的同時,發揮後發優勢實現追趕戰略,主動吸收與創新,研發新技術和新科技。此外,政府應從政策和法律的高度,管制不合理競爭,鼓勵創新,提升本國自主創新的能力,為本國經濟的發展創造條件。

思考:

[12.1] 你認為世界經濟發展的未來趨勢如何?

[12.2] 你認為世界經濟一體化和區域經濟一體化的利和弊分別是什麼?

參考文獻

一、中文參考文獻

【1】竇貢敏，丕禪.規模經濟下的國際分工與國際貿易［J］.國際貿易，1996（3）：17-18.

【2】本刊編輯部，現代國際貿易理論的奠基人——記1977年諾貝爾經濟學獎獲得者、瑞典經濟學家貝蒂爾·戈特哈德·俄林［J］.財政監督，2016（3）：18-22.

【3】蔡昉.「中等收入陷阱」的理論、經驗與針對性［J］.經濟學動態，2011（12）：4-9.

【4】陳向東.非關稅壁壘的新形式及中國的對策［J］.市場研究，2004（3）：13-14.

【5】鄧飛.新讀書無用論的形成機制及其應對策略［J］.教育評論，2017（8）：12-17.

【6】多米尼克·索爾維托瑞.國際經濟學［M］.北京：清華大學出版社，1998：103-104.

【7】鄧翔，路徵.「新新貿易理論」的思想脈絡及其發展［J］.財經科學，2010（2）：41-48.

【8】戴勇，俞林，徐立清.中國對外貿易「貧困化增長」的實證分析［J］.商業時代，2007（16）：32-34，43.

【9】樊瑛.新新貿易理論及其進展［J］.國際經貿探索，2007，23（12）：4-8.

【10】馮宗憲，王石，王華.中國和中亞五國產業內貿易指數及影響因素研究［J］.西安交通大學學報（社會科學版），2016（1）：8-16.

【11】胡劍波，劉國平.對全球經濟一體化和區域經濟一體化的思考［J］.重慶科技學院學報（社會科學版），2008（4）：73-74.

【12】韓軍偉.環境法規對國際貿易的影響：國外研究綜述［J］.國際經貿探索，2009（3）：71-75.

【13】江建軍.對斯托爾珀——薩繆爾森定理的質疑［J］.經濟學家，1997（3）：5.

【14】蔣榮兵.國際貿易出口限制的分析研究［J］.國際貿易問題，2012（5）：119-127.

【15】孔昊.「荷蘭病」之殤［J］.支點，2015（5）：106-111.

【16】李春頂.《北美自由貿易協定》的前途命運［J］.世界知識，2017（6）：46-47.

【17】李稻葵，劉霖林，王紅領.GDP中勞動份額演變的U型規律［J］.經濟研究，

2009 (1): 70-82.

【18】梁東黎. 斯托爾帕-薩繆爾森定理再研究 [J]. 東南大學學報（哲學社會科學版），2014 (5): 15-24, 134.

【19】盧鋒，李昕，李雙雙，等. 為什麼是中國——「一帶一路」的經濟邏輯 [J]. 國際經濟評論，2015 (3): 9-34, 4.

【20】李鋼，葉欣. 新形勢下中國關稅水準和關稅結構的合理性探討 [J]. 國際貿易問題，2017 (7): 3-16.

【21】劉樺林. 里昂惕夫之謎與戰後貿易理論的發展 [J]. 國際貿易問題，1994 (1): 29-32, 59.

【22】呂連菊，闞大學. 新新貿易理論、新貿易理論和傳統貿易理論的比較研究 [J]. 經濟論壇，2011 (9): 27-39.

【23】劉林青，李文秀，張亞婷. 比較優勢、FDI 和民族產業國際競爭力 [J]. 中國工業經濟，2009 (8): 47-57.

【24】李慕菡，王立軍. 國際貿易對中國環境污染的影響與對策分析 [J]. 對外經貿實務，2008，(2): 92-95.

【25】黎美玲. 探析渝新歐鐵路對重慶外貿經濟增長的促進作用 [J]. 經貿實踐，2017 (7): 50-52.

【26】李鵬. 淺談全球經濟一體化對發展中國家的影響與對策思考 [J]. 財經界（學術版），2016 (14): 40-41.

【27】李雙元，李贊. 從 WTO 和 EU 法律制度談全球經濟一體化與區域經濟一體化的關係 [J]. 湖南師範大學（社會科學學報），2005, 34 (6): 74-79.

【28】馬慈和. 赫克歇爾經濟史方面的研究成果 [J]. 世界經濟，1990 (5): 20-23.

【29】馬林靜，韓秀申. WTO 全面取消農產品出口補貼對中國農產品貿易的影響及對策 [J]. 對外經貿，2016 (4): 4-7.

【30】錢學鋒，陸麗娟，黃雲湖，陳勇兵. 中國的貿易條件真的持續惡化了嗎？——基於種類變化的再估計 [J]. 管理世界，2010 (7): 18-29.

【31】全毅. 全球區域經濟一體化發展趨勢及中國的對策 [J]. 經濟學家，2015 (1): 94-104.

【32】商務部綜合司，商務部國際貿易經濟合作研究院 [R]. 國別貿易報告（美國）. 2017 (1).

【33】商務部綜合司，商務部國際貿易經濟合作研究院 [R]. 國別貿易報告（俄羅斯）. 2017 (1).

【34】商務部綜合司，商務部國際貿易經濟合作研究院 [R]. 國別貿易報告（澳大利亞）. 2017 (1).

【35】王晨. 淺析全球經濟一體化對發展中國家的影響及對策 [J]. 經貿實踐，2017 (2): 31-32.

【36】吳昊. 小心通關環節壁壘 [J]. 中國海關，2006a (12): 44-45.

【37】吳昊. 貿易壁壘中的「軟刀子」——通關環節壁壘的解析及應對措施 [J].

WTO 經濟導刊, 2006b (11): 46-47.

【38】王海軍. 新新貿易理論綜述、發展與啟示 [J]. 經濟問題探索, 2009 (12): 50-54.

【39】吳敏. 全球經濟一體化與區域經濟一體化的衝突與協調——兼評 GATT/WTO 體制下區域經濟一體化的法律制度 [J]. 華東師範大學學報 (哲學社會科學版), 2008, 40 (2): 51-55.

【40】汪淼軍, 馮晶. 關於里昂惕夫之謎解釋的綜述 [J]. 浙江社會科學, 2003 (1): 79-82, 49.

【41】王娜娜. 區域經濟一體化的新發展及中國的戰略選擇 [J]. 改革與戰略, 2017, 33 (3): 111-113, 117.

【42】未署名. 保羅·薩繆爾森 [J]. 社會福利 (理論版), 2016 (12): 2.

【43】未署名. 緬懷經濟學泰門薩繆爾森 [J]. 國際經貿探索, 2009 (12): 87.

【44】王小魯, 樊綱, 劉鵬. 中國經濟增長方式轉換和增長可持續性 [J]. 經濟研究, 2009 (1): 4-19.

【45】王欣瑩.「一帶一路」背景下的亞投行金融戰略分析 [J]. 時代金融, 2017 (24): 34-35.

【46】王勇. 浙江某公司應對綠色貿易壁壘案例 [J]. 企業改革與管理, 2012 (11): 34-35.

【47】王一帆, 大衛·李嘉圖的經濟學說及其影響 [J]. 新經濟, 2015 (11): 29-30.

【48】王展鵬. 論托馬斯·孟的經濟思想 [J]. 經濟視角 (上), 2013 (1): 9-12.

【49】謝德蓀. 源創新 [M]. 北京: 五洲傳播出版社, 2012.

【50】謝建國, 章素珍. 反傾銷與中國出口產品質量升級: 以美國對華貿易反傾銷為例 [J]. 國際貿易問題, 2017 (1): 153-164.

【51】謝建江, 杜益民. 真實經濟世界的研究者英國經濟學家阿爾弗雷德·馬歇爾述評 [J]. 財經界, 2017 (2): 106-111.

【52】許建偉, 郭其友. 新新貿易理論異質性企業成因的理論解釋評析 [J]. 福建論壇 (人文社會科學版), 2016 (7): 42-46.

【53】徐聖, 黃先海. 中國背離斯托爾珀薩繆爾森定理的解釋——基於要素偏向型技術進步的視角 [J]. 經濟與管理研究, 2017 (11): 39-49.

【54】夏申. 論不完全競爭條件下的國際貿易 [J]. 世界經濟, 1993 (12): 7-14.

【55】徐豔. 論中國紡織品出口潛存的「貧困化增長」[J]. 現代經濟信息, 2014 (19): 179-180.

【56】薛譽華. 區域化: 全球化的阻力 [J]. 世界經濟, 2003 (2): 51-55.

【57】謝亞玲, 劉海雲.「里昂惕夫之謎」與對外直接投資 [J]. 國際貿易問題, 1993 (7): 55-57, 41.

【58】尹伯成. 亞當·斯密經濟思想在中國的價值和命運——紀念《國富論》發表 240 週年 [J]. 學術評論, 2016 (6): 37-41.

【59】楊高舉,黃先海.中國會陷入比較優勢陷阱嗎?[J].管理世界,2014(5):5-22.

【60】於津平,顧威.「一帶一路」建設的利益、風險與策略[J].南開學報(哲學社會科學版),2016(1):65-70.

【61】餘翔,朱琨.美歐自貿區談判前景及其影響[J].國際研究參考,2013(5):37-40,19.

【62】於永波,王萍.非關稅壁壘的新體系及中國的應對措施[J].中外企業家,2013(2):41-43.

【63】張帆,魏雲志.環境標準對國際貿易的影響[J].商場現代化,2017(4):5-6.

【64】張凌.《SPS協定》對中國農產品出口的影響及政策研究[J].河南省政法管理幹部學院學報,2003(4)4:148-151.

【65】周小亮,笪賢流.效用、偏好與制度關係的理論探討——反思消費者選擇理論偏好穩定之假設[J].學術月刊,2009(1):75-85.

【66】張希萌,徐澤林.概率統計學家埃奇沃思的學術成就[J].咸陽師範學院學報,2016(6):34-38.

二、英文參考文獻

【1】Antras, P. Firms, Contracts and Trade Structure [J]. The Quarterly Journal of Economics, 2003, 118 (4): 1375-1418.

【2】Antras, P., Helpman, E. Global Sourcing [J]. Journal of Political Economy, 2004, 112 (3): 552-580.

【3】Armington, P. The Theory of Demand for Products Distinguished by Place of Production [N]. IMF Staff Papers, 1969, (16): 159-176.

【4】Auty, R. M. Rent Cycling Theory, the Resource Curse and Development Policy [J]. Developing Alternatives, 2007, 11 (1): 7-13.

【5】Auty, R. M., Gelb, A. H. Political Economy of Resource Abundant States, Paper Prepared for the Annual Bank Conference on Development Economics [Z]. 2000, Paris June No. 28750.

【6】Aw, B. Y. Trade Imbalance and the Leontief Paradox [J]. Weltwirtschaftliches Archiv, 1983, 119 (4): 734-738.

【7】Baldwin, R. E. Determinants of the Commodity Structure of U. S. Trade [J]. The American Economic Review, 1971, 61 (1): 126-146.

【8】Becker, G. S. Human Capital [R]. New York: National Bureau of Economic Research, 1965.

【9】Bernard, A. B., Eaton, J., Jensen, J. B., Kortum, S. Plants and Productivity in International Trade [J]. American Economic Review, 2003, 93 (4): 1268-1290.

【10】Bernard A. B., Stephen J. R., Peter K. S. Comparative Advantage and Heterogeneous Firms [J]. Review of Economic Studies, 2007, 74 (1): 31-66.

【11】 Bowen, H. P., Leamer, E. E. Seikauskas, L. Multicountry, Multifactor Tests of the Facto Abundance Theory [J]. American Economic Review, 1987, 77 (5): 791-809.

【12】 Brander, J., Krugman, P. R. A「Reciprocal Dumping」Model of International Trade [J]. Journal of International Economics, 1983, 15 (3/4): 313-321.

【13】 Braudel, F. The Wheels of Commerce from Civilization and Capitalism 15th-18th Century, in 3 volumes [M]. New York: Harper and Row, 1981-1984.

【14】 Buckley, P. J., Casson, M. The Future of the Multinational Enterprise [M]. London: Macmillan, 1976.

【15】 Cai, F. Is There a「Middle-income Trap」? Theories, Experiences and Relevance to China [J]. China & World Economy, 2012, 20 (1): 49-61.

【16】 Casas, F. R., Choi, E. K. The Leontief Paradox: Continued or Resolved [J]. Journal of Political Economy, 1985, 93 (3): 610-615.

【17】 Chacholiades, M. International Trade Theory and Policy [M]. New York: McGraw-Hill, 1978.

【18】 Corden, W. M., Neary, J. P. Booming Sector and De-Industrialization in a Small Open Economy [J]. Economic Journal, 1982, 92 (368): 825 - 848.

【19】 Davis, W., Figgins, B., Hedengren, D., Klein, D. Economics Professors' Favorite Economic Thinkers, Journals, and Blogs (along with Party and Policy Views) [J]. Econ Journal Watch, 2011, 8 (2): 133.

【20】 Diab, M. A. The United States Capital Position and the Structure of Its Foreign Trade [M]. Amsterdam: North-Holland Publishing Co., 1956.

【21】 Dixit, A. K., Stiglitz, J. E. Monopolistic Competition and Optimum Product Diversity [J]. American Economic Review, 1977, 67 (3): 297-308.

【22】 Dua, A., Esty, D. C. Sustaining the Asia Pacific Miracle. Washington [R]. DC: Institute for International Economics, 1997.

【23】 Duchin, F. (2000). International Trade: Evolution in the Thought and Analysis of Wassily Leontief [M]. Cambridge: New York and Melbourne: Cambridge University Press, 2004.

【24】 Ekelund, R. B., Tollison, R. D. Mercantilism as a Rent-Seeking Society: Economic Regulation in Historical Perspective [M]. College Station, TX: Texas A&M University Press, 1981.

【25】 Francois R. C., Kwan Choi, E. The Leontief Paradox: Continued or Resolved [J]. Journal of Political Economy, 1985, 93 (3): 610-615.

【26】 Goldin, C. Human Capital. from Diebolt, C., Haupert, M. Handbook of Cliometrics [M]. Springer-Verlag Berlin Heidelberg, 2016: 55-86.

【27】 Grossman, G. M., Helpman, E. Endogenous Product Cycles [J]. Economic Journal, 1991, 101 (408): 1214-1229.

【28】Helpman, E. The Structure of Foreign Trade [J]. Journal of Economic Perspectives, 1999, 13 (2): 121-144.

【29】Helpman, E., Krugman, P. Market Structure and Foreign Trade: Increasing Returns, Imperfect Competition and International Economy [M]. The MIT Press, Cambridge, MA, 1985.

【30】Helpman, E., Melitz, M. J., Yeaple, S. R. Export Versus FDI with Heterogenous Firms [J]. American Economics Review, 2004, 94 (1): 300-316.

【31】Heravi, I. The Leontief Paradox, Reconsidered: Correction [J]. Journal of Political Economy, 1986, 94: 1120.

【32】Hicks, J. R., Allen, R. G. D. A Reconsideration of the Theory of Value [J]. Economical, N. S., 1934, 1: 52-76.

【33】Kalt, J. P. The Impact of Domestic Environmental Regulatory Policies on US International Competitiveness. International Competitiveness [M]. Cambridge, Mass: Harper and Row, Ballinger, 1988: 221-262.

【34】Keesing, D. B. Labor Skills and Comparative Advantage [J]. American Economic Review, 1966, 56 (2): 249-258.

【35】Kenen, P. Nature, Capital and Trade [J]. Journal of Political Economy, 1965, 73 (5): 437-460.

【36】Krugman, P. Scale Economies, Product Differentiation and the Pattern of Trade [J]. American Economic Review, 1980, 70 (5): 950-959.

【37】Krugman, P. Differences in Income Elasticities and Trends in Real Exchange Rates [J]. European Economic Review, 1989, 33 (5): 1031-1046.

【38】Krugman, P. R. Geography and Trade [M]. Cambridge : The MIT Press, 1991.

【39】Krugman, P. R. Where Is the New Economic Geography [C]. The Oxford Handbook of Economic Geography Edited by Clark, G. L., Feldman, M. P., Gertler, M. S. Oxford University Press, 2003.

【40】Krugman, P. R. Increasing Returns and Economic Geography [J]. Journal of Political Economy, 1991, 99 (3): 483-499.

【41】Krugman, P. R. Increasing Returns, Monopolistic Competition and International Trade [J]. Journal of International Economics, 1979, 9 (4): 469-479.

【42】Krugman, P. R. Scale Economies, Product Differentiation, and the Pattern of Trade [J]. American Economic Review, 1980, 70 (5): 950-959.

【43】Krugman, P. R., Obstfeld, M. International Economics Theory and Policy: International Trade [M]. Beijing: Pearson Education Asia LTD And Qinghua University Press, 2011: 116-117.

【44】Kwok, Y. K., Yu, E. S. H. Leontief paradox and the role of factor intensity measurement [R]. Australian Conference of Economists, 2005.

【45】Lal, D. The Repressed Economy: Causes, Consequences, Reform [M]. London:

Edward Elgar, 1993: 345-262.

【46】 Landreth, H., Colander, D. C. History of Economic Thought (4th ed.) [M]. Boston: Houghton Mifflin, 2002.

【47】 Leamer, E. E. The Leontief Paradox, Reconsidered [J]. Journal of Political Economy, 1980, 88 (3): 332-349.

【48】 Leamer, E. E. The Leontief Paradox Reconsidered [J]. Journal of Political Economy, 1980, 88 (3): 495-503.

【49】 Leamer, E. E. Factor-Supply Differences as a Source of Comparative Advantage [J]. American Economic Review, 1993, 83 (2): 436-439.

【50】 Leontief, W. Domestic Production and Foreign Trade: The American Capital Position Re-Examined [J]. Proceedings of the American Philosophical Society, 1953, 97 (4): 332-349.

【51】 Linder, S. B. An Essay on Trade and Transformation [M]. Stockholm: Almqvist & Wicksell, 1961.

【52】 Melitz, M. J. The Impact of Trade on Intra-Industry Reallocations and Aggregate Industry Productivity [J]. Econometrica, 2003, 71 (6): 1695-1725.

【53】 Melitz, M. J. The Impact of Trade on Intra-Industry Reallocations and Aggregate Industry Productivity [J]. Econometrica, 2003, 71 (6): 1695-1725.

【54】 Moroney, J. R., Walker, J. M. A Regional Test of the Heckscher-Ohlin Hypothesis [J]. Journal of Political Economy, 1966, 74 (6): 573-586.

【55】 Posner, M. V. International Trade and Technical Change [J]. Oxford Economic Papers, 1961, 13 (3): 323-341.

【56】 Posner, M. V. International Trade and Technical Change [J]. Oxford Economic Papers, 1961, 13 (3): 323-341.

【57】 Richard A. B., Ehsan, U. C. Leontief Paradox, Continued [J]. Journal of Political Economy, 1982, 90 (4): 820-823.

【58】 Robinson, H. D. Industrial Pollution Abatement: The Impact on the Balance of Trade [J]. Canadian Journal of Economics, 1988, 21 (1): 187-199.

【59】 Rugman, A. M. Inside the Multinationals: The Economics of Internal Markets [M]. New York: Columbia University Press, 1981.

【60】 Rybczynski, T. M. Factor Endowment and Relative Commodity Prices [J]. Economic, 1955, 22 (88): 336-341.

【61】 Sachs, J. D., Warner A. M. Natural Resources and Economic Growth [M]. Mimeo. Cambridge MA: HIID, 1997.

【62】 Salvatore D. International Economics [M]. 北京: 清華大學出版社, 2004.

【63】 Schultz, T. W. Reflections on Investment in Man [J]. Journal of Political Economy, 1962, 70 (5): 1-8.

【64】 Stolper, W. F., Samuelson, P. A. Protection and real wages [J]. The Review of

Economic Studies. Oxford Journals, 1941, 9 (1): 58-73.

【65】 Subramanian, A. Trade Measures for Environment: A Nearly Empty Box? [J]. World Economy, 1992, 15 (1): 135-152.

【66】 The World Bank. China 2030: Building a Modern, Harmonious and Creative High-Income Society [R]. The World Bank and Development Research Center of the State Council, The People's Republic of China, 2012.

【67】 The World Bank. The Growth Report: Strategies for Sustained Growth and Inclusive Development [R]. Washington DC: the World Bank, 2008.

【68】 Travis, W. The Theory of Trade and Protection [M]. Cambridge, Mass: Harvard University Press, 1964.

【69】 Travis, W. Production, Trade, and Protection When There are Many Commodities and Two Factors [J]. American Economic Review, 1972, 62: 87-106.

【70】 Vanek, J. The Natural Resource Content of United States Foreign Trade, 1870-1955 [M]. Cambridge, Mass: M. I. T. Press, 1963.

【71】 Vermon, R. International Investment and International Trade in the Product Cycle [J]. Quarterly Journal of Economics, 1966, 80 (2): 190-207.

【72】 Vernon, R. International Investment and International Trade in the Product Cycle [J]. The Quarterly Journal of Economics, 1966, 80 (2): 190-207.

【73】 Yeaple, S. R. A Simple Model of Firm Heterogeneity, International Trade, and Wages [J]. Journal of International Economics, 2005, 65 (1): 1-20.

國家圖書館出版品預行編目（CIP）資料

國際貿易 / 王靜 編著. -- 第一版.
-- 臺北市：崧博出版：崧燁文化發行, 2019.05
　　面；　公分
POD版

ISBN 978-957-735-806-6(平裝)

1.國際貿易

558.5　　　　　　　　　　108005650

書　　名：國際貿易
作　　者：王靜 編著
發 行 人：黃振庭
出 版 者：崧博出版事業有限公司
發 行 者：崧燁文化事業有限公司
E - m a i l：sonbookservice@gmail.com
粉絲頁：　　　　網　址：
地　　址：台北市中正區重慶南路一段六十一號八樓815室
8F.-815, No.61, Sec. 1, Chongqing S. Rd., Zhongzheng Dist., Taipei City 100, Taiwan (R.O.C.)
電　　話：(02)2370-3310　傳　真：(02) 2370-3210
總 經 銷：紅螞蟻圖書有限公司
地　　址：台北市內湖區舊宗路二段121巷19號
電　　話:02-2795-3656　傳真:02-2795-4100　　網址：
印　　刷：京峯彩色印刷有限公司（京峰數位）

本書版權為西南財經大學所有授權崧博出版事業股份有限公司獨家發行電子書及繁體書繁體字版。若有其他相關權利及授權需求請與本公司聯繫。

定　　價：350元
發行日期：2019年05月第一版
◎ 本書以POD印製發行